Lingüística y teoría literaria

# CONVERSACIONES Y POEMAS

## La nueva poesía femenina española en castellano

*por*

SHARON KEEFE UGALDE

**siglo veintiuno editores, sa**
CERRO DEL AGUA, 248. 04310 MEXICO, D.F.

**siglo veintiuno de españa editores, sa**
C/ PLAZA, 5. 28043 MADRID. ESPAÑA

**siglo veintiuno argentina editores, sa**

**siglo veintiuno de colombia, ltda**
CARRERA 14, 80-44, BOGOTA. COLOMBIA

Primera edición, septiembre de 1991



Impreso y hecho en España
*Printed and made in Spain*

Ilustraciones: Patricia Gadea
Diseño de la cubierta: Pedro Arjona

ISBN: 84-323-0725-4
Depósito legal: M. 31.609-1991

Fotocomposición: EFCA, S. A.
Avda. Doctor Federico Rubio y Galí, 16. 28039 Madrid

Impreso en Closas-Orcoyen, S. L. Polígono Igarsa
Paracuellos de Jarama (Madrid)

# ÍNDICE

# INTRODUCCIÓN

La década de los ochenta es un período decisivo en la historia de la poesía femenina española. Durante esos años aumentó notablemente la publicación de libros de poesía escritos por mujeres, se fundaron casas editoriales y aparecieron revistas dedicadas a la literatura femenina. Las poetas —algunas muy jóvenes— recibieron importantes premios y con frecuencia eran invitadas por centros prestigiosos para lecturas de sus versos. En las páginas culturales de la prensa se encontraban reseñas y análisis de sus obras y la televisión con regularidad abría sus estudios a las poetas. La intensa actividad literaria femenina era algo más que un *boom* promocionado por las casas editoriales o una moda pasajera. Fue el inicio de una transformación profunda de la poesía escrita por mujeres cuyas últimas consecuencias podrán alterar el curso de la historia literaria al filo del siglo XXI.

La nueva poesía femenina nace en un clima de liberalización sociopolítica a partir de la muerte de Franco en 1975. Al proceso de democratización se suma una ola de feminismo en Occidente, con raíces en el «Mayo francés» de 1968, cuya fuerza ya se hacía sentir en España en la primera mitad de la década de los setenta y que se manifestó públicamente en diciembre de 1975 con las I Jornadas de la Liberación de la Mujer celebradas en Madrid. Durante la apertura democrática se produjeron reformas legales que mejoraron la posición de la mujer en la sociedad y en la familia, así como cambios en el sistema educativo y en la participación de la mujer en la fuerza laboral. Ana Rossetti resume la sensación estimulante que sentían las mujeres en la década de los ochenta cuando dice: «Va a ser distinto cuando lo tengamos todo de forma natural. Será maravilloso. No, no será maravilloso, será normal, será justo. Pero ahora sí, es maravilloso.»

Esta colección de conversaciones con algunas de las protagonistas del período de rápida transición de la poesía femenina española explora en detalle el proceso de cambio, no desde la lejanía analítica, sino desde una perspectiva vivencial, que permite vislumbrar las tensiones y las contradicciones del cambio vivido por las autoras como experiencia cotidiana. Para retratar con cierta fidelidad los años significativos de la evolución poética, se juzgó importante construir una voz colectiva que reflejara distintos matices. En total, son diecisiete las poetas entrevistadas: María Victoria Atencia (1931); María del Valle Rubio Monge (1939); Clara Janés (1940); Juana Castro (1945); Amparo Amorós (¿?); Pureza Canelo (1947); Rosa Romojaro (1948); Fanny Rubio (1949); Ana Rossetti (1950); María del Carmen Pallarés (1950); Concha García (1956); María Sanz (1956); Carmen Borja (1957); Andrea Luca (1957); Blanca Andreu (1959); Amalia Iglesias Serna (1962); Luisa Castro (1966).

Como es evidente por las fechas de nacimiento, la selección no se adhirió a un concepto generacional. La mujer tiene una larga historia de ausencias dentro de las antologías y estudios generacionales, como recalca Fanny Rubio al señalar la repetida falta de mujeres en las fotos generacionales del noventa y ocho, del veintisiete, del treinta y seis, y del cincuenta. En algunos casos la exclusión se prolonga hasta nuestros días y perjudica a las autoras, impidiéndoles acceso a una vía fundamental de diseminación poética. La explicación de la perenne ausencia está arraigada en la estructura patriarcal de la sociedad que relegaba a la mujer a la marginalidad, lejos de los centros de poder y sin un acceso pleno a la cultura.

Aparte de la histórica omisión de la mujer, la invención crítica generacional es poco útil para categorizar a las poetas representadas en este volumen porque la trayectoria literaria de muchas de ellas no sigue una cronología que se preste a tal esquema. Varias de las poetas entrevistadas empezaron a publicar tarde, en algunos casos por su función dentro de la estructura de la familia. Rosa Romojaro resume cómo este hecho determina su relación con la generación que le correspondería: «Cuando se empieza a publicar tarde [...] no puedes plantearte estas cosas, estás ya fuera de generación.» Amparo Amorós, que pertenece a una generación cronológica y a otra por fechas de publicación, comenta lo siguiente: «Yo me siento completamente un caso aislado, porque ni siquiera mi formación intelectual coincide con la generación que me correspondía cronológicamente, más bien mi formación se debe a esa generación.» Otra dificultad más son las lagunas extensas que caracterizan la producción poética de varias de las escritoras seleccionadas. María Victoria Atencia explica su caso de esta forma: «Cronológicamente me corresponde estar, según creo, en la "segunda generación", en la del cincuenta. Pero por las publicaciones que comencé a dar después de quince años de silencio, tal vez me corresponda estar en los "novísimos".»

Para captar el pulso de la transformación actual, lo que sí se tuvo en cuenta para la selección es el nivel de la actividad poética de las escritoras —medido principalmente por el número de publicaciones— durante los años del cambio intenso, desde fines de los setenta hasta fines de los ochenta. Algunas poetas habían comenzado mucho antes a publicar (Atencia, Janés, Canelo) pero seguían evolucionando y definiendo su voz poética durante los años de transición. Para que las conversaciones representaran a escritoras que habían experimentado plenamente la intensa transformación de la poesía femenina, no se incluyó a poetas mayores cuyas obras principales se publicaron antes de la década de los setenta, ni a mujeres que habían publicado un solo libro para finales de los ochenta. El número de escritoras que cabe dentro de los parámetros establecidos fue mayor del que se podría incluir en este volumen, pero el tener que limitarnos por razones prácticas no constituye intento alguno de establecer un *canon* de las mejores poetas españolas de la actualidad.

Sencillamente, deseamos que las conversaciones con las poetas que presentamos, y sobre todo la calidad de su obra, sirvan para dar constancia de que la poesía femenina ya no se conforma a los límites impuestos. En la actualidad, la poesía escrita por mujeres ofrece un atrevimiento, una diversidad, una fuerza expresiva y una vitalidad imaginativa anteriormente desconocidos.

La nueva poesía femenina española que se va desarrollando con acelerado paso desde fines de los años setenta, tiene poco que ver con la otra «poesía femenina» que, desde el siglo XIX, la cultura dominante (masculina) ha definido y marginado. La descripción de Amparo Amorós del uso «normal» del término «poesía femenina» no deja lugar a duda del por qué las autoras entrevistadas lo rechazan tajantemente: «Hasta ahora [...] es un término más acuñado por los hombres y ha sido dicho en sentido peyorativo, como algo sentimentaloide y, en ocasiones, blandengue o cursi [...], era una poesía de una visión muy limitada. Frecuentemente restringida a un mundo amoroso y doméstico, sin una fuerza abarcadora e integradora que diera cuenta de una manera profunda y total de la realidad.» Blanca Andreu, por ejemplo, clasifica la «poesía femenina» de «nociva» y la considera «un estorbo repugnante». Incluso hay poetas (Romojaro, Sanz, Borja) que confiesan enmascarar adrede su sexo femenino dentro del texto poético para evitar las consecuencias de la etiqueta peyorativa.

Para las poetas de otros países occidentales, los ultimos treinta años han significado un período de gradual autodefinición de una estética femenina, tanto en los versos como en las declaraciones teóricas. Pero en España las circunstancias políticas impidieron una evolución pausada. El largo período de ideología conservadora de la dictadura (1939-1975), que exaltaba la maternidad y la feminidad de la mujer con sus adornos «naturales» de fragilidad, sumisión, asexualidad y espíritu de sacrificio, proyectó una sombra que mantuvo a la mujer española en su condición de ciudadana de segunda clase. La prolongada subyugación se tradujo en el mundo literario en la supervivencia de una definición masculina de la poesía femenina, y eso, a pesar de que ya hacia mediados de siglo surgen voces femeninas —Carmen Conde, Ángela Figuera, Angelina Gatell, Gloria Fuertes, María Beneyto, Concha Zardoya, por ejemplo— que amplían la visión poética de la mujer. El resultado de la perpetuación de una definición limitante es que las poetas españolas siguen preocupadas con distanciarse de ella. Persiste una actitud defensiva comparada con la que predomina entre las poetas europeas y norteamericanas, quienes han entrado en una fase constructiva definiendo ellas mismas lo que es la poesía femenina. Pero a pesar de la necesidad de seguir rechazando etiquetas falsas, en los últimos diez años se divisan señales de que las poetas españolas están ya en condiciones de alcanzar una voz propia. Es el momento del éxodo del espacio periférico. Ya no son voces soterradas ni aisladas las que se atrevan a inscribir una identidad femenina auténtica, sino toda una corriente de voces que, juntas, se transforman.

Un mosaico de contestaciones a preguntas como: «¿Dónde está la mujer en tu poesía?», «¿Cómo afecta a tu vocación y a la trayectoria de tu obra el hecho de ser mujer?», «¿Qué opinas del *boom* reciente de la poesía escrita por mujeres?», «¿Qué vínculos tienes con otras poetas del pasado y del presente?», «¿Existe una estética femenina?», pone de manifiesto una nueva comprehensión por parte de las mujeres de su labor poética. Una de las observaciones fundamentales es que los textos ya rompen los límites impuestos por el patriarcalismo. El afán de traspasar fronteras repercute incluso en aspectos formales. Concha García, por ejemplo, traiciona agresivamente el orden sintáctico y Amalia Iglesias habla de su deseo de borrar las distinciones entre los géneros: «Me gusta mucho esta variedad porque va hacia el fragmentismo literario [...] hacia la ruptura de género.» Determinados libros o poemas de otras poetas, Pureza Canelo y Fanny Rubio, por ejemplo, manifiestan una tendencia similar en su afán de borrar la línea divisoria entre la poesía en prosa y la poesía en verso. La naturaleza «fronteriza» de la mujer, según explica Julia Kristeva en su libro *La Révolution du langage poétique* (1974), es el resultado de la marginalidad, (un espacio reflejado en el libro de Romojaro titulado *La ciudad fronteriza).* Dentro de un contexto lingüístico, Kristeva propone que las mujeres están vistas como el límite entre el orden semiótico y el orden simbólico. Es posible que esta posición límite de la mujer, cuya voz, junto con la de otros marginados, goza de nueva fuerza, contribuya significativamente a la acelaración en la época posmodernista de una escritura superadora de los géneros consagrados.

No cabe duda, por los comentarios que hacen las poetas y, mayormente, por su obra poética, que la poesía femenina española desborda su encierro. Existe hoy en día una energía subyacente de rebeldía que vigoriza el proceso de la evolución. María del Valle Rubio Monge asevera que la poeta es consciente de la represión a la que ha estado sometida la mujer y desea canalizar «la fuerza de lo prohibido» que lleva dentro. Con su nueva libertad, la poesía femenina española se transforma y se orienta hacia múltiples centros. La declaración siguiente de Luisa Castro subraya la envergadura de la transformación: «Es un fenómeno de evolución de la cultura y de transmisión de cultura, y el cambio es irreversible y abismal», y otra de Andrea Luca resume la esencia del cambio: «Lo que fundamentalmente ha cambiado es la posición de la mujer ante la poesía. La mujer está dejando de ser satélite de lo impuesto para convertirse en epicentro de su propia realidad, de su forma de ver el mundo. Su revolución es la búsqueda de su propia entidad sin los falsos pudores con que llevamos arrastrando siglos de frustración y de no ser.»

Las conversaciones reunidas en este volumen no sólo confirman el hecho de un cambio «irreversible y abismal», sino que ofrecen además una delineación preliminar de las características más destacadas de la nueva poesía femenina española. Para algunas autoras, descubrir su propia voz de mujer significa protestar contra la subyugación y expresar la angustia de la marginación. Rubio Monge reconoce que, a veces, la hablante de sus poemas es simultáneamente la voz de ella misma, de su madre, de su abuela y de toda campesina sin acceso a la educación y relegada al silencio. Concha García, refiriéndose a su poema «Confirmación» *(Otra ley),* habla del dolor del ser dividido que siente cuando la hija perfecta del patriarcado se encara a la otra, a la desconocida que pugna por nacer. Otras, al quitarse la mordaza, buscan en lo más íntimo de su ser un conocimiento femenino de la experiencia femenina. Clara Janés, por ejemplo, confirma que los dos enfoques (el de protesta y el de autodescubrimiento) se entretejen en su obra *En busca de Cordelia*, y Juana Castro describe su libro *Narcisia* como la celebración de una identidad femenina auténtica.

Al reconocer que la cultura dominante transforma a la mujer en objeto sin voz, las poetas se enfrentan con una crisis de expresividad. ¿Cómo condenar el orden reinante y, más difícilmente, cómo construir una identidad propia, si la tradición literaria está impregnada de preocupaciones masculinas? La creación de una ginotradición desarraigada totalmente de los anteriores cánones es una estrategia utópica. Para expresarse, la mujer tiene que empezar con el lenguaje existente, cuya memoria no sólo hace presente su representación equívoca, sino una gran fuerza expresiva a través de los mitos, de los símbolos, los tropos y otras convenciones literarias. Para salir de su dilema expresivo, las poetas actuales recurren principalmente a dos estrategias fundamentales: la subversión y la revisión. La subversión es una táctica destructora que insiste en desarmar la simbolización verbal existente que históricamente ha subyugado a la mujer, mientras que la revisión permite a la mujer construir con precisión y textura su propia identidad, transformando y haciendo suya la riqueza cumulativa del lenguaje literario. Entre las poetas entrevistadas, la revisión de figuras femeninas consagradas en el mito, en la historia, en la pintura y en la escultura es frecuente. Como un ejemplo entre muchos, señalamos los comentarios de Rosa Romajaro sobre su poema «Danae», que la poeta identifica como una autodefinición de la mujer: «Tiene la perversión de que trastoca un mito, un cliché: en el poema, a pesar de que es jueves, el día de Júpiter, y de que "chispean los minutos como lluvia de oro", igual que en el mito, a Danae no será Júpiter quien la goce.» María del Valle Rubio Monge, hablando en términos más generales, también resalta la tendencia revisionista: «Yo creo que no es tan radical el asunto, ya que las mujeres hemos bebido en las fuentes culturales de los varones. Lo que sucede es que nosotras hacemos de ese legado tierra propia y le imprimimos ese sello de fuerza, como creadoras por excelencia que somos (parimos).»

La exploración del erotismo femenino, como parte del proceso de autodescubrimiento, es la novedad más significativa, según opinan varias autoras (J. Castro, F. Rubio, Rossetti, Luca, Iglesias). La transformación de la mujer en sujeto en el contexto erótico y la pérdida del falso pudor con respecto a su propio cuerpo, constituyen un paso fundamental en el enriquecimiento de la tradición femenina. Además, en la poesía amorosa —evidente, por ejemplo, en la obra de María del Carmen Pallarés— existe un rechazo de la relación jerárquica entre el amante y la amante. El «yo», sujeto masculino, y el «tú», objeto femenino, en la tradicción petrarquesca, renacen como un «nosotros» que se comparte con igualdad. Frente a la estructura jerárquica también se recurre a la subversión irónica. Ana Rossetti, por ejemplo, invierte los papeles masculino/femenino de la relación amorosa con el fin de atacar burlonamente la «superioridad» masculina. Otra novedad es cuestionar el concepto del amor romántico, que ahora es visto por algunas como una especie de cautiverio que niega a la mujer una identidad autónoma. Concha García enfrenta este tema tanto en su poesía como en los comentarios siguientes, expresados durante nuestra conversación: «Pienso que el sexo no tiene que estar ligado, como hasta ahora y sobre todo en las mujeres, al sentimiento, sino que el sexo es hacer el amor un día, sin prejuicios ni afán de perpetuar la especie, y mucho menos sin esa idolatría por la fidelidad.»

La presencia de un «yo» fluido, cuya identidad no depende de un ego independiente y autónomo, tipo masculino, sino que se realiza a través de formar uniones y fundirse mutuamente con el «otro», es un aspecto más de la nueva poseía femenina española. Indicativos de esta característica son los comentarios que expresa Clara Janés al hablar de la luz en su poesía: «Creo que el escritor —seguramente hay varios tipos de escritor, pero me refiero al tipo al que yo pertenezco— sólo puede hablar de algo que haya pasado por su interior. La obra es, por tanto, fundamentalmente, algo experimentado. Pero sucede que puede experimentar lo exterior. Es decir, puede experimentar una piedra, ésta puede haber pasado a tu interior.» La compenetración erótico-amorosa con el mundo refleja el reconocimiento y el triunfo de la fluidez del *yo* femenino que no protege sus límites. En algunos textos (Sanz, Janés, Atencia) esta compenetración lleva a la transcendencia mística. El misticismo, según explica Luce Irigaray en su libro *Speculum de l'autre femme* (1974), constituye el único espacio de la historia occidental en el que la mujer habla y actúa de forma pública. Según propone la ensayista francesa, la afinidad entre el misticismo y la mujer no sólo proviene de la fluidez y la permeabilidad del *yo* femenino, sino mayormente de la histórica negación de la mujer como sujeto.

La fluidez sexual también se manifiesta en los textos que en la actualidad escriben las mujeres. Tal vez sea el resultado de la disminución en la diferenciación entre los papeles femenino/masculino en la sociedad, o acaso refleje la naturaleza desjerarquizada de la identidad femenina que (re)surge en la actualidad. Andrea Luca, proyectando este concepto hacia el futuro, prevé una cosmovisión andrógina: «Va a haber una nueva jerarquía de valores en el futuro, de valores femeninos, que se entremezclarán con los masculinos, volverá el andrógino.» Amalia Iglesias y Fanny Rubio, refiriéndose a la escritura poética, también presienten la disminución de la diferenciación sexual. Para estas escritoras, la ausencia en el poema de una voz femenina inconfundible no es un acto defensivo (como lo es para algunas que hablan de un «yo» universal) contra la marginación, sino un acto constructivo: la visualización de una designación menos rígida de los atributos que la sociedad asigna a cada sexo.

Ya que hemos señalado los aspectos más notables de la nueva poesía femenina española, es importante recalcar que no todas las entrevistas reconocen abiertamente el concepto de «poesía femenina», sea la versión patriarcal caducada, o la auténtica, creada por la mujer misma. En estos casos, sin embargo, encontramos numerosos poemas de las autoras que traicionan sus declaraciones extrapoéticas. Esta paradoja no debería sorprendernos si nos acordamos de que dentro del espacio revelador del poema surgen conflictos subconscientes. Muchas veces lo que la poeta se niega a reconocer —su ser femenino dividido entre lo que la sociedad dicta que debería ser y lo que en realidad es o desea ser— o no se atreve a decir en voz alta ni a sí misma, se plasma en el poema. María Victoria Atencia, por ejemplo, en una conversación inédita con Clara Janés (una copia de la cual me facilitó la poeta malagueña) reconoce que «también podemos escribir sobre cosas que no sabemos que nos hayan pasado, o que no sabemos que nos hayan pasado de un cierto modo, pero que, sin embargo, constituyen nuestra propia vida».

Hasta aquí hemos trazado el resultado del propósito fundamental de estas conversaciones: examinar de cerca la transformación reciente de la poesía femenina española y vislumbrar algunas de sus características nacientes. Los rasgos comunes tentativos que hemos señalado —la ruptura de límites, la angustia del ser dividido, el descubrimiento de un *yo* compenetrante, de un sujeto erótico femenino, de una sexualidad fluida, el amor sin subordinación y el poder de la escritora de inscribir su propia identidad femenina— configuran un tejido de femineidad que une a las poetas. Ahora, queremos resaltar la divergencia de las voces líricas aquí reunidas. Las conversaciones contienen respuestas que revelan la variedad temática y estilística de la obra de las diecisiete autoras y sus distintas conceptualizaciones de la poesía. Al debilitarse las definiciones artificiales y rígidas de la poesía femenina, ésta se diversifica. Es posible considerar la poesía como un microcosmos de la sociedad; igual que profesionalmente ejerce papeles que antes le fueron vedados, la mujer que escribe hoy en día goza de un abanico de opciones poéticas anteriormente fuera de su alcance. Paradójicamente, la transformación de la poesía femenina no sólo une a las mujeres en su búsqueda de una identidad autóctona, sino que les proporciona la libertad de dispersarse por estéticas distintas.

Los momentos en que las poetas hablan de su poética, describen la evolución de su obra, explican su predilección por cierto tipo de versificación o comentan poemas específicos —enriqueciendo el contexto de alguna alusión, imagen o símbolo— son de los más útiles para llegar a una comprensión cabal de la poesía de cada una de las escritoras. La síntesis de su obra que ofrecen las autoras individuales pone en evidencia hasta qué punto se diferencian entre sí. Las corrientes poéticas mencionadas acaban formando una larga lista, que los ejemplos siguientes no llegan a completar: el culturalismo, la metapoesía, la poesía de silencio, el neobarroquismo, el neosurrealismo, el neopurismo, la poesía irónica y el neorromanticismo. Los comentarios sobre las influencias y los estilos demuestran que la poesía femenina no existe en un vacío. Aun las autoras que abiertamente se enfrentan con la cultura dominante, utilizando el revisionismo y la subversión que destacamos arriba, tienen sus raíces en ella. Las poetas enumeran a autores del pasado y del presente, masculinos y femeninos, cuyas obras han leído y siguen leyendo con admiración y entusiasmo. Sus múltiples enlaces con la tradición son evidentes por las tendencias representadas, muchas de las cuales, como es de esperar, son las de la poesía española de los sesenta y ochenta.

Además de presentar una introducción a la nueva poesía española femenina y a la trayectoria poética de las escritoras seleccionadas, ¿qué más ofrecen estas conversaciones? Habría que señalar la percepción del proceso creativo de que dejan constancia personal las poetas. Indagan, por ejemplo, en la relación entre la poesía y la autobiografía y, tocando un terreno psicológico, el por qué escriben.

Hay descripciones en cámara lenta del proceso de escribir, incluyendo detalles del sitio preferido —la mesa, la ventana, la luz cambiante, el humo del cigarrillo— del estado mental, y de la frustración y del placer del oficio. Se habla con frecuencia de la relación estrecha que existe entre la creación poética y las otras artes. Es sorprendente cuántas sentían una atracción hacia la música o hacia la pintura (algunas siguen dedicadas a ellas) antes de dedicarse a la poesía. Por lo menos una, María del Carmen Pallarés —también escultora—, niega la línea divisoria entre las actividades creadoras: «No hay posible independencia entre el arte y el arte, creo yo. Para hablar de veras sobre esto yo lo primero que hago es eliminar el plural de artes. Así que para mí la relación es total, desde dentro, de manera absoluta.» Otras casi nunca escriben sin escuchar música, María Sanz, por ejemplo, y también Amparo Amorós, quien afirma: «Hay poemas míos que son meras transcripciones de lo que se ha generado en mí a partir de piezas musicales.» En el caso de Clara Janés, la música, como explica ella, le brindó la intuición profunda de dos textos suyos, «Planto» y «Kampa II». También la escultura, la arquitectura y la pintura penetran sutilmente en la obra de estas autoras —en forma de inspiración, temática o estructura—. María Victoria Atencia resume un aspecto de la relación entre su poesía y la pintura diciendo: «Creo que a ella le debo un cierto sentido de la composición, de las distancias... del color y de sus gradaciones, del equilibrio entre volúmenes. La pintura me enseñó y sigue enseñándome a mirar, para ver un conjunto como una instantánea manifestación perdurable. Muchos de mis poemas deben a la pintura ese aire como de *flash*.»

Para la mayoría de estas poetas no sólo es nebulosa la línea divisoria entre las artes, sino también entre la creación artística y la vida, porque conciben la poesía como un proceso vital. Fanny Rubio, por ejemplo, al contestar una pregunta sobre datos biográficos, hace patente la forma en que se entretejen la vida y el arte: «Mi biografía la tejen una docena de libros de ensayo, crítica y creación. Entre ellos y lo que no es libro he juntado miles de páginas que son mi historia. O a lo mejor mi verdadera historia son tres frases con suerte que me inventé a lo largo de estas páginas.» Una declaración de Pureza Canelo también pone de manifiesto esta poética representativa del grupo: «Tengo la certeza más íntima de no poder abandonar la creación poética, vivir.»

Finalmente, es posible pensar en este volumen como un espacio para la memoria, en el cual no sólo cabe la historia literaria —vista tanto como amplio fenómeno cultural como trayectoria individual—, sino también la historia íntima de las poetas. Hablan sobre todo de la niñez, esa «primera patria» y materia prima —lugares, imágenes, símbolos, emociones— con que construyen su mundo lírico. Las escritoras recrean gozosamente o con dolor, según el caso, experiencias e impresiones fuertes que perduran en la memoria. Luisa Castro, por ejemplo, se acuerda de la extraordinaria libertad de que disfrutaba: «Lo único que puedo decir de mi niñez es que ha sido un paraíso de salvajes [...] sin orden ni ley; vivíamos en una casa sin ningún tipo de estratificación», pero también se acuerda del esfuerzo de su gente, de los trabajadores y de las trabajadoras y de los amigos —marineros viejos— de su padre, que le iban creando cierto sentimiento de clases. Blanca Andreu confiesa haberse hecho fuerte a base de una niñez catastrófica: «Yo me he pasado toda mi infancia en la clandestinidad, en la parte de los culpables y de los malos. Estuve en un colegio de internados, tenía anorexia, insomnia. Así, ya coges una escuela que te sirve para la vida. Alguna vez he pensado que si tengo un hijo, lo voy a meter en un internado de esos brutales, para que después no sucumba.» A Juana Castro, desde una temprana edad, se le quedó el sufrimiento de la mujer labradora, como su madre, que se agotaba con una doble jornada: «Recuerdo que en ese ambiente rural sentía en mí la injusticia que veía en la vida diaria de las mujeres. Trabajaban duramente en el campo, igual que los hombres y, sin embargo, al volver al cortijo, tenían que seguir con otra jornada, haciendo la comida, criando niños.» Ana Rossetti extrae diversas joyas de la memoria infantil, entre ellas una descripción de la muerte de una compañera de colegio, Isabelita la mística, y recuerdos de juegos que inventaba con las flores y con ropa muy rara —trajes de seda, moarés de canónigo y un uniforme militar del cuerpo de ingenieros— que sacaba de un baúl de sándalo en la casa de su abuela.

Se entremezclan con las experiencias juveniles, remembranzas de lugares —paisajes y espacios cerrados—. Por ejemplo, el clima lluvioso de Asturias, donde vivió Carmen Borja hasta los diecinueve años, es uno de sus recuerdos más fuertes y esa humedad sigue penetrando sus versos: «Aunque a veces las referencias son totalmente urbanas, existe siempre un sustrato de naturaleza muy arraigado [...]. Allí [Asturias] el paisaje es exuberante y la naturaleza aparece por todos los sitios: el gris, la lluvia, el mar. No puedo renunciar a ello.» En el caso de María del Carmen Pallarés es un espacio interior el que sobrevive transformado en una imagen poética. La poeta aclara que la «calle de madera» es una imagen vivida, el pasillo estrechito, con suelo de entarimado, de una casa, y añade: «Me parecía [...] una inmensa calle que yo llenaba con cosas, y con la imaginación. Luego, en la imagen adulta, es también el ataúd.» María Sanz cuenta cómo de niña vivió a diario la belleza de Los Jardines de Murillo, de Sevilla, que acababan transformándose en el título de uno de sus libros, igual que otro lugar recordado, la Cañada de los Ingleses, que sirve de título para uno de los primeros libros de María Victoria Atencia. La memoria de Pureza Canelo contiene vistas de la Sierra de Gata desde el balcón de su habitación y de la sensación de adentrarse en los campos de regadío que rodeaban su casa en Moraleja (Cáceres), y afirma que existe una relación entre su poesía y estos recuerdos: «Lo que he hecho ha sido incorporar esa atmósfera rural: vocablos, situaciones, objetos. Lo he ido filtrando metafóricamente y desde mi capacidad a través de la palabra.»

La memoria de las amistades es otra historia íntima que surge en las conversaciones, sobre todo en el caso de María Victoria Atencia, quien habla con admiración y afecto de sus amigos Vicente Aleixandre, Jorge Guillén y Bernabé Fernández-Canivell. Una pregunta sobre mujeres legendarias educe nombres de figuras literarias, escritoras actuales y frecuentemente acaba en anécdotas de alguna tía, abuela, bisabuela o amiga de la familia que la poeta conocía o cuya leyenda su madre le transmitía oralmente. En conjunto, estas descripciones se funden en un retrato de una mujer independiente y fuerte, con mucho tesón y, en algunos casos, indomable, como una tía de Luisa Castro que era ama de llaves de una casa de abolengo, a quienes mantenía a rajatabla y sin comer para mantener la hacienda. Los recuerdos vivos, especialmente de la niñez, que se quedaron grabados en la cinta magnetofónica, ofrecen uno de los resultados no anticipados más gratos del proyecto. Hay también alguna que otra sorpresa fascinante como, por ejemplo, la descripción de la autofanía como experiencia personal que ofrece María del Carmen Pallarés y la descripción de paraíso que confabula Ana Rossetti.

Lo que hemos señalado aquí no es lo único que contienen estas conversaciones. Quedan como un documento abierto a distintas lecturas y los hallazgos que se encuentren en ellas dependerán del contexto que aporte cada lector. Además, es distinto leer aisladamente una entrevista que leerlas como un tejido colectivo en cuyos diseños se descifra una historia —literaria e íntima— representativa de otras muchas poetas que están viviendo un proceso de transformación, cuyos fines divergentes todavía no se divisan con claridad, pero que implacablemente se aproximan a la luz.

La decisión de incluir una selección de poemas fue algo tardía en el proceso de la preparación del libro y dificulta hasta cierto punto la clasificación del volumen, algo más que un libro de conversaciones y algo menos que una antología, por el escaso número de poemas que la limitación de espacio permitió incluir. Al final, nos convencimos de que sería conveniente incluir la selección. Como una iniciación a la poesía femenina española, el volumen queda más completo con la presencia de los textos y su calidad poética pueda ser el mejor incentivo para que los lectores se interesen más a fondo en la poesía femenina. Al seleccionar los poemas, se tuvieron en cuenta tres factores: que se hubiera hablado del poema en la entrevista, que el poema se prestara a una lectura feminista y que fuera representativo de algún aspecto característico de la obra de la autora. La sección, «Libros de poesía», que sigue a la selección poética, se incluyó con la intención de familiarizar al lector novato de la nueva poesía femenina española con las principales obras poéticas de cada autora. Esta bibliografía breve no contiene obras de acceso difícil, como son los «plaquettes», ni traducciones, ni obras narrativas o críticas que algunas de las escritoras tienen, aunque todas son principalmente poetas.

Hubiera sido imposible realizar el proyecto sin la cooperación y generosidad de las poetas, a quienes quiero expresar mi profundo agradecimiento. No sólo me concedieron la entrevista, sino que me facilitaron textos y documentos y, además, tuvieron la paciencia de revisar el manuscrito de la conversación editada. Quiero también expresar mi agradecimiento a la pintora Patricia Gadea, quien preparó las ilustraciones del libro, y a María del Carmen Galiana de la Fuente, quien con buen oído transcribió las cintas. Quedo asimismo agradecida al Comité Conjunto Hispano-Norteamericano para la Cooperación Cultural y Educativa, que me concedió una beca en el año 1988, que me permitió iniciar el proyecto. Finalmente, quiero reconocer a mi familia —dispersada por Texas, California, Madrid y Bilbao— y a mis amigas, amigos y colegas por su alentador apoyo.

unos otros, y a quien dirán como un [illegible] eléctrico en este ordenamiento se [illegible] a la historia —inevitables [illegible]— representantes de otros muchos poetas, que están viviendo un proceso de transformación, cuyos rasgos diferentes todavía no se divisan con claridad, pero que uno y otro nombre se aproximan a la luz.

La elección de incluir una selección de poemas fue algo ordinario en el proceso de la preparación del libro y culminó hasta cierto punto la clasificación del volumen; algo más que un libro de conversaciones y algo menos que una antología, pues el espacio limitado de poemas que la invitación de espacio [illegible] incluir. Al final, nos convencimos de que [illegible] incluir la selección. Como una invitación a la lectura, funciona como nexo, el volumen queda más completo con la presencia de los textos y su calidad poética puede ser el mejor incentivo para que los lectores se adentren más a fondo en la poesía femenina. Al seleccionar los poemas se tuvieron en cuenta tres factores: que se hubiera hablado del poema en la entrevista, que el poema estuviera [illegible] y que fuera representativo de algún aspecto característico de la obra de la autora. La selección —siempre de poesía— que sigue a la conversación pretende, en conjunto con la entrevista, dar a conocer al lector [illegible] de la nueva poesía femenina española con las muestras de las obras poéticas de cada autora. La [illegible] breve no contiene [illegible] de acceso [illegible], con las [illegible] ni tradiciones, ni género narrativo [illegible] que [illegible] de las escritoras [illegible], aunque todas son principalmente poetas.

Hubiera sido imposible realizar el proyecto de la preparación sin la generosidad de las poetas, a quienes quiero expresar mi profunda [illegible]. No sólo me concedieron la entrevista, sino que me facilitaron textos y comentarios y, además, [illegible] paciencia [illegible] revisar el manuscrito de la conversación [illegible]. Quiero también expresar mi agradecimiento a la pintora [illegible] por [illegible] para la [illegible] del libro y a María del Carmen [illegible] de la Fuente, quien con buen oído transcribió las cintas. Quiero asimismo agradecer al Comité Conjunto Hispano Norteamericano para la Cooperación Cultural y Educativa, que me concedió una beca en el año 1983, que me permitió iniciar el proyecto. Finalmente, quiero agradecer a [illegible] por Texas, California, Madrid [illegible] y a mis amigos y colegas [illegible] su aliento y apoyo.

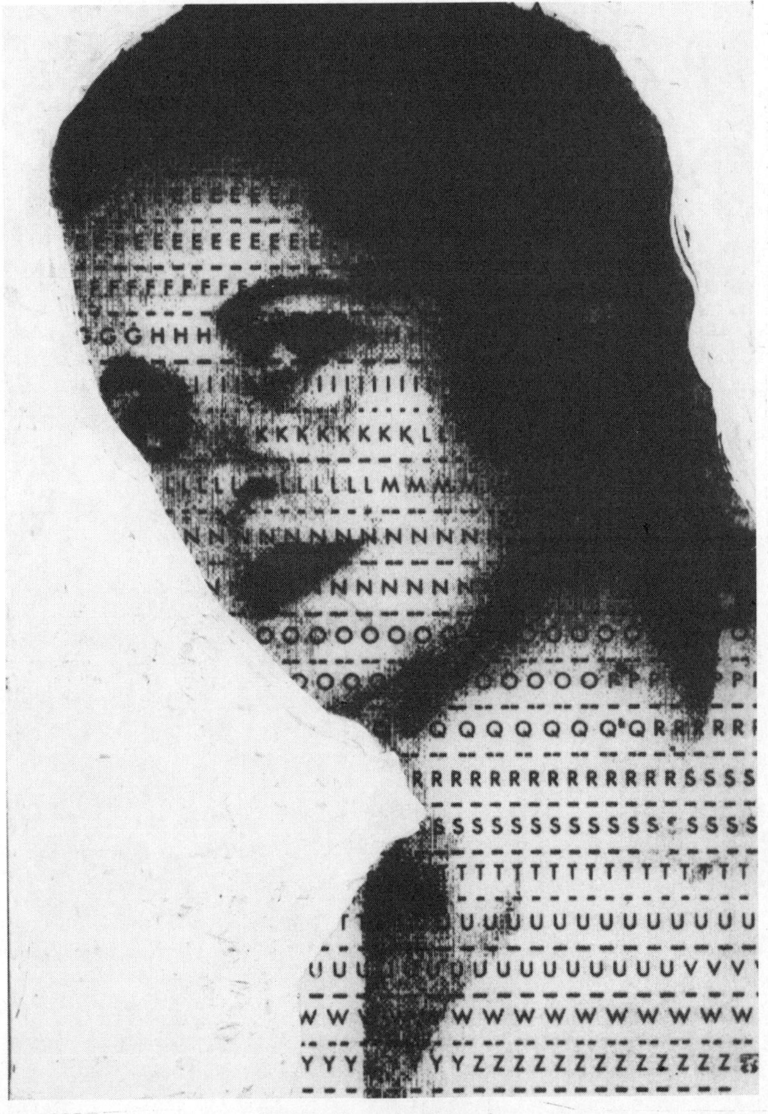

María Victoria Atencia

CONVERSACIÓN CON

# MARÍA VICTORIA ATENCIA

Sharon Keefe Ugalde: Tu poesía revela un amplísimo conocimiento cultural. ¿Cómo has adquirido esa formación?

María Victoria Atencia: Es una impresión engañosa. Pero creo que lo que sé lo he aprendido a lo largo de la vida: viendo, oyendo, leyendo, reflexionando. En mi momento, Málaga carecía de universidad y apenas era costumbre que las jóvenes salieran de su ciudad para cursar estudios. En cuanto a los libros, más que leer muchos lo que he hecho ha sido releerlos y con nuevos hallazgos en cada lectura. Además, he tenido la suerte de tener muy buenos amigos —críticos, poetas, impresores— que me orientaban siempre. Y alguno de esos amigos me puso en relación con los poetas del veintisiete, de tanta influencia personal, más que literaria, en mí; especialmente como ejemplo de conducta en unos y como ejemplo de entrega y de dedicación en todos.

SKU: ¿Existen antecedentes artísticos en tu familia?

MVA: No, ninguno. Mi familia se ha dedicado siempre a eso que llamamos «profesiones liberales» y, desde cuando yo sepa, a la construcción.

SKU: La infancia siempre juega un papel importante en la poesía, como una reserva de memorias que de alguna forma vuelven a aparecer. ¿Podrías contarme algo del ámbito de tu infancia?

MVA: Mi infancia fue muy dichosa, muy feliz, en una casa sencilla pero llena de cariño y de ternura, con una familia muy unida. Los primeros años los pasé en el campo, a la vista y el alcance de Málaga. Yo tenía cuatro años cuando estalló nuestra guerra y todo aquello ensombrecía a los míos, sin que yo supiese por qué, aunque luego fui creciendo y acabé por comprenderlo. Yo había sido además una niña muy deseada, porque me habían precedido dos hermanos varones y que me llevaban algunos años. Después volví a otros campos —siempre de niña—, muy próximos a la ciudad. Y ya me ves: aquí, junto a un mar hermosísimo, echo de menos ese campo y el cambio allí de las estaciones.

SKU: ¿Cuándo empezaste a escribir? Casi todos los poetas me dicen que desde muy jóvenes. ¿Es así en tu caso también?

MVA: Debo decirte que yo comencé por la música. El Conservatorio era entonces el único centro superior de estudios en Málaga. También me interesó vivamente la pintura. Pero conocí a Rafael (mi marido algún tiempo después), que escribía poesía, investigaba en bibliotecas, dirigía e imprimía revistas universitarias (en Málaga tenemos pasión por la imprenta, aunque se nos resiste la dedicación empresarial que la edición supone) y en un proceso de identificación con la persona querida comencé a escribir y a entender de tintas, de tipos de imprenta, de papeles. (Incluso ahora hago con él papel a mano para casi secretas ediciones de grabados o de poemas.) A Rafael le gustó lo que yo comencé a escribir, y le sigue gustando, y ya no lo dejé nunca.

SKU: A veces una persona tiene una facultad creadora, pero tarda en descubrir por qué camino puede expresarse más personalmente.

MVA: Quizá, también. Porque la música es maravillosa y yo nunca he dejado de oírla. Pero su ejercicio es muy difícil en un medio familiar, donde apenas si hay espacio para tanto «clamor» y la pintura también requiere un espacio propio, un «estudio». Son exigencias que la poesía no tiene. No exige más que un «ensimismamiento» en cualquier momento y en cualquier sitio, sin perjuicio de su redacción. Mi dedicación a la música o a la pintura no habrían podido durar, salvo una «profesionalización» impensable. La poesía sólo es un ejercicio y eso me salva.

SKU: ¿Cómo describirías la función de las artes plásticas en tu vida, la relación entre la pintura y la poesía?

MVA: Creo que a ella le debo un cierto sentido de la composición, de las distancias, de la indagación de eso que llaman el «punto de fuga» (que en la poesía rara vez es uno solo), del color y de sus gradaciones, del equilibrio entre volúmenes. La pintura me enseñó y sigue enseñándome a mirar, para ver el conjunto como una instantánea manifestación perdurable. Muchos de mis poemas deben a la pintura ese aire como de *flash*.

SKU: ¿Y la música?

MVA: Imagínate: desde la construcción interna de la frase y del poema entero, hasta el valor de cada uno de sus sonidos y de sus silencios. Añade lo que se llama «movimiento» en la terminología musical. Uno de mis libros se titula *Compás binario* y he escrito no pocos poemas (los de *música de cámara* y tantos otros) en relación con tu pregunta.

SKU: También has dedicado poemas a Celia Viñas, a Elena Martín Vivaldi, a Clara Janés, a Rosa Chacel, a María Zambrano... ¿Qué relación hay entre la obra de esas escritoras y la tuya propia, si es que no se trata más bien de una relación personal?

MVA: Sí: sobre todo es una relación personal, un testimonio de solidaridad, principalmente; lo que no debe empañar mi independiente admiración por su obra respectiva. Con todas ellas tengo un trato frecuente, dentro de lo que el apartamiento de Málaga permite. Especialmente con Clara Janés, más próxima a mi por su edad (aunque ella es más joven) y por su sensibilidad. Pero todas ellas me han dedicado también a mí parejos testimonios de afecto. Sin embargo, mi comunicación con ellas no es mayor que con otros poetas varones con quienes tengo igual «reciprocidad» de testimonios de afecto: Jorge Guillén, Vicente Aleixandre, Bernabé Fernández-Canivell, Pablo García Baena, Francisco Giner de los Ríos, Aquilino Duque, Antonio Carvajal, Fernando Ortiz, Manuel Alvar, Claude Esteban, Juan Bernier ...

SKU: Y con alguna otra poeta española actual, ¿te mantienes en contacto o sigues la trayectoria de su obra?

MVA: Por supuesto, porque me envían sus libros o los busco yo y nos escribimos sobre su contenido. Pero con el mismo interés sigo la poesía de los jóvenes. Y de los no jóvenes, claro está. Lo que no hago es diferenciar mi interés por una obra conforme el sexo de quien la escriba. Dice Octavio Paz que diferenciar la poesía por ese concepto es algo así como clasificar a los caballos de carreras por el color de los ojos.

SKU: Emilio Miró destaca la presencia de la onomástica femenina en los títulos de tus libros o de secciones suyas publicadas antes. Nombres como «Marta», «María», «Porcia», «Paulina»...

MVA: Sí: me han parecido nombres que cuadraban mejor a esas entregas, no sé si por bellos, por expresivos, por capaces de sugerencia o de representarme a mí misma en el trance que en ese libro o en ese poema asumía yo como propio. Podría añadir, incluso, las iniciales de *El mundo de M. V.*, que de algún modo me señalan, pero sin consentir una entera identificación. Con frecuencia, además, esos nombres femeninos son sólo una forma traspuesta del nombre masculino con el que se asocian. «Porcia» era el seudónimo de la «Condesa de Pardo Bazán» en sus cartas más íntimas a Pérez Galdós. Mi mundo afectivo (casi ese «mundo de M. V.») tiende a fundirse en el que me complementa y al que yo misma busco hacer completo y, en lo posible, feliz. Marta y María sólo se justifican en el Evangelio por su parejo amor al mismo Amigo de su hermano Lázaro.

SKU: En *Marta & María*, quizá con mayor evidencia que en otros libros tuyos pero no sólo en él, manifiestas una tensión subyacente entre la mujer práctica y hacendosa, que cumple con sus quehaceres cotidianos y otra, la «ensimismada» (como tú misma has dicho antes), la contemplativa, la ensoñadora, la que puede referirse a un «lugar distinto», unas «canciones distintas», un verso «distinto» y te cito también literalmente.

MVA: Yo escribí ese libro en un momento de tensión y angustia ante un posible desgajamiento y supone mi reencuentro con la escritura después de quince años de silencio. Es decir, que yo desperté de nuevo a la poesía por aquella tensión que encontraba así su modo de estallar y de expresarme. Marta y María, como bien sabes y antes decíamos, tenían un parejo amor —pero expresado de «distinto» modo— por el Amigo de su hermano. Ambas buscaban su perfección en Él y es ahí donde realmente se hermanan: por eso suelo escribir ambos nombres unidos por la cifra «&». (Aparte de que esa cifra sea también un modo de decoración y una referencia a nuestros viejos impresores.) En aquel momento, Marta ofreció todo su quehacer al Amado. María, más allá de eso, eligió la renuncia a cuanto no fuese Él.

SKU: ¿Crees que es más difícil para una mujer que para un hombre tener la tranquilidad y el tiempo necesarios para escribir y las oportunidades de publicar?

MVA: A mí me parece que es igual, porque tampoco los hombres disponen de su tiempo, aunque suela parecer otra cosa. Todos andamos entre limitaciones. Hombres y mujeres quizás dispongan de la misma «cantidad» de su tiempo, aunque en momentos distintos, y la mujer suele buscarlo en su propio hogar, especialmente la mujer casada. Siempre acaba por encontrarse el tiempo cuando se tiene una verdadera vocación. Pero ese tiempo tiene que estar enriquecido por algo; en nuestro caso, por una verdadera necesidad de escribir, no sólo por la ilusión o el deseo de hacerlo. Yo he escrito intensamente, con cuatro hijos muy pequeños aún y que exigían una atención continua; y no he logrado escribir, sin embargo, en épocas que ya no me exigían un desvelo tan continuo.

SKU: ¿Qué significa este *boom* de la poesía femenina en España a partir —digamos— de los años setenta?

MVA: Claro está que el *boom* tiene mucho de «operación editorial», como todo *boom;* pero a él le debemos el hallazgo de muchos nombres nuevos y francamente valiosos. Por lo que a mí respecta, yo comencé publicando en colecciones privadas, no venales y de extremado rigor tipográfico, que es un medio en el que siempre me he sentido acogida. Pero mi primer libro propiamente dicho apareció ya en la colección «Adonais», de Madrid, en 1961. Casi enseguida dejé de escribir. Y cuando volví a hacerlo, mi propio marido y mis amigos de aquí tenían la ilusión de ir publicando mis sucesivas entregas, hasta que entre todos me llevaron a las más prestigiosas colecciones españolas. Tal vez me hubiese ilusionado tener antes este tipo de publicación pero es que, en realidad, apenas si yo tenía algo que ofrecer. Lo que me interesa del *boom* al que te refieres no es sólo los nombres que va descubriéndonos, sino lo que tiene de incitación y continua convocatoria.

SKU: ¿Estás de acuerdo con los críticos que consideran tu obra como novedosa dentro del panorama de la poesía femenina española del siglo XX? Mencionan sobre todo el abandono del entorno doméstico a favor del cultural y la brevedad de tus textos.

MVA: Yo nunca he sabido hacer crítica y, menos aún, crítica de la crítica. Desde dentro de mi poesía, yo no sé cómo es ni lo que le falte, le sobre o la caracterice. Su brevedad es evidente, pero su intensidad la desconozco. Un poema breve no es por sólo eso ni novedoso ni mejor. Y en cuanto a esos entornos de que me hablas (el «doméstico» y el «cultural» y me doy cuenta de que los nombras con un propósito de simplificación), podrían remitirnos a los mundos de Marta y María que nos ocuparon antes. Pero yo creo que ambos se alternan o se superponen de continuo en lo que escribo, aunque mi mundo doméstico (en el que ocupo la mayor parte de mi tiempo y lo hago ilusionadamente) pueda quedar en ocasiones como trazado con mayor discreción, con tinta más diluida. Preferiría ver mis libros dentro de un panorama más amplio que el formalmente femenino, aunque sin duda perdiesen consistencia, perdiesen «importancia» relativa. Y, desde luego, sin que renuncie en lo más mínimo a mi condición de mujer, que no es «servidumbre» ni «grandeza», sino sólo eso: condición natural.

SKU: En una entrevista para la revista *Thesaurus* ponías en duda la validez de distinguir entre poesía masculina y poesía femenina, y en lo que llevamos de conversación se ha tocado ya ese tema varias veces. ¿Querrías precisar tu opinión sobre esto?

MVA: Sí, con mucho gusto. Hay poesía escrita por hombres, e incluso temas propiamente masculinos: es lógico que Jorge Manrique nos hable de la guerra. Y poesía escrita por mujeres y con frecuente referencia a temas que nos son propios, como la maternidad. Pero sólo atribuyendo al hombre o a la mujer ciertas características que no le son exclusivamente propias, podríamos considerar como masculina o femenina una obra en la que esas características se reflejen. Allí dije, si no recuerdo mal, que la poesía de Rosalía de Castro (a quien tanto admiro, a quien he traducido con fervor, para quien he escrito poemas en mi propia lengua y en gallego) es una poesía característicamente masculina, si se aplican esos criterios que te he dicho, frente a la condición profundamente femenina (según esos criterios) de su rigurosamente contemporáneo Gustavo Adolfo Bécquer. Naturalmente, hay una estética masculina y otra femenina. Lo que no creo es que ello cuente más que otra cualquiera para establecer clasificaciones poéticas. ¿Llamaríamos femenina a la poesía de San Juan de la Cruz porque su delicadeza, su sentido de la intimidad, su apasionamiento amoroso, se consideren característicamente femeninos? Yo creo que todo eso no son sino andaderas previas a la función de andar y que de ninguna manera determinan hacia dónde se dará el paso. El poema es un salto en el vacío que ni necesita ni quiere esos apoyos. La poesía, si lo es, no soporta adjetivos, aunque se los impongamos a efectos de una clasificación puramente formal.

SKU: Dedicas *El coleccionista* a Jorge Guillén y *Paseo de la Farola* a Vicente Aleixandre. Conociste y trataste a esos poetas. Cuéntame alguna anécdota tuya en relación con ellos.

MVA: Conocí a Vicente Aleixandre cuando yo tendría unos veinte años y comenzaba a escribir. Él vino a Málaga, que había sido la ciudad de su infancia. Mi marido (mi novio entonces) y yo lo llevamos a un Torremolinos que en nada se parecía al de hoy. Pasamos juntos toda la tarde. Y Vicente, ya en aquel primer encuentro, se mostró con toda su simpatía arrolladora, con su elegancia natural de señor verdadero, con su delicadeza incontable. Rubio, ojos de un claro azul, distinguidísimo, guapísimo. Yo le servía el té y lo escuchaba al mismo tiempo casi con unción religiosa. Era en un hotel, «La Roca», muy británico. Ya no existe, ¡qué pena! Él siguió recordándome siempre en aquella ocupación a través de sus cartas y de otros encuentros. Yo apenas si iba teniendo libros míos que enviarle o llevarle. Él me daba los suyos y yo le enviaba copia de mis poemas. Y siempre me animaba, nos animaba a todos, porque Vicente era como un gran padre que se nos fingía sólo hermano mayor. Él era como un gran padre que impulsaba y acogía a toda la poesía española de su tiempo, hasta en nuestros balbuceos. Nos escribía o nos contestaba siempre, por cualquier ocasión. Con tanto cariño. Él mismo me sugirió el título *Paseo de la Farola* para algún libro de poesía, la *«farola»* es el nombre que aquí y en otros sitios se da al «faro» del puerto, como en el título de Virginia Woolf. Y este Paseo de la Farola en el que vivo y al que tantas veces llegaron sus cartas, lo recorrió él mismo, de niño, incontables veces también. De paso por Madrid (camino de Valladolid, donde se rendía un homenaje a Guillén con ocasión de su noventa cumpleaños) me llegué a ver a Vicente, sin saber que yo no lo volvería a ver más. Junto a la pena de su muerte me ha quedado la de no tener en aquel momento un aparato que me lo reprodujera ahora, que me conservase al menos su voz de aquel día: sus preguntas sobre mí, que apenas si me dejaban preguntarle. Aludió a que la enfermera lo abrigaba de noche tan cuidadosamente que no podía sacar los brazos para escribir; que ya apenas escribía en ningún momento, que se sentía viejo y acabado. Yo apenas si podía llorar. Pero sus ojos seguían teniendo la misma claridad y el mismo brillo acariciantes. Cuando su última carta me llegó a casa ya había muerto él. Pero esa carta y todas las cartas y las palabras que me dijo y las que escribió como introducción a uno de mis libros, me devuelven siempre a aquella tarde de «La Roca», en que yo le servía un té que él nunca olvidó.

SKU: ¿Y Jorge Guillén? Veo desde aquí, desde el ventanal y la terraza, su busto en este ensanche del Paseo de la Farola, ensanche que, por el poeta, se llama Glorieta de Guillén.

MVA: Sí; precisamente desde esta terraza asistió don Jorge al descubrimiento de ese busto (obra de Labrador) en una mañana que no olvidaré fácilmente. El Ayuntamiento organizó una fiesta preciosa, como una verbena especial para aquella ocasión, que fue una fiesta ofrecida a los niños, porque don Jorge (yo siempre lo llamé «don Jorge») quiso que tuviera aquella significación. Don Jorge vino a casa, con su mujer y toda la familia; con sus amigos y nuestros amigos; con las autoridades de Málaga y de Valladolid, su ciudad natal. El Ayuntamiento había peparado, en plena calle, una tarta de cumpleaños gigantesca, de no sé cuántos metros cuadrados, para que ningún niño de Málaga se quedase sin su porción y yo bajé a partir aquella tarta en nombre de don Jorge. Imagínate: globos, músicas, banderas, quioscos, tenderetes y toda aquella divertidísima algarabía. En la casa partí otra tarta, más pequeña, naturalmente, para todos los que estábamos aquí. Don Jorge venía frecuentemente a casa, tan cerca de la suya (aquí al lado: en el Paseo Marítimo, también junto al mar). Yo iba a la suya con mucha más frecuencia, como es lógico, para estar con él y con Irene, su mujer; para recoger sus libros, sus recuerdos, su enseñanza siempre. Yo conocía a Guillén desde hacía muchos años; desde que él, viudo de su primera esposa, vino a Málaga y pasamos muchas tardes con él y él nos leía sus poemas. Y así nació una amistad nunca interrumpida y luego con Irene, con Claudio, Teresa, Steve... y ya hasta con los nietos de aquel amigo tan querido, de conversación tan fácil, de agudeza prontísima, de perpetua ironía con la que velar sus propios entusiasmos y ternuras. Don Jorge escribió para mí un poema precioso en el que me clasificaba de «serenísima». Era una alusión a ciertos poemas míos sobre la Serenísima República de Venecia. Pero, desde entonces, quedó lo de «serenísima» como una referencia que me identifica.

SKU: Si te parece, vamos a recorrer un poco tu propia obra, que empieza por *Tierra mojada.* ¿Por qué no has acogido un testimonio al menos de ese libro en entregas antológicas tuyas, como *Ex libris* o *Glorieta de Guillén?*

MVA: *Glorieta de Guillén* recoge exclusivamente poemas míos en relación con esta casa, esta ciudad, esta provincia. Son poemas vinculados a Málaga y, por tanto, sin sitio para *Tierra mojada.* Podía haber ido en *Ex libris,* pero aquella selección la hizo, a ruegos míos, Guillermo Carnero. Y Guillermo (que ahora no escribe poesía pero que —estoy segura— volverá a hacerlo), con su buen sentido prefirió dejar aquella *Tierra* de lado. Una decisión que adoptaría sin el menor escrúpulo. Los brevísimos «poemas en prosa» (expresión que no me gusta) de aquella entrega mía inicial (impresa sin indicación de lugar ni de año) son el testimonio de una ingenuidad que ahora me hace sonreír. Retocarlos, reescribirlos para poder mostrarlos sin demasiado sonrojo, es algo que nunca he hecho y que carece de interés. Si incluyo ese título en cualquier nota bibliográfica pormenorizada es sólo por una exigencia, para conmigo misma, de verdad y de exactitud. Pero aquello no pasaba de un Rabindranath Tagore mal leído: un poeta al que no he vuelto, pero al que entonces me llevarían —supongo— las traducciones de Zenobia Camprubí, la esposa de Juan Ramón Jiménez.

SKU: *Arte y parte* y *Cañada de los ingleses* tienen la misma fecha de publicación: 1961. ¿Cuál se escribió primero?

MVA: *Arte y parte.* El libro se cerraba con el «Epitafio» que suscitó mi siguiente libro, *Cañada,* y por eso volví a recoger ese poema allí, como en *Arte y aparte* había recogido *Cuatro sonetos,* escritos y publicados antes, y como en *El mundo de M. V.* recogí «Sueño de Churriana», que ya había dado en *Los sueños.*

SKU: Háblame de ese «Epitafio».

MVA Es un poema que he seguido sintiendo siempre como mío, porque, ya sabes, algunas veces los poemas, algún tiempo después de escritos y publicados, pueden llegar a serte enteramente ajenos y hasta los puedes leer con toda objetividad: como desde fuera de ellos. Ese «Epitafio para una muchacha» es el único poema mío que incluso me sé de memoria, absolutamente el único. Pero no sé por qué lo escribí. Por entonces yo vivía en el Paseo de Sancha, no lejos del Cementerio Inglés, cuyo destino no le impide ser un lugar precioso, un jardín romántico y casi en el centro de la ciudad, capaz de producirte cierta melancolía, pero no el sentimiento de trágica desolación de nuestros cementerios habituales. Yo lo visitaba con alguna frecuencia porque, además, dispone de un vivero donde adquirir flores y macetas. Debí ver alguna inscripción que me impresionase, alguna inscripción para alguna niña o alguna adolescente muerta allá por los comienzos del XIX, porque efectivamente esas inscripciones están allí, con su bella caligrafía y algún breve poema alusivo. Entonces escribí el mío. Ahora, ante alguna muerte como aquélla, me digo a mí misma: «Para esta niña, para esta joven, escribí aquel poema y lo escribí sin saberlo.» Pero si te hablo de ese lugar es porque los poemas que sucedieron al «Epitafio» se refieren ya a ese sitio, como puedes deducir por el nombre del libro. La Cañada de los Ingleses se abre paso entre dos laderas. Una de ellas, ocupada y ceñida por el cementerio; la otra, por una serie de pequeñas edificaciones en las que se testimonia la vida. Mi libro toma su nombre de esa cañada, no del cementerio. Tres de sus poemas miran hacia una de las laderas; los otros tres, a la ladera opuesta. Todo eso lo explicaba la nota editorial de aquella edición, nota omitida (como es lógico, porque no era un texto mío) en las siguientes ediciones y traducciones del libro. (Y eso ha hecho que alguno de sus poemas, como «Desde un niño», que expone sólo la voz no hecha aún de un niño —la voz que desde dentro de él pretende expresarse— se haya interpretado como la voz de un niño dejado allí para su largo reposo.) Pero, volviendo al «Epitafio», añadiré que, cuando lo escribí, ni remotamente se me hubiera ocurrido pensar que enseguida se grabaría en una antigua losa y se fijaría sobre el pilón vacío del primitivo recinto de ese cementerio. Lo grabó y lo puso allí Bernabé Fernández-Canivell.

SKU: Lo has nombrado antes.

MVA: Él fue quien me acogió en *Caracola*, la revista de poesía que cuidó, mes tras mes, durante casi diez años; quien me explicaba a qué nombres tenía que estar atenta y me dejaba sus libros; quien me explicaba el mérito o el demérito de cada colaboración acogida o rechazada por la revista. Una revista por la que él consiguió el regreso a España de la poesía de nuestros exiliados. Pero una revista abierta también a los nombres nuevos y nunca oídos antes: de mis *Cuatro sonetos*, ya el primero apareció allí. Por Bernabé conocí la obra de Hopkins y la de Eliot. Por él tuve correo de Cernuda y de Juan Ramón (he publicado esas cartas en facsímil), como también le debo mi personal conocimiento de Dámaso, de Vicente, de don Jorge. Pero también el de Muñoz Rojas y el de Spiteri y el de todo el grupo de la revista cordobesa *Cántico*, con Pablo García Baena a su cabeza. (No pasa un día sin que yo hable, al menos por teléfono, con Pablo y con Bernabé.) Lo que yo pueda haber hecho se lo debo a mi marido y, en muy buena parte, a Bernabé Fernández-Canivell. Y dudo de que alguien, sin escribir poesía (como es su caso) haya influido más que él en la poesía española de su momento. Por el tiempo en que murió su hija Blancanieves (hay tres poemas dedicados a ella en *Marta & María*, y Bernabé no tenía más hija que ella), murieron mis padres también, en muy poco tiempo y por circunstancias distintas cada uno de los dos. Y creo que, desde entonces, nuestra amistad tan honda se ha ido consolidando como una relación casi paternofilial; como una relación que está por encima de la amistad misma.

SKU: ¿Fue entonces, al morir tus padres, cuando dejaste de volar?

MVA: Fue cuando dejé de pilotar. Pero desde Estocolmo a Tánger o desde Nueva York a Colonia, yo he estado siempre yendo y viniendo. Sin embargo, la muerte de mis padres, de los dos y tan inesperadamente, me hizo pensar en la necesidad que mis hijos, tan pequeños aún, tenían de mí. Sólo por eso renuncié a aquella ilusión. Ocurrió también que uno de nuestros mecánicos y excelente piloto se estrelló y aquello me produjo un sacudimiento extraordinario, aunque continué con mis vuelos. Después de quince años de silencio yo necesité volver a escribir: tenía verdadera necesidad de hacerlo para contar aquello. E incluso publiqué aquel intento de poema, único al que haya renunciado después de impreso, además de *Tierra mojada.* Y entonces se produjo, además, la situación que he expuesto en *Marta & María* y pude escribirla ya.

SKU: Los tres poemas de *Marta & María* a que te has referido, los relativos a aquella niña, me hacen recordar algunos versos de César Vallejo, como por ejemplo el poema III de *Trilce,* «Las personas mayores». ¿Leíste en algún momento al poeta peruano?

MVA: Vallejo siempre estuvo en las librerías españolas. Como Lorca o como Neruda. Algo que ahora suele olvidarse o negarse y eso es una falta a la verdad. Yo conocía bien *España, aparta de mí este cáliz,* al que me habían llevado por igual Bernabé Fernández-Canivell y el malagueño Pablo Picasso (porque vi su retrato de Vallejo ilustrando la cubierta del libro). ¿Recuerdas aquel poema de Vallejo «¡Málaga sin padre ni madre, / ni piedrecilla ni horno ni perro blanco!»? Yo me he referido a ese horno en un poema, «El soldado», quizá por recuerdo inconsciente; y a aquella Málaga en otro poema, «Éxodo», con manifiesta referencia a Vallejo. Pero, cuando escribí *Marta & María,* nada había más lejos de mí que *Trilce.*

SKU: Volvemos otra vez a *Marta & María.* En un poema de ese libro hablas de que, en el momento del tránsito definitivo, te gustaría poder llevar contigo «ediciones preciosas de San Juan de la Cruz». ¿Es un poeta al que admiras especialmente?

MVA: Es verdad. Yo dije entonces «ediciones preciosas», pero quería decir que cualquier edición de san Juan de la Cruz, de fray Juan de Yepes, es «preciosa» para mí. Una cita suya encabezaba ya mi primera entrega. Para mí, y creo que no sólo para mí, es el mayor poeta en nuestra lengua. Nada me estremece más, aparte de *El cantar de los cantares* y, por supuesto, Shakespeare. Cuando nos quedamos hasta muy altas horas entre amigos, nos gusta leer, repartiéndonos sus voces, el «Cántico espiritual»; un poema que tiene además muy diversas «lecturas» y no me refiero sólo al tono con que puede leerse. Guillén ya se ocupó de esto con todo detenimiento.

SKU: ¿Qué otros escritores han dejado su huella en tu obra? Tal vez sería mejor formular la pregunta de esta manera: ¿Cuáles son algunas de tus lecturas preferidas a través de los años?

MVA: Me han interesado siempre todos esos nombres que, por un motivo u otro, hemos ido diciendo hasta aquí. Y vuelvo siempre a Rilke, a Manrique, a Eliot, a Góngora, a Saint-John Perse... Y a

Dante y a la Biblia y a Shakespeare. A los «erméticos» de Italia y a los «metafísicos» de Inglaterra. Y, de cada una de estas peregrinaciones, acabo por volver a San Juan de la Cruz.

SKU: ¿Cómo llegaste a asumir el alejandrino como tu verso predilecto?

MVA: Creo que de manera natural: como se adopta un peinado, o un perfume. Un buen día descubres que ya «eres» así (y que, además, no hay razones para que dejes de serlo) sin que hubiese un propósito inicial. Yo di con el alejandrino en *Arte y parte* y supongo que *Cañada de los Ingleses* está escrito en alejandrinos que se dividen por su cesura para justificar un mínimo de paginación. Desde luego quedan otros ritmos y, por supuesto, el verso libre. En *La pared contigua* me planteo —muy tímidamente— este problema.

SKU: ¿Qué es lo que buscas a través de la poesía? ¿Qué es, en el fondo, lo que quieres conseguir con ella?

MVA: Si te dijese que lo que busco es el conocimiento de la belleza a través de la palabra hasta eso que llamamos «poesía», seguramente te estaría dando una respuesta parcial y ocasional; una respuesta que ni siquiera es mía. Y es que no se escribe poesía «para» algo, sino «por» algo. Se escribe poesía, como se hacen tantas cosas: por una vocación fatal, porque se es poeta. Y a veces se da con algo, se encuentra algo, se logra el poema. Sólo Picasso podía decir aquello de «yo no busco; encuentro.» Picasso y muy pocos más. Por mi parte me limito a seguir buscando, aunque íntimamente crea haber dado con el poema alguna vez.

SKU: Me parece que, en tu obra, la belleza y la plentitud siempre existen en relación con el tiempo, como si fueran un desafío frente a la fugacidad. Para mí solamente hay un libro plenamente triunfante, en el sentido de una plenitud lograda fuera del tiempo: es *Trance de Nuestra Señora.* ¿Cuál fue la génesis o las circunstancias que motivaron ese libro?

MVA: Ese libro recoge una serie de poemas que he ido escribiendo y enviando en sucesivas navidades a mis amigos. Jesús Munárriz recogió un año los que de igual manera había ido escribiendo Pablo García Baena. Y yo le pedí a Munárriz un libro semejante y, como el de Pablo, no venal, también para su envío navideño. Jesús aceptó enseguida, pero pidiéndome un mayor número de poemas y, llegado su momento, el libro apareció, con su precioso prólogo de María Zambrano. No es propiamente un libro de poesía religiosa. O no sólo eso. Está allí la Virgen, siempre tan venerada por mí, tan presente en mí. Pero también estoy yo, con mis perplejidades y mis sorpresas; yo, como novia, como esposa, como embarazada, como madre. En los *Trances* estoy yo, trascendida pero siempre con suficientes testimonios de mi personal identidad. Naturalmente, no es un libro cerrado ya. Los poemas de navidad que he escrito después, y que igualmente sigo enviando a familiares y amigos, acabarán encontrando acogida en alguna nueva edición de ese libro.

SKU: ¿Existe una relación estrecha entre tu biografía y tus versos?

MVA: No, desde luego que no: mi poesía (mi «obra», si me atrevo a decir esta palabra, tan cargada de responsabilidad) no es mi autobiografía. Lógicamente, mis situaciones personales, mis situaciones biográficas, me llevan a estados de ánimo y a temas que, de otro modo, no se me habrían ofrecido. Generalmente adopto una posición de «como si yo», asumiendo como propia una situación ajena y en ocasiones hasta incompatible conmigo misma, pero que en el poema puedo adoptar, y yo misma me sorprendo al ver luego lo que en esa circunstancia ha dado de sí después de sometida a la tensión que el poema supone. Guillermo Carnero ha hablado de una «persistente ocultación —en mi poesía— de las motivaciones reales y biográficas». Es una ocultación que se limita a prescindir de la anécdota. Pero, por un juego de espejos, siempre se me puede ver en el fondo del poema.

SKU: Ha salido un nuevo estudio sobre poetas de la generación de los años cincuenta, por José Luis García Martín, y figuras tú en ella. Pero, por la estética de algunos de tus libros, podrías formar parte de los «novísimos». ¿Con qué generación te acomodas mejor?

MVA: En la revista *Jugar con fuego,* que dirigía precisamente García Martin, ya dije, en el año ochenta, que no creía en el concepto de «grupo» y, menos aún, en el de «generación», aunque ambos se vengan usando como elementos de trabajo. Recuerdo un ensayo, publicado en el ochenta y cinco por la Universidad de Nebraska, donde se decía algo así como: «la poesía de M. V. A. puede considerarse, sin caer en el elogio tópico, como una de las voces más valiosas de su generación, la primera de postguerra». No sé, por este camino, a dónde vamos a llegar. Nunca he falseado la fecha de mi nacimiento ni la de mis publicaciones. Cronológicamente me corresponde estar, según creo, en la «segunda generación», en la del cincuenta. Pero por las publicaciones que comencé a dar después de quince años de silencio, tal vez me corresponda estar entre los «novísimos». Guillermo Carnero ha llegado a hablar de una fisura en mi labor entre un período y otro; una fisura tan profunda que me deja ver como dos personas diferentes.

SKU: ¿Es Eva, del poema del mismo título, en el libro *Paulina*, la Eva del Paraíso? ¿Es la poeta intentando captar en palabras el misterio de la vida entrevisto en las aguas?

MVA: Es la Eva del Paraíso, por aquellos días en que yo releía a Milton. Pero, al margen de ello, es también cualquier mujer que se detiene en el descubrimiento del hombre (ajeno a su mundo hasta ese momento en que lo «ve», reflejado en el río o de otro modo cualquiera) y siente el impulso de una identificación con él, de ser «carne suya». Pero, lógicamente, el poema puede entenderse también como una parábola.

SKU: En el poema «Temporal de levante», que Louis Bourne tradujo para tus *Selected Poems,* hay una referencia expresa a Emily Dickinson. ¿Simboliza esa referencia la perfección y concisión que buscas en tu propia obra?

MVA: La poesía de Emily Dickinson me resulta excesivamente sonora en su texto original y yo me siento «formalmente» muy distante de ella. Pero tiene frases como relámpagos. La cita que hago es sólo uno de esos deslumbramientos. Y claro está que me siento muy próxima a alguna Emily Dickinson traducida, y que esa frase, «el ocaso servidme en una taza», podría expresar (y sin duda expresa) un propósito —suyo y mío— de concisión y perfección.

SKU: En relación con esto, ¿qué idiomas extranjeros hablas?, ¿cuáles traduces?

MVA: Cada día trato de aprender un poco mejor mi propio idioma. En cuanto a los demás, con las lenguas románicas, tengo menos problemas que con las restantes, como es lógico. Y, naturalmente, prefiero las que geográficamente me están más próximas. Para traducir las demás tengo que acudir a otra lengua que me sirva de puente. Por ejemplo, yo traduje un cuento de Evgeni Evtushenko, *El dios de las gallinas,* a través del francés. Y lo curioso es que Evtushenko, que habla nuestra lengua irreprochablemente, estaba encantado con la traducción y así me lo escribió y me lo dijo cuando lo conocí después. Lógicamente no preciso de ese auxilio para traducir a Pessoa o a Rosalía de Castro, a Claude Esteban o a Margherita Guidaci. Y necesito de mucho auxilio para traducir a Charles Wolfe o a Marcial. Para Rilke preferí partir de una traducción literal y hecha palabra por palabra.

SKU: ¿Cómo es el lugar donde escribes?

MVA: Te lo enseño ahora. Es una pequeña habitación cerrada por estantes de madera esmaltada de un blanco ahuesado y con uno de sus laterales enteramente abierto a la vista del mar. Los fondos van entelados de amarillo oro y todo queda, sin duda, muy francés. Y allí, libros: casi exclusivamente de poesía o de consulta, diccionarios principalmente (porque otros libros los tengo en distintas partes) y alguna figura y unas ceras. Un sofá, una pequeñísima mesa auxiliar. Y una mesa de raíces y un sillón ligero que suelo ocupar por la mañana, muy tempano, antes de que se levante el resto de la casa. Escribo a lápiz sobre hojas de tamaño folio, a veces encarpetadas en rojo o negro. Y borro mucho, hasta reducir ese original... Todo eso es excesivo para mí, pero los míos —mi marido, y ya mis hijos también— me han «hecho» a este sitio que, realmente, no me es necesario. Pero que —debo ser sincera— yo misma he hecho.

SKU: El título de uno de tus próximos libros, *De la llama en que arde,* sugiere una posible trascendencia mística. ¿Es un libro traspasado por la luz, como los *Trances?*

MVA: No: la llama en que cada uno arde es la de aquello en que esa llama se alimenta. Es una cita de la *Divina comedia.* Y cada uno ardemos de lo cotidiano; ardemos en la llama que nos va consumiendo en cada instante.

SKU: ¿En qué línea están los poemas de *La pared contigua* en relación con tu poesía anterior?

MVA: *La pared contigua,* que aparecerá en «Hiperión», tiene quizá un cierto parecido o es una cierta continuidad de *Compás binario,* publicado también en «Hiperión». Y *De la llama* puede ser más bien una continuidad de *Ex libris,* apareciendo precisamente en «Visor». Aunque ello no deja de ser una curiosa coincidencia.

SKU: ¿Estás conforme con el lugar y con el momento que te tocaron vivir? Si hubieras podido escoger, ¿habrías escogido otra época o geografía?

MVA: No: ni época ni geografía. Estoy muy contenta y muy bien donde estoy.

Málaga, noviembre de 1988.

## SELECCIÓN DE POEMAS

### QUÉ HACER DE REPENTE...

*Qué hacer si de repente descubres que te habita*
*abarcándote toda alguien que te es extraño*
*y confunde tu lengua con un verbo distinto.*
*De un lado para otro, en el día te busca*
*arrastrando una lámpara y en la noche se siente*
*con los ojos cegados por un sol de injusticia.*

*No otra cosa podrías que echarte en el tumulto,*
*gritar bajo las olas, sacudir con bambúes*
*la raíz de tu cuerpo,*
*desear la mandrágora,*
*proclamar tu secano el resto de la vida*
*y dormir para siempre en la isla de Wight.*

(*Marta & María*)

### RETRATO DE UNA JOVEN DORMIDA

*Si por la oculta noche retenida*
*me pudiese llegar a tu lienzo y velarte,*
*tan cándida y cercana y tan ausente,*
*acaso*
*la luz que se detiene en tu pecho y lo alza*
*alcanzara a decirme si duermes a la vida,*
*si vives en la muerte, si puedo ser contigo*
*Ofelia de tu légamo, Desdémona en tu almohada.*

(*Paulina o el libro de las aguas*)

## CONDESA DE CHINCHÓN

*Por romper el silencio, mustias espigas roza*
*un ángel cuando pasa sobre tus bucles jaros;*
*o porque no has perdido aún —tú, la carente*
*de todo— una frescura conventual y dócil.*
*Desde el sillón prestado contemplas la comedia*
*y, con ausentes brazos, abarcas el juguete*
*de un vientre de ocasión por encargos reales.*

(*Compás binario*)

## «LA NOCHE»

Aristides Maillol

*Después de largo ensayo me dispuso sedente, abatida*
*la nuca,*
*los brazos avanzados para ceñir las piernas*
*dócilmente plegadas en su quietud contigua,*
*y desde entonces —bronce que por la gracia es leve—*
*en la noche prosigo*
*ojos adentro ajenos a vuestros ojos, vida interior ajena*
*a persuasión o examen:*
*en mi paisaje solo, yo, mi causa y destino.*

(*La pared contigua*)

MEMORIA

*Tiempo atrás, vida atrás, me recogí en mi sangre*
*y aniñé mi esperanza para crear un fruto.*
*En el tierno silencio de aquellos largos meses*
*nos mecía a los dos el giro de la tierra.*
*Después, al alumbrarlo, la tierra se detuvo.*

(*Trances de Nuestra Señora*)

LIBROS DE POESÍA

*Tierra mojada*, Málaga, 1953.
*Arte y parte*, Madrid, Adonais, 1961.
*Cañada de los Ingleses*, Málaga, Cuadernos de María Cristina, 1961.
*Marta & María*, 2.ª ed., Madrid, Caballo Griego para la Poesía, 1984.
*Los sueños*, Málaga, n. p., 1976.
*El mundo de M. V.*, Madrid, Ínsula, 1978.
*Paseo de la Farola*, Málaga, Nuevos Cuadernos de Poesía, 1978.
*El coleccionista*, Sevilla, Calle del Aire, 1979.
*Ex libris*, Madrid, Visor, 1984.
*La Glorieta de Guillén*, Málaga, Puerta del Mar, 1986.
*Paulina o el libro de las aguas*, Madrid, Trieste, 1984.
*Compás binario*, Madrid, Hiperión, 1984.
*Los trances de Nuestra Señora*, Hiperión, 1986.
*De la llama en que arde*, Madrid, Visor, 1988.
*La pared contigua*, Madrid, Hiperión, 1989.
*Nave de piedra. (Antología)*, Málaga, I. B. Sierra Bermeja, 1990.
*Antología poética*, Madrid, Castalia, 1990.

María del Valle Rubio Monge

CONVERSACIÓN CON

# MARÍA DEL VALLE RUBIO MONGE

Sharon Keefe Ugalde: En los últimos diez años, ¿has notado algún cambio en el papel de la mujer en la sociedad española?

María del Valle Rubio Monge: Creo que sí; este país ha cambiado para bien, a pesar de que muchos descontentos no quieren admitirlo, y si el país cambia, cambiamos todos, hombres y mujeres. O tal vez el país cambia porque nosotros cambiamos. Lo que sucede es que el cambio en la mujer se hace notar más, pues los hombres siempre estuvieron donde están: en la calle, en el oficio, en la cultura y, nosotras, la mayoría, en la cocina. Ahora es diferente, las mujeres estudian, luchan, ocupan puestos de responsabilidad y eso se hace patente; sin embargo, no hay que olvidar que subyace en la sociedad española todavía cierta desconfianza hacia la participación femenina en las profesiones que siempre se consideraron propias de los varones. Además, el hombre se resiste a adoptar el papel que le corresponde en esta nueva sociedad. Cual es el de compartir el trabajo de la casa y la educación de los hijos con la mujer. Pero esto es así, ya no hay quien detenga a la mujer. Es como una maquinaria que se hubiera puesto en marcha y fuese imparable. Yo he vivido muy cerca ese cambio, pues de la forma de vida de mi abuela y de mi madre, a la mía, hay un abismo, en cuanto a las ideas, y de mí a mis hijas, no tanto. La realidad en sí, es otra cosa.

SKU: ¿Con qué obstáculos tiene que enfrentarse la mujer para ser poeta que no se le presentan al hombre?

MVRM: Puedo hablar de mi caso. Creo que el primer obstáculo es el hombre. Si éste es muy posesivo, algo dictatorial, temeroso de que la hija, mujer, asome sus orejitas al mundo... No es que mi marido se haya puesto a decirme: «¡No escribas!» Pero por la noche, que es cuando puedo escribir, el marido es como un vigilante que acecha y aunque no me esté acechando, lo siento así. Son concepciones ancestrales que nosotras hemos de desterrar. La mujer tiene que demostrar al hombre, y de hecho lo hace ya más de una, que quiere y puede. También la mujer encuentra otros obstáculos fuera de su propia familia. Los concursos literarios, las editoriales, suelen estar regentados en su mayoría por hombres y no todos están dispuestos a ceder el paso a una mujer. No es justo que sigamos siendo tan sólo la eterna compañera de los eternos silencios de los hombres. Y hay otro obstáculo, que no podemos pasar por alto: la propia mujer respecto a las otras mujeres. Es decir, la envidia, la crítica, el desprecio de esa mujer sin pretensiones hacia la otra mujer luchadora.

SKU: ¿Cómo interpretas el *boom* actual de la poesía femenina en España?

MVRM: La mujer ha estado mucho tiempo callada y ahora «gritamos» para que nos oigan. Lo hacemos por nosotras mismas y por aquellas que nos precedieron sin poder hacerlo. Suele decirse hoy en día que la mujer es la que tiene algo que decir, pues los hombres se han pasado la historia haciéndolo. Yo creo que no es radical el asunto, ya que las mujeres hemos bebido en las fuentes culturales de los varones. Lo que sucede es que nosotras hacemos de ese legado tierra propia y le imprimimos ese sello de fuerza, como creadores por excelencia que somos (parimos).

SKU: ¿Te mantienes en contacto con algunas otras mujeres poetas aquí en Sevilla?

MVRM: Puedo decirte que el factor tiempo me priva a mí de muchas devociones. Me gustaría pasear y no paseo, me gustaría pintar más a menudo y no lo hago... Yo me debo mucho a mi familia, quizá sea un defecto mío esa protección que ya no se lleva y que yo mantengo. Aquí, en Sevilla, las mujeres poetas son más amigas de los poetas que de las poetas. Sin embargo, yo guardo una amistad antigua con una poeta, a la que agradecí su buena acogida cuando yo comencé a asomarme con mis versos a ese mundo privado de la élite que en todos los lugares existe. Esta mujer es Antonia María Carrascal.

SKU: En la solapa de *Derrota de una reflexión* se destaca «la ausencia del mimetismo en beneficio de la personalidad» como característica de la poesía femenina. ¿Qué opinas de esta aserción?

MVRM: Todo esto es muy discutible; de hecho, en los últimos tiempos se observa, en la poesía de algunas mujeres, una originalidad propia muy sugerente, una innovación en el lenguaje; podría decirse, en algunos casos, que hasta espectacular; sin embargo, también en algunos poetas del sexo masculino existen esas características. Lo que sí es verdad es que la mujer debe ser muy exigente con lo que hace y de hecho lo es, pues media humanidad la contempla con ojos de lobo «para comérsela».

SKU: ¿Escriben las mujeres de una forma diferente que los hombres? ¿Será por esencia o sencillamente porque su experiencia ha sido distinta a través de los siglos?

MVRM: No cabe duda de que somos diferentes. Por tanto, a la hora de escribir, como a la hora de cualquier otra manifestación artística, actuaremos según nuestra concepción ante la vida y la Naturaleza. No así en el terreno de la lógica o del pensamiento, donde todos vamos a una. La mujer escribe al igual que el hombre, lo que sucede es que hasta hace poco hemos estado acostumbrados a leer solamente obras del género masculino, y ahora nos sorprende esa otra versión de un nuevo ser que se ha incorporado a la Literatura de forma urgente y masiva. La mujer expone vivencias y sentimientos, anhelos y preocupaciones, bien distintos de lo que pudiera presentar un hombre. El mundo es diferente según lo contemple un hombre o una mujer. Podría decirse que es cierto que la experiencia de la mujer ha sido bien distinta a la del hombre a través de los siglos y que eso pudiera influir en su forma de escribir, pero creo que la mayor diferencia estriba en su deseo de canalizar lo que lleva dentro, la fuerza de lo prohibido. La mujer es consciente de la represión a la que ha estado sometida por los siglos de los siglos.

SKU: ¿Cómo concibes la relación entre la autobiografía y la lírica?

MVRM: Para mí lo segundo es consecuencia de lo primero. Considero la poesía como un vómito de la propia existencia, tanto en lo que concierne a uno mismo como en sus relaciones con los demás. La vida que a uno le ha tocado vivir influirá de forma decisiva en sus manifestaciones líricas, si estamos hablando de poetas vivenciales, intimistas, o como queramos llamarles. Hay otros, más fríos, espectadores u oficinistas, cuya poesía puede ser válida, pero yo no me considero incluida dentro de ese género.

SKU: ¿Cuál es a tu entender la calidad más importante para ser poeta?

MVRM: Nacer poeta. Ser fiel a uno mismo. Aceptar el compromiso que conlleva serlo. Decir lo que se siente con el lenguaje más acertado y propio. También leer mucho, leer subrayando, porque vivimos del lenguaje.

SKU: ¿Qué es en el fondo lo que buscas con la poesía?

MVRM: Me lo he preguntado muchas veces a solas. La vanidad no puede ser motivo para tanto sacrificio. Yo he tenido que vencer muchas barreras, robarle al sueño tiempo para leer, escribir, pensar... Robarle tiempo al tiempo, me he desvivido por hacer poesía. Es como una enfermedad o un amante del que una se quiere librar, sin conseguirlo. A veces estoy acostada y las ideas llegan, una a una, se ordenan, se convierten en frases, en versos; me hacen saltar de la cama y tomar la pluma. Y, después, un poema dará pie a otro y un conjunto de ellos a otro conjunto; hasta llegar al libro y al deseo de que otros me lean.

SKU: ¿Si tuvieras que escoger los tres ingredientes más importantes de tu poesía, cuáles serían?

MVRM: La concisión. Yo trato de decir mucho con pocas palabras. Segundo, la hondura. Tercero, la frescura o juventud que emanan mis versos.

SKU: ¿Cuáles son las hebras que unen tus libros?

MVRM: Creo que yo misma, mi forma de ver la vida bajo el prisma del intimismo, no sólo a mí misma, sino a los demás y a las cosas que me rodean como, por ejemplo, en el poema «El pozo» *(Derrota).* En mi poesía la cotidianidad se viste de lujo debido a la meditación profunda con que están tratados los temas. Creo, además, que la palabra está llena de emoción y fuerza...

SKU: En tu obra existe mucha angustia y derrota, pero también una voluntad de alcanzar la luz. ¿Para ti es la poesía una forma de triunfo o un bálsamo que alivia el dolor?

MVRM: Es una salida. Una ventana abierta. Una necesidad vital. Considero que el poeta es un ser derrotado, pero que en esa derrota reside su triunfo, porque es capaz de cantarla y elevarse por encima de su propia tragedia, que puede ser real o no; pero que él la considera así. El hecho de enfrentarse a la vida a cara descubierta, recibir cada día la agresión brutal de que nadie te escuche, te mire, te quiera..., ¿no supone una gran derrota? Al mismo tiempo la poesía, en mi caso, va paralela a esa lucha o pelea que yo mantengo conmigo y con el mundo que me rodea. No es un enfrentamiento agresivo, ni mucho menos, sino un coraje por defender lo que creo defendible. Lo mío no es el pesimismo, ni el cruzarme de brazos ante las dificultades, sino todo lo contrario. Por desgracia he vivido muchas experiencias difíciles, he nadado contra corriente, y con ello me he fortalecido. Esto debe notarse en mi poesía.

SKU: ¿Podrías contarme ahora algo sobre el ambiente de tu infancia, que se ve reflejada en poemas como «Casa primera» *(Residencia de olvido)* y «Al margen de los primeros tiempos» *(Derrota de una reflexión)*? ¿Cómo era la casa familiar o el paisaje que te rodeaba?

MVRM: Para el escritor la infancia, las experiencias vividas, constituyen la base, la solera para su obra; aunque no hay que olvidar la gran dosis de imaginación de todo creador. Nací en un pueblo pequeño llamado Chucena (Huelva), pero grande por las posibilidades que me ofrecía para corretear a mi antojo. Mi casa, la que habitan mis padres hoy en día, es (era) una de esas casas de los pueblos andaluces, larga, llena de profundidad y de misterio. A medida que se penetra en el interior de la casa, la luz va retrayéndose en beneficio de las sombras, intensificadas más aún por las diversas cortinas que cortan el paso y refrescan el ambiente en los calurosos veranos del sur. Yo solía dibujarla alta, con sus dos plantas, sus ventanas-ojos y aquel balcón en el interior de la fachada, semejando a alguien que piensa y apoya su puño cerrado sobre la frente. Podría decirse que su interior gozaba de un sosiego y un recogimiento conventual, propicio para la meditación. La influencia del mar se hacía notar en las tardes calurosas, bamboleando las cortinas y ayudando a los hombres en las eras con esa brisa suave, a aventar la parva. En el corral de mi casa, yo construía mi propia casa, con ramas, cajones, piedras... y mi hermana, que era más pequeña que yo, me secundaba en esos ambiciosos proyectos, para después compartir el juego y terminar peleándonos. Me atraía ser la señora de la casa e imitar a mi madre en sus ocupaciones. Considero que viví una infancia rica y creativa que me marcó, pues aquel ambiente rural me permitió expresar todo lo que quería y sentía. Las largas caminatas del campo a casa, de casa al campo, acompañando a mi padre, montada en el burrro o el caballo —dependía de cuál de los dos animales estuviese menos cansado ese día— , alimentaban mi fantasía. Deseaba alcanzar el cielo con las manos, en el momento que pudiese llegar, según creía, hasta aquella raya del horizonte que constituía un círculo mágico y cerrado. Mi padre nunca tenía prisa para regresar a casa. Absorto en las faenas agrícolas se le pasaba el tiempo sin sentirlo, se nos hacía de noche y habíamos de caminar a través de la oscuridad. Yo no podía explicarme por qué la luna nos acompañaba hasta casa, siguiéndonos en aquel largo recorrido, que duraba casi una hora, por entre las ramas de los olivos o a cielo descubierto y, en los períodos de lluvia —que eran los más penosos— por los resbalosos caminos enfangados. Yo hacía muchas preguntas: «Papá, ¿por qué la luna nos sigue?»

SKU: ¿Cómo ha sido la trayectoria de tu quehacer poético? ¿Cuándo empezaste a escribir y a publicar?

MVRM: Son dos cosas diferentes; a escribir, desde la más temprana edad; a publicar, cuando las circunstancias lo permitieron. Primero me atrajo la lectura más que la escritura, aunque dominaba aquélla, ésta se impuso como forma de imitación de la primera. Escribía, a mi manera, los cuentos que leía, y me inventaba otros. Con cinco o seis años me recuerdo leyendo aquellos periódicos atrasados y tontorrones de la época franquista. Me gustaba sentarme en el balcón de mi casa, desde donde podía contemplarse el monte de Morón, lejano y difuso que, a veces, podía confundirse con alguna nube, y escribía allí, sin saber qué escribía, largos romances y cancioncillas; impropio para mi edad, y en un pueblo donde la mayoría de las mujeres adultas no sabían leer y donde existía un ambiente tan poco dado a las manifestaciones culturales. Leía el *Quijote*, las fábulas de Tomás de Iriarte y Samaniego, la Historia Sagrada y todo cuanto caía en mis manos.

A publicar comencé ya en la edad adulta. Por las circunstancias no pudo ser antes. *Residencia de olvido,* mi primer libro, publicado en el año 1983, supone el compendio de todo mi sentir y mi desvelo poético de aquellos años. A los dieciocho años me planteé las cosas —hasta entonces a pesar de mi afán por leer y escribir, nunca había pensado en otra posibilidad que la de ser buena mujer de mi casa y campesina— y le dije a papá que quería hacer un bachillerato, lo cual suponía irme a Sevilla. Eran años de muchísima estrechez económica. Hube de estudiar, coser, trabajar en el campo, dar clases particulares para poderme costear la estancia en Sevilla y terminar mis estudios de entonces. Después, mi vida ha sido como una carrera. Cuando acabo magisterio, tengo venticinco años, me caso y vienen en seguida las tres niñas.

Por otro lado, mi padre había sido movilizado para la guerra, antes de yo nacer, aunque tuvo la suerte de no participar en ella. Volvió lleno de temores y de prudencia, era consciente del riesgo que corría al ser un hombre de izquierda. El temor era una constante en mi familia en cuanto se perfilaba la posibilidad de que alguno de nosotros pudiera sobresalir en algo. Entonces, la alarma cundía. Y, qué duda cabe, publicar es una manifestación pública. Yo también tenía mis propios miedos, no políticos, sino literarios. Pero a partir del año 83, no he dejado de publicar gracias a los concursos literarios y a mi constante esfuerzo por seguir trabajando duro.

SKU: ¿Te identificas con algún grupo de poetas? Me refiero, por ejemplo, a una generación, o a los poetas andaluces, o a las mujeres que escriben poesía.

MVRM: Nunca me he preocupado por pertenecer a ningún grupo. No me gustaría que me colgasen alguna etiqueta. Aunque si continúo en este quehacer, llegará el momento que alguien se atreva a hacerlo. Por voluntad propia no moveré un sólo dedo para penetrar en esas mafias cerradas y misteriosas del grupo que se enfrenta a otro grupo. Yo quiero ser sola y libre a la hora de escribir. Yo llegué por razones económicas tarde a los estudios, dejé pasar el tren de mi vida en muchas ocasiones, y hoy no me pesa, pues mientras los otros viajaban, yo aún seguía ilusionada con la idea del viaje. Lo mío es aprender, buscar nuevas fórmulas, estudiar, exponerme, conquistar aquellas parcelas que deseo. Mi ambición reside en el trabajo que puedo realizar cada día.

SKU: Hablas de una obra propia, pero seguramente tus lecturas predilectas habrán dejado huella, ¿no?

MVRM: Es evidente que las lecturas y la vida dejan huellas. El *Quijote* nunca lo acabo de leer, después de haberlo leído tantas veces. He leído más prosa que poesía. Platón, la Biblia, Santo Tomás, San Agustín, Quevedo, Hegel, Nietzsche, Proust, Kafka, Valle-Inclán, Julián Marías, Camilo José Cela, Juan Benet, Antonio Muñoz Molina, Marguerite Yourcenar, Virginia Woolf —sobre todo *Las olas*—, Julio Cortázar, Carlos Fuentes, entre otros. Considero que en la prosa se hallan secuestrados los ramalazos poéticos más interesantes. En cuanto a poesía: San Juan de la Cruz, la generación del ventisiete, Pablo Neruda, Octavio Paz, Jaime Gil de Biedma y otros muchos contemporáneos.

SKU: Me gustaría repasar algo más específicamente algunos aspectos de tu obra. Por ejemplo, en *Residencia de olvido* y en *Derrota de una reflexión* a veces parece que la hablante es una mujer encerrada en silencio que pugna por nacer, por salir a la luz. ¿Quién es esa mujer?

MVRM: Evidentemente soy yo, aunque podrían ser también mi madre, mi abuela y todas las otras mujeres sin voz. Yo he sido una muchacha sometida al trabajo y a los estudios, no tuve un novio a los catorce o quince años como era habitual en mi pueblo en aquella época, sino que fui desterrada, por voluntad propia, a la ciudad en pro de mis inquietudes intelectuales y no pude alternar los amores con los estudios, pues llegué a Sevilla con el encogimiento propio de un huésped y la timidez de una pueblerina. Después, me casé y aunque los hijos colmasen mi vida, la poesía seguía latente y amordazada en mi interior.

SKU: ¿Es intencionalmente polivalente el uso de la palabra «hombre» en poemas como «Mientras los trenes vuelven y caen aviones» *(Residencia)*?

MVRM: Sí, puede ser, el hombre, los hombres han influido mucho en mi vida: mi abuelo, mi padre, mi marido. Y otros hombres imaginarios, reales, con los que la poeta se enfrenta, se enamora... Y hasta ese eterno hombre inalcanzable. Al principio yo los veía fuertes e importantes, después, he sabido de sus esfuerzos por mantener ese papel que siempre se les ha asignado. Ni son tan fuertes ni tan poderosos.

SKU: En dos poemas de *Clamor de travesía* sale un gato. ¿Qué connotaciones tiene el gato para ti?

MVRM: No es ningún simbolismo. El gato, los gatos, han estado presentes en mi vida, he convivido con ellos, al igual que con el perro; en *El tiempo insobornable* se hace también alusión al perro, a los perros. Los animales domésticos siempre han estado —están— presentes en mi cotidianidad.

SKU: En *Derrota de una reflexión* hay algún poema más impresionista —con una mirada más al exterior— que en los libros anteriores. ¿Podría significar una dirección nueva para tu poesía?

MVRM: No lo sé, ciertamente no lo sé. Pero sí me interesa evolucionar, conquistar nuevas cotas. Encontrar nuevos caminos expresivos... En fin, evitar escribir libros sobre libros por el mero hecho de hacerlo. Yo escribo cuando tengo algo que decir y que creo importante y que me bulle dentro y no me deja hasta que sale fuera. Es como un parto.

SKU: ¿Consideras «Introito», el poema inicial de *Derrota,* el *ars poético* del libro?

MVRM: Para mí el comienzo y el final de un libro debe ajustarse a esa misión de abrir y cerrar debidamente el cofre que se quiere ofrecer. Concretamente ese primer poema, «Introito», me condicionó para escribir el libro *Derrota* y seguramente al libro mismo. Cuando obtuve el premio de poesía «José Luis Núñez», con *Clamor,* decidí esperar un tiempo antes de comenzar una nueva aventura poética; sin embargo, los primeros versos de «Introito» se perfilaron. Surgió el poema imponiéndose y por eso dice al final: «Otro hablará por ti.»

SKU: ¿Cómo decides qué tipo de versificación es más expresiva para una intuición determinada?

MVRM: No me lo planteo. No me preocupa la medida de los versos de un poema, pero sí que el poema sea capaz de responder a aquello que yo trato de comunicar. Nunca pienso: «Ahora un endecasílabo, ahora un alejandrino, un heptasílabo, etc.» Para mí, hasta ahora, detenerme en la métrica de forma obligada iría en detrimento de mi propia creación. Creo que en la poesía, como en la pintura, hay que arriesgarse mucho y dar grandes pinceladas valientes. Siempre he ido encontrando la medida mientras escribo.

SKU: ¿Cómo es el lugar dónde escribes?

MVRM: Más pequeño de lo que debiera ser. Es una habitación rectangular donde dispongo de una serie de enseres necesarios e imprescindibles: biblioteca, ordenador, máquina de escribir, de coser, caballete, una cama, etc. Ahí escribo lo que tengo ya rumiado, o previamente he concebido en otros lugares, como puede ser la calle, la cocina o los diversos lugares o momentos que habito. A veces esas ideas previas dan paso a otras que surgen aquí y aquí se perfilan, se retocan y, hasta me atrevería a decir, se inmortalizan.

SKU: ¿Revisas mucho los poemas?

MVRM: Sí, mucho. No me fío de la primera impresión, es más, me gusta dejarlos reposar, como a la masa antes de hacer el pan. Es conveniente alejarse de ellos un tiempo para volverlos a ver con otros ojos. Hay veces que un poema viene hecho, como una idea acabada y aceptada como buena; entonces es cuando más desconfío, aunque a la larga lo acepte. Es el caso del titulado: «Después de la derrota» *(Derrota).* Mis hijas me ayudan en la lectura de los libros inéditos, me ofrecen sus opiniones que yo las tengo en cuenta y me son muy válidas.

SKU: ¿En qué estás trabajando ahora? Mencionaste una novela, ¿no?

MVRM: Sí, es una novela que he redactado varias veces, pero que ahora, creo, va tomando la forma que quiero. Pienso que la novela hay que escribirla cuando ya se ha terminado de escribir. Por eso, todas las revisiones serán pocas para que el acabado de la narración responda a lo que quisimos contar y cómo lo quisimos contar. Es difícil conseguirlo, pues en doscientas y pico páginas existe no sólo la voluntad de autor, sino que, en muchas ocasiones, se imponen y se rebelan las otras voluntades que robamos a los diversos personajes y que a veces nos traicionan.

SKU: ¿Existe una relación entre tu pintura y tu poesía?

MVRM: Creo que sí, a veces se escribe pintando (el libro *Configuraciones*, inédito, es una muestra de ello) y viceversa. Lo que sucede es que a la escritura llegué antes que a la pintura, pues bastaba un trozo de papel y un lápiz. Para la pintura (que no para el dibujo) se necesita de un tiempo y un espacio, a la vez, y de una economía con la que yo no contaba en aquellos tiempos.

SKU: ¿Qué tipo de música te gusta? ¿Tocas algún instrumento? ¿Cantas?

MVRM: Canto algo de flamenco. Mi familia materna ha cantado siempre muy bien el flamenco. También, canciones melódicas, de Nat King Cole, la copla andaluza, etc. No toco ningún instrumento, aunque tengo una guitarra desde hace tiempo y no encuentro momento para dedicarme a ella. El acordeón, también me llama mucho. Mi tía-abuela lo tocaba muy bien y me acostumbré a su maravillosa cascada musical. En cuanto a la música, prefiero la música clásica cuando estoy muy cansada; también me gusta la música ligera, el jazz, pero sobre todo amo el silencio. En él residen todas las melodías internas y externas, las músicas conocidas y hasta aquéllas aún por conocer.

Sevilla, noviembre de 1988.

*Quiero deciros hoy*
*que no os diré nada.*

*Que mi verbo es de viento,*
*de grosella,*
*del sabor de la sangre*
*y la fogata.*
*No sé si aprenderé*
*a olvidar este látigo*
*que me nace en los muslos,*
*la menstrual presencia de amapolas.*
*A olvidar esta isla*
*que me nace en la lengua,*
*perdurables razones de silencio.*
*Me han crecido de pronto los dos brazos*
*para ocultar el último bostezo*
*de la infancia,*
*para atorar el aire*
*y regresar a mí*
*hasta esta luna sangrante*
*que me llueve,*
*hasta este verso de perdón*
*y lejanía.*
*Hasta este credo*
*de sangro y me conformo.*

(*Clamor de travesía*)

## FRENTE AL MURO PERFORADO DE VENTANAS

*Yo me desvivo así*
*buscando un agujero*
*donde sembrar los ojos.*

*Quiébrese el muro, ofrece*
*posible panorama de la luz.*

*Mas las ventadas mudas*
*imitan las estrellas*
*de un cielo de hormigón.*

*En la noche yo soy otra ventana,*
*pira que reconoce*
*la dimensión del fuego*
*y extiende su barbecho*
*hacia otra llama.*

*Derrota de la noche mi locura*
*cuando me erijo tea*
*y desconozco*
*espejos y memorias,*
*cuando enlazo los puentes*
*sobre el muro*
*y me declaro río.*

*El río de ventanas que recorro.*
*La larga superficie de mujer*
*donde aboco y resido.*

(*Derrota de una reflexión*)

EL POZO

*Alguien lo sembró allí*
*tan vertical y fiero*
*como un hundido mar acorralado,*
*donde la muerte fluye*
*y se avecina*
*para invitar al fondo.*

*Niños sedientos, manos*
*de todos los galápagos, monedas*
*con la inscripción del miedo,*
*enajenan el agua.*

*Basta mirar*
*para sentir el eco de las sombras*
*el imán que proponen sus espejos*
*y el vértigo feraz que la mente recorre.*

*Ampárame brocal de tu soberbia.*
*De tu estrecho*
*bajar*
*definitivo.*

(*Derrota de una reflexión*)

LIBROS DE POESÍA

*Residencia de olvido,* Sevilla, Barro, 1983.
*Clamor de travesía,* Sevilla, Aldebarán, 1986.
*Derrota de una reflexión,* Madrid, Adonais, 1987.
*El tiempo insobornable,* Algeciras, Bahía, 1989.

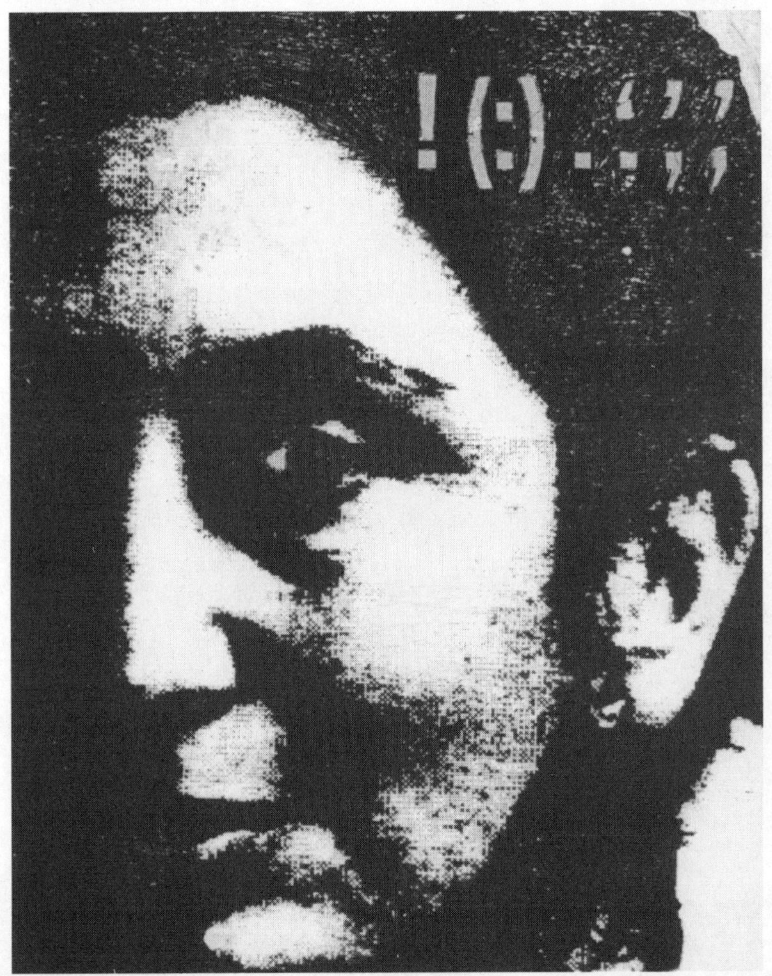

**Clara Janés**

CONVERSACIÓN CON

# CLARA JANÉS

Sharon Keefe Ugalde: Me gustaría empezar la entrevista haciéndote la típica pregunta, ¿por qué empezaste a escribir?

Clara Janés: Empecé a escribir poesía movida por las clases que nos daba el profesor Jose Manuel Blecua en la Universidad de Barcelona. Él nos obligaba a leer mucho y nos leía en clase, lo que hacía de modo extraodinario, y creo que no fui la única en sucumbir a aquella fascinación. De pequeña, quiero decir de niña, había hecho algunas tentativas, y de adolescente me había lanzado a la prosa, pero sin conciencia ninguna de aproximarme siquiera a un acto creativo. En este aspecto, sobre todo, me despertó Blecua. Habría que añadir que mi padre era poeta y que mi abuelo materno publicó una novela y varios relatos; sigo, pues, una tradición, mejor dicho, una herencia familiar.

SKU: Tu obra ha evolucionado de un modo casi radical, desde los primeros libros, en los cuales expresas la oscuridad de la angustia existencial, hasta los últimos en que predominan la plenitud y la luz. ¿Han ido cambiando paralelamente tus lecturas?

CJ: Creo que en este aspecto no es cuestión de influencias. He cambiado, sí, y se trata de un cambio personal debido a la experiencia, a la vida misma. Yo fui una adolescente que vivió a fondo la angustia existencial, en parte debido a la conciencia de la soledad, a la conciencia de la dificultad de la comunicación esencial. Cierto que el existencialismo estaba en el aire en el momento en que entré en la universidad —precisamente el año en que se otorgaba el premio Nobel a Albert Camus—, pero no se limitaba a los libros. Yo era terreno abonado para que esas ideas arraigaran, pero siempre hubo en mí un punto de desconformidad con ellas, una fuerte tendencia al equilibrio como meta, y una conciencia de que hay un punto inalcanzable a la razón. A esto se unió posteriormente un redescubrimiento de la naturaleza, su armonía y su injusticia y crueldad.

Tras muchos golpes y gracias a la escritura, que siempre ha tenido en mí una fuerte carga de reflexión, fui evolucionando, hallando respuestas y soluciones a las cuestiones inquietantes, hasta llegar a esta etapa de ahora que es una etapa de luz y de serenidad, tras aquella oscura que se refleja en *Libro de alienaciones.* En mi poesía, el primer paso hacia esta vía aparece en *Vivir* y va unido a una vuelta a la lectura de los clásicos.

He aquí algo paradójico, entre la poesía que nos hacía leer Blecua, yo elegía San Juan de la Cruz, la lírica tradicional española y Francisco de Quevedo. Pues bien, creo que la influencia de Quevedo no se nota nada en mi primer libro, tal vez porque hice una serie de sonetos que destruí porque no me parecían buenos. Después de *Libro de alienaciones* vuelvo a Quevedo y con él a Lope de Vega, Luis de Góngora, el conde de Villamediana y en general a los sonetos barrocos. Esto se detectará fundamentalmente en *Lapidario,* aunque apunta, como he dicho, en *Vivir,* y no supone una vuelta a los orígenes. Seguramente mi voz inicial entroncaba más con la lírica tradicional. Otro poeta que leía al principio era Jorge Guillén, el *Cántico* del año treinta y seis. Las siguientes lecturas importantes fueron T. S. Eliot y Vladimir Holan, lecturas que ondean por *Isla de suicidio* y *Libro de alienaciones.* No es cosa simple ir destrenzando los hilos de la evolución. La simplicidad de aquellos primeros poemas vuelve en una etapa posterior, en *Isla del suicidio,* tras haber sido interrumpida por *En busca de Cordelia,* se sumerge de nuevo para aparecer en el libro que estoy escribiendo en este momento, tras la complejidad de *Lapidario* y del libro erótico *Creciente fértil.*

SKU: *Kampa* da testimonio de una resurrección personal, ese salir del no ser a través del amor nacido en la palabra poética de Holan. ¿Clasificarías esta resurrección de experiencia religiosa?

CJ: Ésta es una cuestión problemática, porque ¿qué es religión? Estaba yo el otro día en Olmedo, con Rosa Chacel, y alguien me preguntó: «¿Eres católica?», y yo dije: «No.» Rosa Chacel se puso furiosa: «¡Cómo que no eres católica! Eres católica como yo, estás bautizada, estás dentro de esa cultura, que no vayas a misa es otra cosa.» Y recuerdo que el día que Rosa Chacel y María Zambrano se volvieron a ver, ya en Madrid, tras todos esos años de exilio, ambas empezaron por reconocerse católicas. No sé hasta qué punto, si uno habla de resurrección no está hablando de algo religioso, si la idea es en sí religiosa.

SKU: No me refería a la religión institucionalizada, sino más bien a una experiencia profunda, espiritual.

CJ: Es una experiencia mística, eso seguro, aunque tampoco puedo decir con exactitud qué es una experiencia mística, pero sí que la he tenido.

SKU: *En busca de Cordelia* es un libro que se aparta de otras obras tuyas, por ser un poema largo unitario y por su ambiente onírico, mezclado con un tono coloquial e irónico. ¿Por qué escogiste el nombre de Cordelia para el título de esta obra?

CJ: Cordelia es la Cordelia de Shakespeare, de *El rey Lear,* pero es también un personaje muy complejo, soy yo y a la vez es mi hija. ¿Por qué recurrí a ese personaje? Sin duda por la piedad filial, y porque alguien me dijo una vez que yo era Cordelia. Ahora veo algo más, quien me dijo eso era un amigo inglés, y lo dijo porque yo me sentía identificada con Ofelia. Pensé que tal vez tenía razón, que yo no comprendía del todo la realidad de Ofelia, sino que la inventaba. *En busca de Cordelia* nace directamente de la lectura de *Una noche con Hamlet,* de Holan, una obra igualmente larga, en que se utiliza la ironía y la imagen surrealista. Si no la hubiera leído probablemente nunca habría adoptado yo esos recursos. Y te diré algo más, mi conversación con aquel amigo inglés tuvo lugar durante el verano de 1950, por esa cuestión Hamlet-Ofelia leo el libro de Holan en 1970, sin saber quién es ese poeta y el tema de Ofelia reaparece finalmente en mi novela recién terminada *Los caballos del sueño.*

SKU: *En busca de Cordelia* parece representar la búsqueda de la verdadera identidad de la mujer y revela que no se la puede encontrar simplemente en el amor de un hombre, incluso se destruyen en ella las leyendas medievales del caballero salvador. ¿Cómo reaccionas frente a esta lectura feminista del texto?

CJ: Es exacta, pero es muy evidente. En realidad yo vivía entonces una etapa matrimonial terrible y se refleja todo.

SKU: La imagen que aparece al final de la obra, el telar de Filomena, surge en la literatura reciente escrita por mujeres, como símbolo de la determinación de encontrar y expresar la identidad femenina.

CJ: Yo no sabía eso, ni pensé en el telar de Filomena, sino sencillamente en la labor de tejer, como característica de la mujer, y ya te he dicho que el poema se orienta hacia la búsqueda de la identidad. También es importante la pugna que se da en la evolución del pensamiento, del mío, naturalmente, entre Heráclito y Parménides.

Es decir, por una parte el transcurrir, la relatividad, y por otra el estatismo del ser, dos conceptos que laten a lo largo de toda mi poesía. En esta obra aparecen claramente reflejados como tentaciones. En ella la solución es el nirvana. Además aparece la figura de John Keats, que fue tan importante para mí; lo fue sobre todo la lectura de sus cartas.

SKU: Cordelia se enfrenta con varios obstáculos durante su búsqueda: la vieja, el personaje de Otelo, la deuda de la manta.

CJ: El personaje de la vieja, que no es la madre, encarna la realidad, que está siempre al acecho para imponer su ley, que no le deja a uno vivir su fantasía. Otelo representa el aspecto falsamente infantil del hombre, esa actitud que le lleva a recurrir a la mujer en busca de protección, o excusarse en una supuesta invalidez ante las cosas prácticas para que la mujer actúe como protectora y madre. En cuanto a la manta, deriva claramente del machismo que la mujer tiene que sufrir, pues a esa actitud pseudoinfantil se suma en el hombre la de tirano, dominador, dueño y señor, al que todo le es debido. Hay momentos en que la relación matrimonial puede limitarse a reproches por parte del marido y a silencios por parte de la mujer harta de discusiones que no conducen a solución ninguna.

SKU: En el mismo poema, ¿cuál es el papel de la música en el proceso de autoindagación a que se somete la protagonista?

CJ: Me parece que la música es lo que más puede embaucar, lo que más puede seducir. Es tan envolvente que se te lleva; por eso en principio creo que puede ser peligrosa, que puede arrebatar, arrancarte de tu objetivo.

SKU: En dos momentos culminantes de tu obra, en «Planto» y en la parte segunda de *Kampa* («Kampa II»), recurres a la música. ¿Cómo describirías, en general, la relación entre la música y la poesía?

CJ: La poesía en su origen era cantada; en un principio la palabra poética nació unida a la música. Yo sentí esto desde que empecé a escribir, puesto que en mí nacía el poema como un ritmo que me era dado al andar, mis primeros poemas surgieron en la calle al ritmo de mis pasos, algo como la sustitución de la danza. Entendí mi sentir exactamente cuando leí las palabras de María Zambrano: «El corazón está a punto de romper a hablar»; esto fue para mí siempre la poesía, identidad al pulso, al latido del corazón. María Zambrano dice también otra frase a la que siempre recurro: «La música sostiene en el abismo a la palabra.» Esta aspiración a la música, latente en mí desde un comienzo, se concreta en el momento en que la palabra sirve mínimamente al querer comunicar algo a alguien que no entiende mi idioma, aunque, naturalmente, puede entender algunas palabras. Empieza a rondarme la idea de intentarlo, de investigar el momento de origen, aquél en que concepto, melodía y palabra surgen a un tiempo, y de la ruptura del concepto, nace una nueva palabra con su música. Llevé a cabo varias tentativas sin que saliera nada válido y de pronto, un día, tranquilamente, fregando los platos, surgió una melopea extraña en la cual unas sílabas se agrupaban y se rompían, insinuando conceptos, formándose y deshaciéndose. La canté durante mucho rato, la grabé en mi memoria, y fue al día siguiente cuando me di cuenta que aquello era lo que había buscado tan inútilmente. Fue el primer poema de la segunda parte de *Kampa;* durante unos días anduve perseguida por los demás, que me rondaban. Me concentré en ello, en total fueron cinco. Después empecé a pensar en hacer algo más y tardé mucho tiempo. Surgió igualmente de modo inesperado y fue el «Planto».

SKU: ¿Por qué tardaste tanto en publicar *Kampa?*

CJ: Porque quería hacerlo con casete y esto creaba muchos problemas, resultaba muy caro. Me ofrecían meter el libro y el casete en un plástico sin más y yo quería algo especial, muy bonito y bien presentado. Para mí fue tan importante *Kampa* que necesitaba ofrecerlo en las mejores condiciones y con mi propia voz. Al final hice el libro yo misma, me ocupé de todo, maqueta incluida, y logré reducir mucho los gastos para que fuere accesible al lector.

SKU: ¿Existe también para ti una relación importante entre la poesía y las artes plásticas, como la pintura o la escultura?

CJ: Sí, desde luego existe; incluso he hecho algunos poemas, si bien nunca los he publicado, de esos con las letras bailando, visuales, quiero decir, pero muy pocos, concretamente dos. Por otra parte, creo que las artes se complementan, a veces es incluso necesario. En mi libro *Fósiles,* por ejemplo, cada poema tiene su fósil en un grabado y saldrá una edición corriente con dibujos. Otra cosa que he pensado y ésta relacionada con la escultura, son poemas táctiles.

SKU: ¿Y las artes plásticas como fuente de inspiración? Estoy pensando en los poemas que dedicas a la obra de Eduardo Chillida.

CJ: La escultura me inspira muchísimo. Empecé con Constantin Brancusi, en los *Poemas rumanos,* publicados junto con *En busca de Cordelia.* Algunos de esos poemas los escribí *in situ,* el de la «Mesa del silencio», por ejemplo, en la misma mesa del parque de Tirgu Jiu donde se halla. En el Parque están también la «Puerta del beso», el «Camino de sillas», y en otro punto de la ciudad, la «Columna del infinito». Los poemas están prácticamente escritos allí mismo. Unos años después, cuando descubrí la obra de Chillida, sentí un impulso similar. Hice primero dos sonetos y luego la serie «Chillida» que figura en *Vivir*.

SKU: En *Kampa* hay algún antecedente de poemas metapoéticos, pero es en *Vivir*, en poemas como «Nota», «Cortocircuito» y «Nota 2», donde surge con fuerza este enfoque del quehacer poético. ¿Qué lo motiva?

CJ: La verdad es que ese libro surgió de una beca de ayuda a la creación concedida por el Ministerio de Cultura. Yo la pedí para trabajar en el «Planto», que me obsesionaba y del que tenía un material que pulir. Me dijeron que me concedían la beca, pero que querían un libro «normal». Entonces pensé en hacer un libro —ya tenía poemas sobre objetos y estaba escribiendo los de Chillida— donde entrara todo aquello que me ayudaba a vivir. Era el momento de salir de la angustia de *Libro de alienaciones*, de escribir una poesía positiva que representara todas mis apoyaduras. Estructuré las partes de que podía contar y las fui escribiendo: alimentos, objetos, paisajes, animales, amistad, amor, muerte. Todo se convertía en material poético. Así, por ejemplo, de una excursión con unos griegos, donde se hizo una comida griega en el campo, surgió la parte titulada «Convite»; de distintos viajes, la titulada «Lindaraja», etc. Yo quería que las partes tuvieran anexos entre sí, enlaces, y por este motivo escribí una serie de poemas explicativos de las partes.

Con anterioridad a esto, en 1979, había concebido y empezado un libro que pretendía ser todo él metapoético. Era un proyecto muy ambicioso. Se me ocurrió el escribir un extenso poema en verso libre que de pronto se transformaba en lira, para seguir luego como había empezado. Este poema, que dediqué a José Manuel Blecua, expresaba mi esencial vinculación a la poesía. Me propuse entonces hacer un libro incorporando todos los metros de la misma manera. Aquel momento de inspiración se vio interrumpido, como suele suceder. Tenía que escribir el prólogo para mi antología de Holan y, por tanto, concentrarme en ello. Se me perdió el hilo de aquel libro y cuando, finalizado el prólogo, quise recuperarlo, ya no me salía con fluidez. Me puse entonces a trabajarlo parcialmente, es decir, a escribir el soneto, la endecha, poemas que trataran de poetas a modo de homenajes, por ejemplo, a Simios de Rodas, que hizo los primeros caligramas, en el siglo IV antes de Cristo, a Alemán, que escribió un impresionante poema con el mismo ritmo del canto de la perdiz, etc. Cuando me enfrenté con las coplas, a modo de las de Jorge Manrique, me estrellé, lo dejé y, prácticamente, lo olvidé. Estos poemas los fui escribiendo mientras hacía *Vivir,* pero fueron los libros *Fósiles* y sobre todo *Lapidario,* los que hicieron que no volviera a acordarme de él. Ahora lo tengo otra vez entre manos, le he quitado el soneto y otros poemas que eran meras insinuaciones de conceptos fónicos, para convertirlo sencillamente en un libro sobre la poesía y los poetas, en el que sólo aquel primer poema conserva el impulso inicial y forma él solo la primera parte. A estas dos partes he añadido una tercera de poemas dedicados a poetas. El libro se llama *Ver el fuego.*

SKU: ¿Hay algún poema, entre los publicados, que te parezca acertado como poética o hay que esperar este nuevo libro?

CJ: Hay que esperar, porque ahí es donde digo todo lo que es poesía para mí, es mi poética.

SKU: A partir de *Vivir* tu obra revela un culturalismo amplio, una de las características asociadas con la «generación del setenta», también llamada «marginada», y en un principio «los novísimos». ¿Te sientes parte de esta generación, de ese grupo de poetas?

CJ: No siento que forme parte del grupo. Para mí, los novísimos son los que están en la antología *Nueve novísimos.* Los demás no son novísimos. Que somos una generación, sí, por las fechas de nacimiento y, por lo tanto, reaccionamos ante las mismas cosas, vivimos en el mismo momento histórico. Tampoco considero posnovísimos a los que se llaman así ahora. Por ejemplo, Luis Antonio de Villena, para mí, sí, es un posnovísimo, porque parte directamente de los novísimos de la antología. Así que novísima no, no estoy en la antología, tampoco parto de ella; el culturalismo me llega por otras vías. Que tengo puntos en común, sin embargo, es evidente; son cosas de la época.

SKU: ¿Consideras que tu poesía tiene relación estrecha con la llamada «poesía de silencio»?

CJ: Pienso que mi poesía, desde un principio, era eso. Sí, mucho antes de que algunos de los que la escriben empezaran, yo ya lo hacía, esto queda claro en mi primer libro. No he profundizado en el tema, pero creo que hay ascendentes comunes, San Juan de la Cruz y Jorge Guillén.

SKU: ¿Cómo nació tu amor por los fósiles y las piedras?

CJ: Las piedras siempre me han gustado muchísimo. De niña

vivía al lado de un monasterio, el de Pedralbes, en Barcelona, y las piedras de ese monasterio me inspiraron siempre. Cuando empecé a escribir, dediqué ya algunos poemas a esas piedras, no los tengo, por supuesto, pero recuerdo el impulso y su factura. Ésos son amores que perduran siempre. Cuando empecé *Vivir,* ya estaban presentes. Creo que el primer poema que hice, antes aún de concebir el libro, fue el que dediqué a Rosa Chacel para acompañar un regalo, una rosa del desierto. Después, regalé una calcedonia a María Victoria Atencia, y también le hice su poema. Así empezó la cosa, sumándose a ello que por entonces solía ir al Rastro los domingos por la mañana y siempre con el propósito de comprar algo, pero que fuera muy barato. Los fósiles, en aquel momento, lo eran, los había por veinticinco y hasta por quince pesetas. Cada semana me llevaba uno o dos a casa y meditaba sobre ellos. Pasé luego a comprar libros y a estudiarlos y a escribir algún poema. Casi sin darme cuenta se empezaron a mezclar con éstos, otros sobre piedras, y ya iba a todos los mercadillos —los primeros domingos de mes hay uno aquí mismo, en Ríos Rosas—y a todas las ferias internacionales que se llevan a cabo en Madrid. El tema de los fósiles tiene interés paleontológico y el de las piedras, literario y simbólico. Me hice con varios lapidarios...

SKU: Cuando leí *Fósiles* y *Lapidario* tenía ganas de tener delante de mí un ejemplar de cada fósil, de cada piedra.

CJ: Claro, eso sería lo ideal; por ello el libro de *Fósiles* lo hice con grabados, en parte en color y con relieve, y el *Lapidario* con una explicación en prosa poética de cada piedra, donde me refiero tanto al color, composición y propiedades físicas, como a las virtudes y carácter simbólico que se le ha atribuido a lo largo de los siglos.

SKU: Sé que además de poeta eres traductora. ¿Cuántos idiomas hablas?

CJ: Francés, inglés, italiano, catalán y checo.

SKU: ¿En algún momento decidiste escribir en castellano y no en catalán?

CJ: No. Yo estudié en el colegio en castellano y con naturalidad me puse a escribir en castellano, pero hablo en catalán en casa, con mi familia, siempre.

SKU: Dedicas varios poemas a escritoras. ¿Te sientes parte de una tradición española de poesía femenina?

CJ: No, la verdad es que no.

SKU: En cuanto a tus lecturas, ¿lees algunas escritoras con especial interés, españolas o extranjeras?

CJ: En poesía creo que Sor Juana Inés de la Cruz y Safo son las que más me gustan. Leo muchísimo, continuamente, la obra en prosa de Rosa Chacel, siento con ella gran afinidad (y somos muy amigas). Su concepto de literatura se asemeja mucho al mío y su modo de plasmar el pensamiento me parece seductor. Me interesa en principio todo lo que hacen las mujeres. Por ejemplo, hice una antología, *Las primeras poetisas en lengua castellana,* creía que había que hacerlo y lo hice. Ahora acabo de llegar de París y me he comprado la traducción al francés de *La historia de Genji,* de Murasaki, la primera gran novelista, una japonesa que vivió entre el siglo X y el XI. Por lo que se refiere a la poesía actual española, tengo admiración por María Victoria Atencia, que me interesa por su rigor formal, Pureza Canelo por su fuera telúrica, Menchu Gutiérrez por el vuelo de sus imágenes y Julia Castillo en su veta más barroca, la del libro *Selva.* Ahora bien, si me limitas a un solo nombre, creo que te diré Pere Gimferrer.

SKU: En el epílogo de *Kampa,* Rosa Chacel dice que en el libro, la amante, para hablar al amado, adopta una voz masculina, y María Zambrano, en una reseña, dice algo muy parecido, que *Kampa* es la voz peregrina de un caballero solitario. ¿Cómo interpretas estos comentarios?

CJ: Creo que tienen razón porque es verdad que yo adopto ahí la actitud del galanteador. Yo soy quien persigue, quien va a la zaga. Sí, tienen razón.

SKU: *Eros* es un libro dedicado plenamente al amor. En la sección «Mathesis» expresas el goce erótico de la mujer. La mayoría de los poemas están escritos en tercera persona, y yo me pregunto por la ausencia del «yo», en los textos. ¿Está pensada su omisión?

CJ: No, no está pensada. «Mathesis» quiere decir experiencia, y la verdad es que estos poemas están escritos para el libro. Se basan en una suerte de prosa poética que escribí en un arrebato de inspiración y que en parte he recogido en mi novela *Los caballos del sueño* y en parte destruí. En *Eros* me pasó algo parecido a lo que después me sucedería en *Vivir.* Muchos de los poemas fueron escritos con la clara intención de lograr una conquista amorosa concreta. De pronto, me di cuenta de que estaba haciendo un libro de amor y me dije que tenía que hacerlo con todas sus consecuencias. Pensé que, necesariamente, debía incluir poemas estrictamente eróticos y me puse a hacerlos. Claro que ya tenía muchas de las imágenes, porque era una buena base aquella prosa.

SKU: Y en la serie «Hechizos» recurres a fórmulas medievales, ¿no?

CJ: Me pareció bonito que el libro contuviera también hechizos amorosos. Algunos, como se dice allí mismo, están sacados de un formulario de alta magia, un formulario medieval. Otros son completamente inventados.

SKU: En España, desde la transición política, el papel de la mujer en la sociedad ha evolucionado sustancialmente. ¿Has vivido personalmente alguno de esos cambios?

CJ: Los cambios políticos me han afectado muchísimo, si bien de manera indirecta, pues afectaron a mi ex marido y, por tanto, eso tenía en mí su repercusión. Todo ello se refleja en *Libro de alienaciones,* escrito en su mayor parte en París, pero se refleja mucho más en mi novela *Los caballos del sueño,* que como muy bien vio Rosa Chacel, resume la historia de mi generación. En ella se presenta la crisis de unos personajes que desde una infancia con la educación católica de la posguerra, viven la crisis existencial y religiosa al dejar la adolescencia y, algunos de ellos, sustituyen aquella fe por la exaltación política, para caer luego en el desencanto y el desmoronamiento total, tanto de sus creencias como de sus personas. Personalmente no he caído en ese desmoronamiento, sino al contrario, me he afianzado cada vez más en unas ideas que se vinculan casi exclusivamente a las esencias.

Tuve siempre muy claro, por otra parte, que lo que yo quería hacer, por encima de todo, era escribir. Desde un principio lo sometí todo a la escritura. Además, siempre he tenido muy mala salud, o bien, al principio, la tenía mi hija. Cuando me casé quise trabajar y lo hice en el que entonces era Ministerio de Información y Turismo. La niña solía estar delicada y para cuidarla personalmente dejé de trabajar fuera de casa. Empecé a traducir y seguí escribiendo. Hubo momentos, cuando mi hija creció y se fortaleció, en que me dije que podía volver a trabajar fuera, pero la casa me daba mucho quehacer y el resto del tiempo quería dedicarlo a la escritura. En algún aspecto esta actitud me perjudicó, pero en otros, los más importantes, ha resultado ser muy positiva, porque me he ido afianzando cada vez más en lo que es lo mío, la literatura.

SKU: ¿Existe una estética femenina? O sea, debido a una diferencia esencial o a una diferencia de experiencia, ¿escriben las mujeres de una forma distinta que los hombres?

CJ: Esto es algo que me he preguntado muchísimas veces. Creo que sí, pero me da la impresión de que todavía no se ha estudiado a fondo. Me parece que es algo a estudiar con computadoras. Del mismo modo que el analizar al microscopio un pelo se puede decir si es de hombre o de mujer, cosa que no se ve a simple vista, un estudio de ese tipo arrojará alguna diferencia. Desde luego, no se tratará de diferencias superficiales. Te hablo de una intuición, claro.

SKU: Durante los años de tu carrera literaria, ¿ha existido en España igualdad de trato para la mujer escritora; por ejemplo, con respecto a premios literarios, acceso a casas editoriales o en otros contextos más sutiles?

CJ: Yo creo que no, pero tal vez eso sea debido a mi personal experiencia, son cosas que detecto, pero no se puede expresar con exactitud matemática. Creo que sigue el dominio del hombre, que éste no está dispuesto a soltar las riendas que posee, que por ello minimiza a la mujer, sobre todo si es independiente, si no representa a la figura de la mujer tradicional, es decir, apoyada y amparada en el hombre. Hay, además, el tema de los homosexuales, que es muy fuerte.

SKU: O sea, durante los últimos diez años de transición, ¿esta jerarquía no ha llegado a desaparecer dentro del mundo literario?

CJ: No, no, qué va.

SKU: Antes hablábamos de la evolución de tu obra, pero también revela unas características que le dan una unidad profunda. Una podría ser la subjetivación del mundo exterior y otra, una constante búsqueda de la luz. ¿Añadirías alguna más?

CJ: Creo que el escritor —seguramente hay varios tipos de escritor, pero me refiero al tipo al que yo pertenezco— sólo puede hablar de algo que haya pasado por su interior. La obra es, por lo tanto, fundamentalmente, algo experimentado. Pero sucede que puede experimentar lo exterior. Es decir, puede experimentar una piedra, ésta puede haber pasado a tu interior. Se trata, en parte, de una experiencia visionaria, una «visión», lo que es difícilmente explicable, pero, podríamos decir, es la identificación con lo «otro», el hecho de llegar a ser algo externo. Creo que es esto, aunque no lo he estudiado, y creo que está muy vinculado a la cuestión de la luz.

La búsqueda de la luz, y no sé cuando empezó en mi poesía, me la reveló la poetisa inglesa Kathleen Raine. Es una poetisa visionaria, estudiosa de William Blake y William Butler Yeats. Estuvo aquí, en Madrid, dando una lectura, y yo me puse en contacto con ella a través de un amigo común, Rafael Martínez Nadal, el gran amigo y estudioso de García Lorca. Nos empezamos a escribir. Yo estaba entonces con los poemas de las piedras y le explicaba mis reacciones. Ella me decía que se trataba de experiencias y visiones de luz a través de las piedras. Después de las piedras, empecé a escribir sobre las estrellas. A ella le pareció muy lógico que pasara de la visión de la luz a través de una piedra a la visión directa de la luz de la estrella. En esto estoy ahora y la luz aparece sin cesar en el libro.

SKU: ¿Se enlaza con el misticismo esa luz?

CJ: Sí. El libro se titula, osadamente, *In paradisum*, y junto a la luz y las estrellas, el vuelo, el pájaro, el vacío y el desasimiento son los temas que apuntan. La luz, sin embargo, es el nexo que enlaza el libro con los demás. Es un libro que me resulta difícil, me sorprende muchísimo y me ha costado llegar a aceptar sus poemas, porque después de textos tan estructurados y elaborados como los de *Lapidario* y los de *Creciente fértil*, estos poemas parecen muy etéreos, y me digo: «¿Se sostendrán solos?»

SKU: En algunos momentos de tu vida, ¿ha sido la poesía una salvación, incluso del suicidio?

CJ: Sí. Lo ha sido. Cuando conocí a Pureza Canelo me dijo algo que me sorprendió mucho, hace años ya de ello, creo que fue en el setenta y nueve, dijo: «A mí la poesía me importa en cuanto es alimento de vida, en cuanto me proporciona vida. Como a la culebra el agua o el musgo, a mí me nutre la poesía. Después de muerta, ya...» Me hizo reflexionar esta afirmación, porque a mí me había salvado de la muerte, me había hecho seguir viviendo. Y sigue teniendo para mí ese carácter: salvación de la muerte y salvación en la vida.

Madrid, octubre de 1988.

## ÚTERO

*No quiero levantarme,*
*hacer frente al vértigo del día,*
*las horas y minutos*
*que llenan de vacío y absurdo*
*los costados*
*del ente vertical.*
*Oculta entre las sábanas*
*tengo el mismo sosiego que en el vientre materno,*

*blanco útero*
*capaz aún de devolver olvido.*

(*Libro de alienaciones*)

*Quiero ver tu labrado laberinto*
*sin hilo, paso a paso*
*y sin tus manos*
*mas con los pies descalzos.*
*Que tu tierra penetre así en mis plantas*
*como savia*
*y lleve hasta mis ojos*
*la visión que me ocultas*
*en la sombra dedálica*
*que nunca el ojo logrará desvelar.*

(*Kampa*)

## AMONITES

*Como Rodin en el mármol*
*a la Aurora levanta*
*sobre Titón dormido,*
*alza este fósil todo el sol del jurásico,*
*piedra ya hoy,*
*en su perfecta espira:*
*miles de años que en las manos se apoyan*
*destruyendo el instante.*
*Así mi mano, fugitiva en la tuya,*
*sea olvido del tiempo,*
*vuelta huella hecha carne.*

(*Vivir*)

## ÓPALO

*Un secreto en la nube se diluye,*
*oval olvido que la luz persigue,*
*mas siempre una centella la rescata*
*y se ofrece:*
*resquicio del enigma.*

(*Lapidario*)

*Engalanada con las joyas de Subad*
*y con el manto púrpura, me presentaré a ti*
*para que lentamente tus manos me despojen.*
*Liberarás primero los dorados ramajes*
*que cercan el cabello y tus yemas las crenchas*
*surcarán, posándose, suaves, en los lóbulos*
*por desasir los aros. Del oído*
*enfilarán a la garganta*
*tejiéndose en las sartas de fuego y lapislázuli,*
*que hacia el pecho conducen.*
*Y cuando altivo el manto se desprenda*
*y revele los hombros satinados,*
*por un lino muy leve deslizarás los dedos*
*hasta dejar desnudo el rosicler y el nácar.*
*Y ya con impaciencia asentarás tu estirpe*
*sellando con tu lacre el rizado azabache.*

(*Creciente fértil*)

LIBROS DE POESÍA

*Las estrellas vencidas,* Madrid, Agora, 1964.
*Límite humano,* Oriens, 1973.
*En busca de Cordelia y Poemas rumanos,* Salamanca, Álamo, 1975.
*Antología personal,* Madrid, Rialp, 1979.
*Libro de alienaciones,* Madrid, Ayuso, 1980 (incluye *Isla de suicidio).*
*Eros,* Madrid, Hiperión, 1981.
*Vivir,* Madrid, Hiperión, 1983.
*Kampa,* Madrid, Hiperión, 1986.
*Fósiles,* Madrid, Libros de Mar, 1987.
*Lapidario,* Madrid, Hiperión, 1988.
*Creciente fértil,* Madrid, Hiperión, 1989.
*Emblemas,* Madrid, Caballo Griego para la Poesía, 1991.

Juana Castro

CONVERSACIÓN CON

# JUANA CASTRO

Sharon Keefe Ugalde: El libro *Cóncava mujer* es un libro que aborda el tema de la subyugación de la mujer. ¿Cómo fue para ti el proceso de concienciación con respecto a la problemática de la mujer?

Juana Castro: Yo sentía la problemática de la mujer de una manera vivencial, desde pequeña. Creo que soy feminista —y no me da miedo la palabra— de una manera visceral. Mis padres eran labradores y recuerdo que en ese ambiente rural sentía en mí la injusticia que veía en la vida diaria de las mujeres. Trabajaban duramente en el campo, igual que los hombres y, sin embargo, al volver al cortijo, tenían que seguir con otra jornada, haciendo la comida, criando niños. Había muchos otros detalles culturales, como el luto. Cuando murió, por ejemplo, mi abuelo paterno, mi padre salía, se iba, y la que guardaba el luto era mi madre, vestida de negro y encerrada. Como una niña sensible y despierta, me daba cuenta de todo eso y siempre me dolió. Después hay algo de ruptura, porque me eduqué en el «nacionalcatolicismo» y aunque tuviera ese sentido de la injusticia que había en la realidad de la mujer española, mi educación con las monjas iba a la contra completamente. Era difícil y yo sostenía una lucha interior, a la vez que mi comportamiento era el de una mujer muy normal de mi tiempo. Llega el amor y me caso y empiezan a venir los niños, uno, otro y otro, hasta tres. Yo con las clases, la casa y los niños sólo escribía poemas de tarde en tarde. Pero llegó un momento en que me di cuenta que mi vida no se podía reducir a eso y que había que desplegar la vocación de escribir. Fue la época en que vinimos a Córdoba para estudiar los dos en la nueva Facultad de Filosofía y Letras. Me pongo en contacto con algún poeta y me obligo a escribir de una manera más metódica y a leer más. Coincide que cae en mis manos una revista, buenísima, que se publicaba en Barcelona, que era *Vindicación Feminista.* Ahí colaboraron muchas mujeres que ahora son escritoras importantes, como Montserrat Roig, Ana Moix, Beatriz de Moura, Marta Pesarrodona y Antonia Rodrigo. Aquella revista me abrió mucho el campo, porque pude constatar que lo que yo estaba escribiendo, precisamente, era feminismo, y que podía hacer un libro que abarcara lo que es la problemática feminista. Por eso, en *Cóncava mujer* hay algunos poemas que son propiamente vivenciales míos y otros en los que trato de ponerme en la situación de la mujer que, por ejemplo, tuviera que abortar, o que se hubiera encontrado abandonada. Aparte de la revista, me encontraba sola como poeta, con el recuerdo de Safo, de Santa Teresa y sobre todo de las teóricas, porque siempre me ha gustado mucho el ensayo.

SKU: En los últimos diez años, ¿has notado algunos cambios en el papel de la mujer en la sociedad española?

JC: Creo que sí, que va cambiando; pero como es todo un problema cultural, cambian las mujeres que culturalmente están más avanzadas, pero no las de las clases más bajas. En este barrio, por ejemplo, se notan pocos cambios en el papel de la mujer. Lo que sí es evidente es que la mujer de la clase baja tiene más tiempo libre que antes. Está participando en las actividades de los colegios y en las reuniones de Asociaciones de Padres, que en realidad no son de padres, sino de madres. En los barrios las mujeres, sobre todo las jóvenes, estan organizándose para instruirse, para hacer gimnasia, para ofrecer conferencias. Hay otra situación que me llama la atención y es que algunas mujeres, por ejemplo, profesoras de EGB como yo, compañeras, que a pesar de que están ejerciendo una profesión siguen arrastrando los roles y las preocupaciones de las mujeres tradicionales. Muchas veces siento malestar porque no puedo hablar con algunas de mis compañeras más que de temas estrictamente del hogar: que si la comida, que si la hija, cosas que me aburren, porque bastante tenemos con hacerlas, para que encima tengamos que hablar de lo mismo todo el día. A lo mejor no leen la prensa, no están al tanto de las películas, del teatro, de lo que hay en Córdoba o de lo que pasa en el mundo. Entonces, por una parte, yo diría que sí, se está adelantando, pero un poco despacio y un poco dependiendo del nivel cultural y de la edad. Pero, incluso entre las mujeres jóvenes, el progreso es lento. Mi hija mayor, que tiene diecinueve años, me dice que tiene amigas que cambian y que se tornan muy tradicionales a la hora de salir con un muchacho.

SKU: ¿Cuál debe ser la actitud de la mujer poeta frente al papel cambiante de la mujer en la sociedad?

JC: Hay un hecho que me preocupa, y es que las mujeres feministas van por un camino y las escritoras por otro y no se encuentran, ni se tratan y, además, unas desprecian a las otras. En España ocurre que para una escritora el ser feminista es una cosa anticuada. Ha habido autoras que han tenido un pasado feminista pero que ahora no quieren saber nada del tema. Generalmente, las escritoras están abriendo camino y haciendo una labor importantísima, pero eso del feminismo les suena muy mal. Por otra parte, las feministas no se preocupan del avance cultural y artístico, sino que ellas solamente se preocupan de las leyes, del trabajo. Parece que esos dos mundos son inencontrables. Lo que sí veo es que, aunque lleven dos caminos distintos, son paralelos y cada una está haciendo una parte de la labor del cambio. Bueno sería que se hiciera conjuntamente.

SKU: Un tema frecuente en tu obra, sobre todo en *Cóncava mujer* y *Del dolor y las alas* es la infancia. ¿Puedes contarme algo sobre tu propia infancia?

JC: Lo que recuerdo de mi infancia, que tenía el ambiente rural del norte de la provincia de Córdoba, es que estaba muy marcada por ese dolor de las mujeres y por la dureza del campo. El campo para mí no era feliz. Nunca lo he revivido ni he hecho del léxico del campo un centro de mi poesía, porque era más grande la vivencia del dolor que la de la belleza del paisaje. Estaban también la religión y el sexo. La religión era, sobre todo, el miedo al infierno y al pecado. Recuerdo que en los ejercicios espirituales, que hacíamos todos los años, nos ponían como ejemplo que la muerte podía ser una especie de daga colgando encima de nuestras cabezas. Literalmente, yo veía la daga colgada en el techo y temblaba, con diez u once años, tiritando de miedo. Respecto al tema del sexo, no tuve buena literatura a mi alcance cuando era pequeña, porque en mi casa no había libros. En el colegio de monjas, que era de niñas bien, sí había una buena biblioteca, pero no me daban los libros que pedía. No estaban permitidos para la edad que yo tenía y más bien me daban libros de la vida de niños santos. A los catorce años o así, el cura, el confesor —que a pesar de estar doctrinalmente dentro del «nacionalcatolicismo» tenía una conciencia social muy avanzada, cercana a la teología de la liberación de ahora— me dijo que leyera un libro que se llamaba *Pureza y hermosura.* Allí fue donde me enteré de lo que se llamaba el «pecado solitario». Me produjo tal miedo, tal sensación de pecado, que tuve que ir a confesarme y caía y volvía a caer y volvía a confesarme. Lo que sí me servían un poco para descubrir el deleite del amor mezclado con el sexo eran unas novelas por entrega. Aunque no había libros en casa, esos cuadernillos caían en mis manos, cuando tenía nueve, diez años y los leía todos porque leer para mí era un placer y un vicio.

SKU: ¿Cómo eran las mujeres de tu familia, tu abuela, tu madre?

JC: De mis abuelos recuerdo poco, porque murieron pronto. Sí tengo más recuerdos, realmente historias que me han contado, acerca de una tía muy especial, que se llamaba Juana, como yo. Un día ella se fue. Era de estos casos de mujeres que prefirieron, cosa extraña en aquellos años, vivir su vida y no hacer caso de sus padres. Se convirtió en la cruz de mis abuelos, porque aparecía y desaparecía sin poder predecirlo. Incluso hoy no sabemos todavía si vive o si no vive, ni dónde estuvo. Para mí esa tía es un poco mítica, por haber sido valiente, por haberse decidido a romper moldes. Y otra tía que eligió la vida religiosa como medio de liberación.

De mi madre tengo que decir que, aunque no tuvo una cultura suficiente, es una mujer muy inteligente y como inteligente, insatisfecha. La inteligencia la hacía ver las mismas injusticias que veía yo, la insatisfacción, ese saber que estaban mal repartidos los papeles entre los sexos, sobre todo en la sociedad rural. Aunque no lo dijera, me lo transmitía. Mi madre, cuando se hablaba del futuro de las mujeres, o de nosotras cuando éramos pequeñas, de mi hermana y de mí, decía que, si una mujer tenía independencia económica y una profesión, no tenía ninguna necesidad de casarse.

SKU: ¿Cuándo empezaste a escribir?

JC: Yo escribía desde pequeña. Pero no tuve ni el ambiente, ni las lecturas que me hubiera ayudado en ese tiempo. Lo que sí hacía era escribir en los cuadernos y enseñárselo a la profesora de literatura. No tuve el incentivo suficiente, o quizá tampoco la voluntad de escribir de una manera más metódica, más fuerte. A los dieciocho años ya empecé a trabajar como maestra y a los dieciocho años también llegó el amor. Yo quería seguir estudiando, pero la vida me llevó por otro sitio. En esos años solamente escribía de cuando en cuando, al cabo de un año dos o tres artículos para el periódico de mi pueblo y algún que otro poema. Me absorbieron primero el amor, luego la maternidad, y no fue hasta los treinta y algún años cuando me dije que la vida no podía seguir así.

SKU: ¿Qué impacto crees tú que tiene el papel tradicional de la mujer, con sus obligaciones domésticas, en la realización de una vocación de poeta?

JC: Los jóvenes de hoy tienen las cosas más fáciles, porque saben que tienen que ser compañeros y compartir las tareas, pero en mi caso ha sido difícil. Mi marido tenía la misma educación que yo, y aunque él, a nivel intelectual, comprendía y comprende la injusticia del papel de la mujer, el corazón le mandaba por otro sitio. Hemos tenido muchas discusiones y hemos pasado períodos de crisis. Cuando me casé, desde luego, de tal modo me tenía el amor tomada, que no me planteé otra cosa hasta que no pasaron cuatro o cinco años. En esos años yo ejercité mi papel de ama de casa tadicional, pero cuando di el cambio de ponerme a escribir, de asistir a tertulias y demás, él tuvo un período de adaptación difícil. Ya tengo dos hijas mayorcitas que nos ayudan con el trabajo de casa, pero aún así, ahora que le dedico todavía más tiempo a escribir, porque tengo compromisos con el periódico, colaboro con un suplemento cultural, hago alguna reseña y empiezo a hacer traducciones al italiano, es otro reajuste y la situación vuelve a ser difícil. He visto a muchas mujeres escritoras, en tertulias, que están separadas y que han dicho que es imposible conciliar la pareja con la literatua. Yo me he empeñado en conciliarlo porque quiero, pero resulta muy difícil. El compañero tiene derecho a exigir una atención y un tiempo, y los hijos por otra parte necesitan otro tiempo, la profesión otro, y la necesidad del sueño. Es una lucha siempre contra el tiempo.

SKU: ¿En el mundo literario has tenido que enfrentarte con algún obstáculo por ser mujer?

JC: No, a nivel local me ha ido muy bien; quizá porque en los años en los que publiqué el primer libro, *Cóncava mujer,* no había otra mujer aquí que escribiera. Tenemos una escritora cordobesa con una obra bastante extensa, que es Concha Lagos, pero no vivía en Córdoba entonces. Hubo algo de *boom* para la mujer por esos años y a mí me ha venido bien; se me conoce y se me quiere. Creo que es estos tiempos las mujeres —sólo algunas, claro— están aprovechándose del momento y muy bien.

SKU: ¿Cuáles crees tú que son las causas de ese *boom* en la poesía de la mujer en España?

JC: No es una sola la circunstancia que ha coincidido y que ha dado lugar al *boom.* Habría que ir acumulando esas circunstancias. Está la antología de Ramón Buenaventura, *Las diosas blancas,* está Ana Rossetti, que publicó *Los devaneos de Erato* en el momento justo, está la editorial Torremozas. También el hecho de que las muy jóvenes, Almudena Guzmán y Luisa Castro, ganaran el premio Hiperión y que después les dieran una tribuna en periódicos nacionales. También están, por supuesto, las razones de Estado. A la sociedad democrática le interesa elevar a unas pocas mujeres, como pretexto para seguir marginando a la mayoría. Está claro que en este *boom* hay más ruido que nueces.

SKU: ¿Qué opinas del concepto de generaciones poéticas respecto a la mujer escritora?

JC: Está todo el mundo de acuerdo en decir que la generación es un recurso un poco artificial que se inventan los críticos y los antólogos para situar a los escritores dentro de un tiempo para clasificarlos. Creo que hay algo de razón en esto, pero también, si cada uno es hijo de su tiempo, está influido por las circunstancias, por los ideales y por las vivencias de su tiempo. Ahora mismo, en la obra de las mujeres que han escrito en los años setenta y ochenta, hay, por ejemplo, un tema que se repite: el erotismo visto desde la mujer. No sabemos si el erotismo que nos han estado dando las artes, el cine y la literatura, es el mismo que a nosotras nos provoca, y ahora las mujeres empiezan a aportar su propia experiencia. Me gustaría estudiar si realmente ese erotismo que están escribiendo las mujeres poetas españolas es un erotismo femenino, femenino en el sentido de que sea solamente nuestro, inventado por nosotras, o si sigue las pautas culturales y tradicionales de lo que ha sido el erotismo, que hasta ahora han hecho únicamente los hombres.

SKU: ¿Sientes vínculos con «los novísimos», o como se suele llamar ahora, en una versión más amplia, la generación de los setenta?

JC: Por edad sí, pertenecería a «los novísimos», pero yo los leí después. Ellos estaban con el culturalismo, con el tema del cine y lo demás, y no eran mis temas. Después, quizá yo haya accedido a esos temas y, por lo tanto, me puedo sentir un poco identificada con ellos, y además me gustó, me gusta mucho la poesía de Antonio Colinas y Pere Gimferrer. Lo que pasa es que en los años en que ellos estaban publicando yo estaba empezando y no los conocía.

SKU: ¿Cómo percibes la tradición española de poesía escrita por la mujer?

JC: Yo hubiera querido encontrar los modelos en las mujeres escritoras, y por eso me ha interesado siempre lo que hacen las mujeres. Todavía hoy, cualquier triunfo o premio de otra mujer me alegra muchísimo. No siento envidia en absoluto, sino que me gusta, como si fuéramos todas a una, para que todas las mujeres vayan adelante. La verdad es que lo que han escrito las mujeres me ha interesado más que lo que han escrito los hombres, pero hay muy pocas escritoras y son poco conocidas. Han salido recientemente libros sobre las poetisas de Al-Andalus, y sobre las primeras poetisas en lengua castellana, que ha hecho Clara Janés. La mayoría de las mujeres escritoras eran monjas y no tuvieron acceso a la publicación, con lo cual la obra se ha perdido y nos quedan sólo algunos poemas sueltos.

SKU: ¿Hay algún contacto entre la poesía escrita por mujeres en España con la de otros países, o en este sentido España vive un poco aisladamente?

JC: Creo que estamos por otros cauces. Yo, desde luego, no he leído nada de poetas extranjeras hasta hace pocos años. Conozco a la americana Adrienne Rich, he leído algunos ensayos suyos y la poesía también, que se ha traducido. Pienso que es muy distinta la poesía de las mujeres españolas de las de fuera. De las francesas conozco poco, pero los temas y el estilo de las italianas, como María Luisa Spaziani, Bianca María Frabotta, Silvana Colonna, podrían estar cerca de la poesía española.

SKU: ¿Piensas que existe una estética femenina? O sea, ¿escribe la mujer por esencia, o por experiencia, de una forma distinta que el hombre?

JC: Aquí tuvimos hace dos años un encuentro que se llamó «Mujer y Poesía», y si la mujer escribe de distinta manera que el hombre era uno de los temas de debate, que además sale muchas veces en las reuniones y en las tertulias. Yo, aunque en ese congreso todo el mundo coincidía en que no, íntimamente pienso que sí. Lo que pasa es que, como la literatura ha sido escrita mayoritariamente por hombres, las fuentes de la tradición las tenemos en esa literatura, y es muy difícil saber si hay una manera propia de escribir en la mujer. Creo que sí porque, si estamos todos de acuerdo en que a un escritor le condiciona su nacimiento, su infancia, su raza, su país, indudablemente, el sexo, que para mí es una marca muy importante, tiene que condicionarle, por lo menos al mismo nivel que los otros condicionantes. Por tanto, me parece absurdo decir que se puede escribir igual, creo que se escribe distinto. Claro, también está la variedad de la persona. Se ha dicho que hay mujeres, como Marguerite Yourcenar, que escriben como un hombre, u hombres que han producido una literatura femenina. Puestas las cosas así, habría que darle la razón a la gente que dice que no hay una manera propia, pero conforme vayamos las mujeres adentrándonos más en el campo de la literatura se podrá demostrar y se verá que sí, que hay un estilo propio, que el sexo marca.

SKU: *Del dolor y las alas* se enlaza con la poesía femenina española de los años cuarenta, cincuenta y sesenta por el tema de la maternidad, pero también me hizo pensar en algunos versos de Miguel Hernández. ¿Puede haber una huella de su poesía en el libro?

JC: Sí, puede haberla, porque Miguel Hernández se leía mucho en España en la posguerra. No me lo había yo planteado, pero, tal vez sí. Entre los primeros poetas que leí fueron Federico García Lorca y Miguel Hernández, junto a Machado.

SKU: ¿Qué otros poetas posiblemente hayan dejado huella en tu obra, a través de los años? Como tu poesía va evolucionando mucho, imagino que tus lecturas también.

JC: Sí, han ido cambiando. Además de los poetas que acabo de mencionar, mis primeras lecturas fueron clásicos españoles, sobre todo Quevedo y Góngora, y después, la generación del veintisiete, especialmente Vicente Aleixandre. Al principio, la poesía me llegó más por vía oral que escrita, porque había recitadores en mi pueblo, y yo también recitaba. Tenía que ser una poesía que a nivel popular tuviera éxito, una poesía brillante y un poco folklórica, como *El poema del cante jondo* y *Canciones* de García Lorca, o los clásicos, porque la rima ayuda mucho al oído de la poesía de la gente. Después de la generación del 27, otro poeta que me ha gustado mucho es Pablo García Baena. Por la sensualidad, es un poeta que está muy cercano a mi estética, y también los simbolistas franceses, que leí más tarde. Me encantan y los releo, Rimbaud, Baudelaire, Hölderlin, toda la poesía arábiga-andaluza y los italianos Leopardi y Quasimodo. Pero mis preferidos son los místicos, Santa Teresa, San Juan de la Cruz, Sor Juana Inés y todas las mujeres desde Safo hasta nuestros días.

SKU: ¿Sigue siendo el endecasílabo la forma métrica que más empleas en tus versos?

JC: He escrito hasta ahora en endecasílabos y heptasílabos o alejandrinos, que van combinados, pero siempre con esa métrica. Hay una combinación de siete más siete, de siete más cuatro, o de catorce, generalmente. Para mí es importante la musicalidad de la poesía y el endecasílabo tal vez sea la métrica que suena mejor en español, aunque a veces sea necesario romper el ritmo.

SKU: En el prólogo de *Paranoia en otoño,* Antonio Gala subraya «la inmediatividad» y la «irracional prisa» del libro. ¿Lo escribiste de un tirón?

JC: Tiene razón Antonio Gala, y yo no se lo dije, pero seguramente lo adivinó él. Sí, fue escrito en plena efervescencia amorosa. Se nota, porque algunos poemas hubieran necesitado un poco de serenidad y un poco de coloración, y mayor corrección. El libro fue escrito a lo largo de un curso un poco de modo irracional, y creo que tiene mucho de surrealismo.

SKU: Hay algunas palabras en *Paranoia en otoño* que se repiten con frecuencia y que podían ser claves. En plan de asociaciones rápidas, ¿qué connotaciones tienen para ti las palabras siguientes: «aguijón»?

JC: El aguijón es el dolor.

SKU: ¿Y el eclipse?

JC: El eclipse, la belleza oculta.

SKU: Espigar.

JC: Buscar.

SKU: Y ¿polen?

JC: El polen, sobre todo, algo masculino.

SKU: ¿Cómo describirías la relación que existe entre la autobiografía y la poesía lírica?

JC: No creo que suceda igual en todos los poetas, porque cada uno puede tener una mayor o menor capacidad de alejamiento de sí mismo. Pero yo, en este caso, no soy serena y la poesía corresponde exactamente a la autobiografía. Por eso cada uno de mis libros es, pienso yo, distinto al anterior, aunque si nos ponemos a rebuscar, podemos ver que la temática de la soledad y del amor es común a todos. La soledad de *Narcisia* es más gozosa que las otras, pero sigue siendo soledad. Además, en *Cóncava mujer* había un poema que era ya la génesis de otro del libro siguiente, y en *Paranoia en otoño*, a pesar de ser un libro de amor, hay un poema que expresa esa voluntad eterna de querer escapar, que creo es el primer embrión de *Narcisia*. En cuanto a la forma, el gusto por la sonoridad y el deseo de crear un lenguaje que sea deslumbrador, siempre están presentes. Pero a pesar de estos elementos comunes, cada libro es muy diferente porque cada uno refleja una época específica de mi vida.

SKU: ¿Es difícil para la mujer escribir poesía amorosa si es consciente de su tradicional papel de subyugada?

JC: En lo que escribo veo que hay una lucha constante entre feminismo y amor, porque crean una contradicción en mí, en cuanto a lo que son, por ejemplo, mis fantasmas eróticos. En mis fantasías eróticas, las que a mí me pueden producir excitación, resulta que me convierto solamente en «voyeur», y me imagino escenas en las que lo que veo es el deseo del hombre hacia una mujer. Entonces, me psicoanalizo y digo: «Me educaron para ser objeto, objeto del deseo del hombre, pero mi feminismo, mi personal forma de ser, me impide querer ser objeto; por eso me distancio y me convierto en la persona que me mira.» No me resigno a ser objeto, pero tampoco soy capaz de ser sujeto.

SKU: En *Narcisia* se celebra la creación de una nueva identidad femenina. ¿Podrías resumir cómo es la esencia de esa nueva mujer?

JC: Empezó a interesarme el tema de la mujer narcisa por lo que las feministas han contradicho sobre la doctrina de Freud. Por otra parte, al escribir ese libro, me encontraba yo en un período de mi vida en el que deseaba ser autosuficiente, no tener que depender siempre del dolor que para mí representaba el amor. Nunca he sentido el amor como una fiesta, sino como un drama. Igual que el sentimiento trágico andaluz del flamenco, el amor lleva consigo el conflicto y, por tanto, la tragedia. Posiblemente si el amor fuera entre mujeres, sería más feliz, porque el conflicto viene del antagonismo de los sexos y de la dificultad de comunicarse. En *Narcisia* hay alguna sugerencia de amor entre mujeres, y lo veo como una especie de ideal, porque creo que puede ser un amor más puro, en el sentido de que no haya intereses, ni jerarquías. Yo sabía que no podía aspirar a ser esa mujer, porque me conozco, pero pensaba que en algún momento de la historia se podría alcanzar a la mujer autosuficiente, la que en sí misma encuentre su propio bienestar, e incluso su actividad, sin necesidad de dependencia. No es que yo quiera apartar el amor, sino la relación de dependencia del hombre que lleva aparejada.

Así fue como surgió *Narcisia*. Es el intento de concretar un mito que podría tener el origen en la antigua diosa madre, que queda en la cultura oriental, pero que en la occidental se ha perdido y quizá, una visión futura, claro, llevada hasta el extremo. Precisamente por la complejidad y por la riqueza de sentimientos, de vivencias, de sensualidad y de todo lo que la mujer tiene dentro —que yo creo que es mayor que la del hombre— puede darse esa mujer autosuficiente. Quería sugerir una especie de hermafroditismo, una persona que tuviera los elementos femeninos y masculinos. Siempre que se habla de los dioses, o cualquier otra persona, y se trata de decir que en una persona están los dos elementos, se dice: lo andrógino. Pero en lo andrógino, el centro es el «andros», que es el hombre, y el «ginos», es lo accesorio, lo que acumula después. Yo quería darle la vuelta a eso y convertirlo en la «ginandria», en que la esencia base fuera la mujer, el «ginos», y luego vendrían los elementos masculinos, que también pueden formar parte dentro de esa riqueza.

Después del nacimiento de Narcisia, se abre el campo a un universo femenino, porque Narcisia tiene vertiente religiosa. Es como si fuera no una diosa, porque las diosas de la mitología tienen otras connotaciones, sino el dios católico en femenino, la «dea», el principio de la vida, del mundo y de todo. Su autosuficiencia se asemeja a la del Dios Padre que, contemplándose a sí mismo, produce la figura del Hijo. Exactamente igual son los pasos que yo he seguido para la Narcisia: ella, amándose a sí misma, genera otra mujer.

SKU: ¿Se debe la abundancia de imágenes florales en *Narcisia* a la tradición poética andaluza?

JC: Sí, bastante, partiendo de la poesía andalucista y siguiendo con los poetas del grupo Cántico, sobre todo Pablo García Baena, Vicente Núñez y Ricardo Molina. Aparte de la tradición poética, en Andalucía hay siempre flores por todas partes, y sus colores y olores forman una parte importante de la vida y de la Semana Santa. Cuando me puse a escribir este libro, que es de marco intelectual, sabía que para hacer creíble el mito de Narcisia no podía decirlo directamente, sino que era necesario construir un léxico que lo expresara de una manera metafórica. Me construí un lenguaje, sobre todo a base de flores y de algunos animales, un poco tocando la biología. Tuve que ampliar mi conocimiento de plantas y flores leyendo libros de botánica y conociendo las plantas en vivo, al natural.

SKU: ¿Cómo afecta a una carrera poética el hecho de vivir en provincia y no en Madrid?

JC: Indudablemente en Madrid habría la posibilidad de conocer a los editores, de estar en tertulias y, a través de eso, de promocionarse. Lo veo bueno como una manera de ser más conocida, aunque en realidad en esas cosas todo funciona por amiguismo y por intereses. Es muy natural que cada uno llama a la persona que le pueda dar la gloria, que le pueda dar en contrapartida otra cosa, sobre todo teniendo en cuenta que la poesía es una literatura de minorías y que se vende muy poco. Tú me haces a mí esta reseña, yo te publico a ti un poema, tú me invitas a una lectura. Ya se sabe, aunque no se diga, que si alguien te hace algo, estás obligado a corresponder dentro de lo que te permiten tus medios. En cuanto a la obra, no creo que vivir en provincia le afecte, incluso puede beneficiarla. Para la fama sí, el centralismo es aplastante y sólo vale y sólo brilla lo que sale de Madrid o está en Madrid.

SKU: Con tus preocupaciones sociales sobre la mujer, ¿te has planteado alguna vez que sería más útil escribir otro tipo de literatura menos minoritaria que la poesía?

JC: Sí, me gustaría muchísimo hacer ensayo y hacer novela. Pero hasta ahora, el tiempo con el que me encontraba no era el suficiente para enfrascarme, por ejemplo, en una novela. He empezado una novela durante dos veranos, y luego la he abandonado. Estoy en el momento de hacerlo, puesto que ahora le dedico más tiempo a escribir, pero tendría que dejar las otras cosas que tengo entre manos. Por ejemplo, haría un análisis de cómo se enfrentan las mujeres al erotismo y a la literatura, para ver si esos son campos masculinos, o son inventados por ellas. Otra cosa que teníamos en proyecto hacer mi marido y yo era un ensayo sobre la aportación de la mujer a la cultura en el medio rural. Me siento obligada a dar a conocer todo lo que las mujeres han hecho y que yo he conocido, por ejemplo, las curanderas, las matronas, las que hacían los dulces. Había una serie de oficios en los pueblos que solamente los desempeñaban las mujeres y que se fueron transmitiendo, pero que ahora están en vías de extinción, si no se han extinguido.

SKU: Cuando hablamos por teléfono mencionaste que el Ministerio de Cultura te había dado una beca. ¿En qué consiste el proyecto?

JC: Un libro que está casi terminado. El título está oscilando, pero creo que se va a llamar «Arte de cetrería», que fue el título inicial. Había empezado el curso pasado a escribir poemas que eran el amor como la última muerte, o la muerte como el último amor, poemas de amor y muerte. Luego me encontré con un artículo del novelista Miguel Delibes que hablaba de la relación especial que existe entre el cetrero y el ave de presa, y eso me llamó la atención. A partir de ahí, me leí los libros que había de cetrería, los antiguos y los modernos; don Juan Manuel, Juan Arias de Ávila Puertocarrero y Pero López Ayala. El cetrero domestica el ave y la adiestra para la muerte, pero entre ellos se establece un afecto, que yo he comparado con el amor. He hecho una alegoría del amor, donde hay ese trinomio del cetrero, el ave de presa que caza y también la presa, el animal cazado. Un tema ha nutrido al otro, porque el léxico de la cetrería me ha servido para enriquecer el tema del amor y los títulos de los poemas son todos de la cetrería, como, por ejemplo, «De cómo se adiestra el halcón». La forma del libro es más clásica y más contenida que la de *Narcisia.*

SKU: ¿Qué es, en el fondo, o que te motiva a escribir?

JC: Creo que escribo por necesidad, y siempre he escrito por necesidad. Lo sentía como una vocación desde que era niña, y cuando hacía los primeros ejercicios de redacción, para mí, escribir aquéllo, siendo una obligación de clase, era como un caramelo y lo sigue siendo. Ahora ya se mezcla el placer con el dolor, porque cuesta más trabajo hacerlo, no es un juego como era antes. La poesía me ha servido como catarsis y gracias a ella me he librado de ir al psiquiatra. Y, por supuesto, me importa lo de la inmortalidad. También me motiva desplegar mis sentimientos y apetencias de niña, la profunda escisión de los dos sexos en el mundo.

Córdoba, noviembre de 1988.

## ALICIA DESPOSADA

*Era blanca la boda; un milagro*
*de espuma, de azahar y de nubes.*
*Cenicienta esperaba.*
*Las muchachas regaban cada día*
*los frágiles cristales de su himen.*
*Blancanieves dormía.*
*Al galope*
*un azul redentor doraba la espesura,*
*y la Bella Durmiente erguía su mirada.*
*Las vestales danzaban. Y las viejas mujeres,*
*en las noches de invierno,*
*derramaban sus cuentos de guirnaldas,*
*de besos y de príncipes.*
*Era largo el cabello, eran frías las faldas*
*por las calles de hombres.*
*Las fotos de las bodas*
*irradiaban panales de violines,*
*y era dulce ser cóncava*
*para el brazo tajante y musculoso.*
*La boda les cantaba por el cuerpo*
*como un mar de conjuros.*
*Y a la boda se fueron una tarde*
*con su mística plena. Y cambiaron*
*la hora de su brújula*
*por el final feliz de los cuentos de hadas.*

(*Cóncava mujer*)

## INANNA

*Como la flor madura del magnolio*
*era alta y feliz. En el principio*
*sólo Ella existía.*
*Húmeda y dulce, blanca,*
*se amaba en la sombría*
*saliva de las algas,*
*en los senos vallados de las trufas,*
*en los pubis suaves de los mirlos.*
*Dormía en las avenas*
*sobre lechos de estambres*
*y sus labios de abeja*
*entreabrían las vulvas*
*doradas de los lotos.*
*Acariciaba toda*
*la luz de las adelfas*
*y en los saurios azules*
*se bebía la savia*
*gloriosa de la luna.*
*Se abarcaba en los muslos*
*fragantes de los cedros*
*y pulsaba sus poros con el polen*
*indemne de las larvas.*
*¡Gloria y loor a Ella,*
*a su útero vivo de pistilos,*
*a su orquídea feraz y a su cintura.*
*Reverbere su gozo*
*en uvas y en estrellas,*
*en palomas y espigas*
*porque es hermosa y grande,*
*oh la magnolia blanca. Sola!*

(*Narcisia*)

## DEL DIARIO DE CAZA DE UN HALCÓN GERIFALTE

«Un día sin halconería es un día perdido.»

Federico II de Hohenstaufen, rey de Sicilia y
emperador germánico.

*Indolente en el sol, te desafío*
*a señalar mis muertes, una a una.*
*Están todas en mí, ellas conforman*
*mi sustancia y mi pecho, y en mis venas*
*reposan, como el eco invisibles,*
*pero vivas.*
*Aunque no lo sospeches, cuando tú*
*de mis ojos te asomas a los bordes*
*no me miras a mí, sino sus lienzos*
*negrísimos y tristes.*
*Los mismos que, remotos,*
*anidan de mi cuello por los surcos,*
*palidecen en trance por la espalda*
*o se quedan llorando en los pezones*
*sus teñidas sortijas de violeta.*
*Y yo no soy yo, sino el aliento*
*de los que han muerto en mí, y de las veces*
*que yo en otros vistiera su sudario.*
*Calandrias de tu amor, para llamarte*
*traigo sólo los trinos*
*que abatiendo bebí: Mi desafío.*
*Pues soy sola el arroyo*
*de las muertes que hubieron, y que sólo*
*hubo a solas en mí.*

(*Arte de cetrería*)

LIBROS DE POESÍA

*Cóncava mujer,* Córdoba, Zubia, 1978.
*Del dolor y las alas,* Villanueva de Córdoba, Ayuntamiento, 1982.
*Paranoia en otoño,* Valdepeñas, Ayuntamiento, 1985.
*Narcisia,* Barcelona, Tailfa, 1986.
*Arte de cetrería,* Huelva, Col. Poesía «Juan Ramón Jiménez», 1989.

**Amparo Amorós**

CONVERSACIÓN CON

# AMPARO AMORÓS

Sharon Keefe Ugalde: Desde el fin del franquismo la posición de la mujer en la sociedad española ha evolucionado sustancialmente. ¿Crees que los cambios han repercutido de alguna forma en tu quehacer poético?

Amparo Amorós: En una forma directa y determinante, yo creo que no; sin embargo, han influido desde el punto de vista de que el poeta es una sensibilidad muy receptiva a todo cuanto le rodea. Mantiene una relación estrecha con la realidad, aunque luego haga una poesía en la que no se refleje directamente. La poesía es una dialéctica entre el mundo y el poeta. Mi poesía está sujeta al ámbito en la medida en que yo me hallo inmersa en una realidad social y política. No es lo mismo vivir en un momento privado absolutamente de libertad, que en un momento de libertades. Pero, tal vez es entonces cuando con más evidencia se perciben los límites metafísicos de la realidad que son inherentes a la condición humana y constituyen, a veces, una cárcel más estrecha que cualquier represión civil. Lo bueno, y lo malo, de esa situación de libertades es que deja percibir la realidad más crudamente y te lleva a enfrentar la responsabilidad desde una cierta desolación.

SKU: ¿Piensas que el hecho de ser mujer ha determinado, de alguna forma, ciertos aspectos de tu carrera poética?

AA: No me gusta hablar de carrera poética, sino de obra poética. La objeción que yo le pondría a muchos de los que quieren escribir poesía en este momento, es que no se lo han planteado como obra, sino como una carrera. Tenemos ejemplares que han hecho una carrera poética brillantísima, pero al enfrentarse a su obra, la decepción es tremenda, porque obra no hay. Y no me refiero, naturalmente, a la cantidad, sino a la calidad. Yo no me he planteado nunca lo que hago como una carrera poética, pero si te refieres a si ser mujer me ha impedido, en un momento determinado, publicar o acceder a ciertas oportunidades, yo creo que no. El problema es más complejo. En algunos casos aislados, no como norma general, hay reticencia ante las mujeres que escriben. Pero los factores que pudiera haber negativos, se compensan con otras ventajas, como es, últimamente, el interés que tienen los antólogos, incluso una serie de hispanistas que vienen de Norteamérica, por hacer antologías que reflejan la poesía escrita por mujeres. Si hablamos propiamente de mi obra, supongo que sí, el hecho de ser mujer ha influido, de la misma manera que otros factores, ni más ni menos. Lo malo es que nos reducen a un gueto y que mientras ellos hablan de cuestiones sustanciales, nosotras parecemos obligadas a llenar páginas con cuestiones tan aleatorias como si escribimos o no como ellos. Hay que dejar todo eso y, dándolo por sentado, ir a lo fundamental.

SKU: ¿Y qué es lo fundamental?

AA: Escribir bien. Ser radicalmente poeta. Lo demás son cuestiones accesorias.

SKU: ¿Existe una estética femenina?

AA: Espero que no exista, porque hasta ahora lo que se ha entendido por *estética femenina,* que normalmente es un término más acuñado por los hombres, ha sido algo dicho en sentido peyorativo, como algo sentimentaloide y, en ocasiones, blandengue o cursi. Ha sido posible achacar esto a la poesía femenina porque era una poesía de una visión muy limitada, frecuentemente restringida a un mundo amoroso y doméstico que se centraba en las cosas más mínimas y cotidianas, sin una visión abarcadora e integradora que diera cuenta de una manera profunda y total de la realidad. Expresar una visión, sin renunciar a los asideros reales que le son propios: esa sería la verdadera aventura.

SKU: ¿Existe una tradición de poesía de mujer en España, o en el mundo hispánico?

AA: Es una tradición de escasas figuras. Por ejemplo, en el siglo XIX, hay dos figuras significativas que son Rosalía de Castro y Carolina Coronado. Creo que la gran poeta que hemos tenido es Rosalía de Castro, a pesar de que un poeta aficionado a deslumbrar a los tontos con sus *boutades* haya dicho hace poco que Rosalía de Castro era una cursi. Es la poeta más importante que tenemos en la tradición española. Después, hay algunas figuras poéticas interesantes, pero no llegan a ser tan importantes. Por ejemplo, si analizas el veintisiete, hay muchas más figuras masculinas y son mucho más relevantes que las femeninas; mientras en el caso de Rosalía, yo la puedo poner a nivel de Bécquer. Incluso hay momentos en los que me gusta más.

SKU: Frecuentemente la trayectoria de la obra poética de las mujeres se caracteriza por un comienzo tardío o interrupciones prolongadas. ¿Cómo es la trayectoria de tu obra?

AA: Me incluiría entre los poetas de publicación tardía, pero no creo que eso se deba al hecho de ser mujer, sino más bien a mi trayectoria biográfica. También te quería hacer otra salvedad. Es que tú dices que las mujeres frecuentemente comienzan tarde, probablemente comiencen tarde a publicar, no a escribir. Aunque eso no está pasando últimamente, porque hay una especie de demanda de poesía escrita por mujeres, incluso superior a la realidad de las obras que están escribiendo las mujeres. Y yo creo que si queremos competir, como es legítimo, con la mejor poesía, hay que exigir un nivel de rigor y de calidad tan estricto como el que se aplica, o debería aplicarse, a los hombres.

SKU: ¿Por qué crees tú que entre las poetas hay alguna que se niega a revelar su fecha de nacimiento?

AA: No creo que se pueda generalizar, porque yo conozco muchísimas poetas, las de la antología de *Las diosas blancas,* por ejemplo, que sí que han dicho su fecha de nacimiento. También conozco algunos poetas que no la dicen, pero, claro, yo tengo que contestar esta pregunta de una manera personal, porque yo soy una de las que no dice su fecha de nacimiento. No ha sido, desde luego, por condicionamientos que podrían sospecharse de una coquetería femenina muy legítima, que estaría determinada por el hecho de que los hombres han dado mucha importancia a la juventud en la mujer. (Cuando ellos dejen de arrumbarnos por causa de la edad, entonces la confesaremos.) Es posible que eso haya producido timidez en algunas. En mi caso, la razón es que yo publiqué tardíamente y no quería ser incluida en una generación poética a la que pertenecía por cronología, pero con la que no me sentía vinculada por razones de poética. Procuré ocultar ese dato precisamente para no ser encasillada en un grupo generacional con el que no me identificaba.

SKU: Entonces, ¿dónde colocarías más cómodamente tu obra, en la generación de los setenta o en la de los ochenta?

AA: En ninguna de las dos, y eso no quiere decir que no coincida en ciertos aspectos con unos o con otros. Como acabo de decir, pertenezco a una generación cronológica, pertenezco a otra generación por fechas de publicación y no pertenezco a ninguna generación por poética. Lo más genuinamente poeticocreativo en arte es la individualidad, aunque el grupo sea a veces una buena solución de lanzamiento y de promoción. Yo me siento completamente un caso aislado, porque ni siquiera mi formación intelectual coincide con la generación que me correspondía cronológicamente, más bien mi formación se debe a esa generación.

En cuanto a algún elemento afín, coincido con la generación del setenta, por ejemplo, en mi curiosidad intelectual, mi afán de leer, mi interés por el lenguaje (siempre de modo más vivo e intuitivo, menos culturalista), y por conocer ciertos aspectos de la cultura. Debo matizar que el interés en el lenguaje ya estaba presente en la generación del cincuenta, pero los «novísimos» llegan a un límite que roza la primacía del formalismo sobre los elementos de contenido. No coincido con ellos en eso. Creo que la poesía es una experiencia interior que genera sus propias palabras, una suerte de *epiphaneia* verbal. La poesía, naturalmente, es forma, pero esa forma no viene, para mí, determinada desde fuera a dentro, sino desde dentro a fuera. Para mí, la vivencia interior es determinante a la hora de buscar una forma u otra de expresarse. Otra de mis diferencias con los «novísimos» es que no soy culturalista. Creo que en los poemas se nota un poso cultural, pero eso es distinto. Nunca está buscado como fin, ni como una especie de ostentación acumulativa. Los «novísimos» más que una generación del lenguaje, en algunos casos aislados, han sido una generación de la lingüística, y yo en eso no coincido en absoluto. No creo que un poema, que es malo, pueda convertirse en bueno por el peso de referencias culturales, sean lingüísticos ni de otro ámbito cualquiera de la cultura. El poema es bueno, o es malo, porque nos conmueva profundamente y nos comunique una experiencia sobre la realidad, no porque nos apabulle.

Con la generación última también tengo una diferencia bastante profunda. Parece que últimamente hay que hacer una poesía fácilmente asimilable, que se lea con rapidez, como el periódico, y que sea graciosa; se aplica a la poesía el concepto de lo divertido, cuando la diversión es lo opuesto al placer estético. Hay una tendencia a la superficialidad y a hacer una poesía menor, anecdótica, que se aleja de lo esencial, de lo profundo y de lo racial. Otra de las diferencias que me separa abismalmente de la última generación es que no es una generación ética. Incluso, te diría que vivimos en una sociedad, no donde no hay ética, que eso no sé si sería menos malo, sino donde el triunfo se ha convertido en ética. El pretender vivir de la poesía obliga a sujetar la obra de creación a una serie de condicionamientos que pueden perjudicar su ritmo interior o sus características. Es decir, tienes que producir algo que guste y que se venda y yo creo que el poeta, o el creador en general, no debe seguir el gusto que le imponen desde fuera, sino que debe crearlo.

SKU: En España, ¿tienen las mujeres las mismas oportunidades de publicar y dar a conocer su obra que los hombres?

AA: Sí, yo creo que sí. Lo que pasa es que las leyes que rigen la posibilidad de publicación, distribución y de alcanzar premios, no están ligadas al sexo, sino al poder. Y a veces, el poder se obtiene por el sexo.

SKU: ¿Te acuerdas de algún incidente en tu carrera poética cuando sentiste un perjuicio contra ti por ser mujer?

AA: Me acuerdo de dos anécdotas, muy curiosas porque los prejuicios, a veces, revisten matices sutilísimos. Una está relacionada con Carlos Bousoño y Vicente Aleixandre. Cuando yo todavía no había publicado el primer libro de poesía, Carlos Bousoño me pidió los poemas, los vio y se los enseñó, por propia voluntad, a Vicente Aleixandre. Ambos me decían luego, en sentido halagador: «Nos ha interesado mucho tu poesía, porque *no* parece escrita por una mujer.» Estos comentarios significan que ellos tenían un prejuicio contra la poesía escrita por una mujer o, al menos, tenían la idea de que la poesía escrita por una mujer tenía que ser amorosa y muy sentimental, algo blandengue y sin ideas, porque Aleixandre me dijo que lo que más le había interesado era la complejidad del pensamiento poético en lo que escribía. Tampoco se les puede tachar de ir desencaminados, porque yo he sido jurado en un premio, convocado sólo para mujeres, y en un noventa y tantos por cien, los originales que me han llegado hablaban siempre de una experiencia amorosa frustrada, que la autora desahogaba de una manera bastante ineficaz poéticamente.

La otra anécdota que puede ejemplificar la reticencia ante la poesía escrita por mujeres es la siguiente. Yo le envié mi primer libro a un poeta de Jerez que se llama Francisco Bejarano, que era director de la revista *Fin de siglo*. Nos habíamos conocido en casa de Jorge Guillén. Bejarano me contestó una carta que empezaba, diciendo exactamente: «Cuando recibo un libro escrito por una mujer, me pongo en lo peor.» A continuación añadía: «pero tu caso ha sido una sorpresa, porque el libro me ha gustado mucho». Yo debía haberle contestado: «Querido Francisco, cuando recibo un libro escrito por un homosexual, me pongo en lo peor.» Pero no lo hice;

porque es evidente que yo respeto más a los homosexuales de lo que él respeta a las mujeres.

SKU: El comentario de «no parecer escrita por mujer» es muy común, porque yo también lo encontré en un artículo de César Simón sobre *La honda travesía del águila*. Simón destaca la abstracción y la transparencia de la obra, y dice al respecto: «Tanto, que a veces parece la suya [o sea tu poesía] de hombre.»

AA: Durante cierta época, se ha oído por ahí decir a críticos o a otros poetas: «Si es mujer, no puede escribir buena poesía. Y, si escribe buena poesía, es que es lesbiana.» Es un intento machista de asimilar al hombre todo. Pero, si reflexionamos, es evidente que la mente creadora es andrógina. La moderna psiquiatría ha demostrado que todos tenemos los dos principios: el masculino y el femenino. Es probable que las mujeres hayan escrito poesía solamente desarrollando o desahogando, con todo el matiz peyorativo que, a veces, en poesía puede tener el desahogo, su lado femenino. Por otra parte, los poetas más sensibles han tenido que desarrollar tremendamente su parte femenina. La coexistencia de los dos principios sería muy importante en una obra, para que esa obra se entendiera como completa. Yo no diría de hombre o de mujer, sino de ser humano total, que es a lo que debería de tender toda poesía de gran alcance.

SKU: ¿Cúales son algunos de los poetas o escritores del pasado que han dejado huella en tu obra?

AA: En realidad las huellas prefiero que las detecten los críticos. Lo que sí te puedo decir son los autores que han sido preferidos por mí. Ante todo debo decir que yo me inicié en la poesía con los siglos de oro españoles (XVI y XVII). De manera que esos autores me son muy familiares y queridos. Es posible que se detecten esas influencias con menor o mayor facilidad, e incluso, a veces, con evidencia. En *Quevediana*, por ejemplo, es claro que la poesía de Quevedo me ha interesado, porque el libro es un homenaje (que no tiene por qué ser mimético ni equiparable) a la poesía metafísica de Quevedo, desde la poesía satírica. Me ha interesado mucho la tradicción española de poesía del pensamiento poético, poesía reflexiva, meditativa y profunda: Jorge Manrique; los místicos, San Juan de la Cruz en concreto; Quevedo, y luego, Bécquer, Rosalía de Castro, Juan Ramón Jiménez. He leído con especial interés ciertos autores del 27, Lorca, Aleixandre, Cernuda, Guillén y también algún autor de posguerra, como por ejemplo a Claudio Rodríguez. Si te tuviera que decir un poeta especialmente favorito, no español, te diría Rilke.

También me interesa Friedrich Hölderlin, dentro del romanticismo alemán; el T. S. Elliot de los «Cuatro cuartetos»; el aliento de la poesía visionaria, por ejemplo, de William Blake; Saint-John Perse, dentro de la tradición francesa; y muchísimo, los metafísicos ingleses. En la tradición hispanoamericana hay una figura femenina importante, Sor Juana Inés de la Cruz. Casi me interesa más la figura que la obra, teniendo en cuenta que Sor Juana fue una mujer que se metió en el claustro para poder dedicarse a una actividad intelectual, porque en su época no podía quedarse soltera y, casada, no hubiera podido dedicarse plenamente a desarrollar sus capacidades intelectuales.

SKU: Sin limitarte el género poético, ¿hay alguna otra escritora que admiras?

AA: Sí, Marguerite Yourcenar, cuya obra refleja el paradigma de lo que me interesa en una obra realizada por una mujer. Hay una anécdota que me gustaría reproducir aquí, de cuando a Marguerite la hicieron académica en Francia. Cuando ella entró, en el discurso que hizo, dijo que le daba mucha satisfacción ser la primera mujer que hubiera pisado la Academia Francesa. Después, el académico que la había presentado le hizo una objeción, que a mí me parece muy pertinente. Le dijo: «Usted no está aquí porque sea mujer, sino porque es una gran novelista.» Y añadiré otros dos nombres: Divna Barnes y María Zambrano. Las tres, grandes escritoras universales.

SKU: Hemos hablado de posibles influencias literarias. ¿Hay alguna otra arte que haya influido en tu poesía?

AA: La música, y precisamente por eso escribí un libro que se llama *Árboles en la música*, que saldrá pronto. Hay poemas míos que son meras transcripciones de lo que se ha generado en mí a partir de piezas musicales; incluso te podría precisar qué concierto, qué cuarteto y de qué autor ha producido cierto poema. Para mí la música es indisoluble de la creación poética, me llena de imágenes y de sugerencias. La música es mi hogar. Cuando oigo música es como si me crecieran árboles por dentro, y esos árboles son los poemas. Hay algo cinético también en la producción de las imágenes que está relacionado con la música. Se me ocurren frecuentemente los poemas cuando viajo en coche escuchando música. Si voy sola, he tenido que parar a escribir unas ideas para un poema y cuando he ido acompañada de otra persona, ha tenido a veces la paciencia de copiar lo que yo iba dictando. Ese elemento cinético y la música han sido sugeridores y determinantes en muchos de los textos que yo he escrito.

Las artes plásticas me interesan también mucho, no sólo la pintura, sino también la arquitectura. Intuitivamente mis poemas son muy construidos. Cuando luego los leo, me doy cuenta de que tienen un armazón muy arquitectónico. Estoy segura que ha debido de influir también el cine, aunque quizá yo no lo haya percibido con tanta evidencia como la música, porque es un proceso más diferido. Las artes, y también la naturaleza, han contribuido a darme un lenguaje, unas imágenes, pero la motivación profunda es siempre una experiencia. Yo escribo desde lo que soy y desde como soy, y al mismo tiempo, para mí, la escritura es una manera de ser o, como decía Píndaro, de llegar a ser lo que soy.

SKU: ¿Se refleja de alguna forma tu niñez en tus versos?

AA: Absolutamente. Todas las claves, obsesiones, recurrencias, temas e imágenes de mi poesía vienen de la niñez. La niñez tiene una tremenda fuerza y en mi caso está ligada a un entorno mediterráneo, porque yo soy mediterránea, y a unas circunstancias especiales. Precisamente es lo que intento expresar en *Cálculo de la derrota*.

SKU: En tu obra existe una fuerte unión entre la imagen y el concepto. ¿Cuál nace primero en el proceso creativo?

AA: El proceso es complejo y no se produce de la misma manera. Además, es difícil para uno mismo efectuar esa operación de introspección analítica. En general, tengo una intuición irracional de lo que quiero expresar y luego, de pronto, dé con el vehículo que sea más adecuado para ese contenido. Es un proceso apasionante, sobre todo porque yo escribo siempre de una manera motivada. Nunca me siento a escribir un poema sobre algo, sino que el poema se me inpone como una necesidad interior. Naturalmente, después, corrijo en frío, distanciada y disciplinadamente. El aliento del poema tiene que nacer de la vivencia y eso hace que, a veces, yo avance lentamente y también que trabaje en libros distintos. Yo no voy escribiendo poemas que luego ordeno en libros, sino que tengo una intuición del libro que quiero escribir, como una unidad estructurada, que se configura con una forma y una visión particular. A veces puedo escribir cierto tipo de cosas, y, a veces otro y por eso trabajo en varios libros a la vez. Puede parecer una forma artificial de escribir, pero en mi caso es todo lo contrario, es precisamente para no escribir de una manera mecánica o artificiosa.

SKU: ¿Cómo llamas al estado de disponibilidad, en el sentido de ponerte receptiva a la intuición?

AA: Es evidente que una condición importantísima para encontrarte con tu propio mundo interno, y para poder expresarlo, es la soledad. Yo necesito mucho tiempo interior para pensar. Para mí, el escribir un poema es el último estadío de un proceso muy largo. Con frecuencia, se me presentan los finales de los poemas al principio. Es como una última operación de síntesis, como el trozo de iceberg que queda fuera, pero luego, voy escarbando y escarbando y el poema va apareciendo. Ramón Buenaventura decía en *Las diosas blancas* que yo era una escritora tardía y lenta. Soy tardía en la publicación, pero no en la escritura, porque escribí desde que tengo uso de razón (si es que lo he tenido alguna vez). Y desde luego, lo que no soy es tardía en el sentido puntual de escribir, porque cuando realmente he dado con el poema, en seguida encuentra sus propios cauces expresivos y las palabras con que decirse. Lo que sí tardo mucho es en vivir el poema. Y a veces, en corregirlo.

SKU: Una de las raíces de la palabra «ludia», que da el título a tu primer libro, es «juego». ¿Qué papel tiene el concepto del juego en tu poética?

AA: Para mí, el juego nunca es sólo un juego verbal, ni un juego de palabras. Es siempre un juego trascendental y metafísico, que nos implica radicalmente, esencialmente. Y por tanto, generalmente, es un juego trágico, de límite, en donde interviene el amor, la muerte y el destino, que es un tema muy recurrente en mi poesía.

SKU: Como crítica literaria, has escrito mucho sobre la poesía del silencio. ¿Es tu propia obra creativa poesía del silencio?

AA: Llevo unos siete años trabajando en un libro de ensayo que se llama, *La palabra del silencio: la función del silencio en la poesía española a partir de 1969,* que acabo de terminar. Es mi tesis doctoral. El tema me ha interesado mucho y lo defino en ese libro, que verá la luz en breve. Es un proyecto amplio y además, siempre que me voy a meter en el ensayo, me surge un libro de poemas y dejo todo de lado para escribir poesía, porque es lo que más satisfacción me da. En la introducción del ensayo, digo que el silencio, entendido de una determinada manera, es una de las coordenadas que define la estética de nuestro siglo y que la idea partió de la Viena de fin de siglo y principios del XX y ya está en la filosofía de Wittgenstein. Ese sentir que se ha llegado al límite de lo que la palabra podría expresar y ese intento de forzar la palabra a decir lo indecible, yo creo que es la gran lucha del arte moderno, no solamente en poesía, sino en música, en cine, en filosofía, en pintura y novela. Hay toda una corriente de poesía, o de poética del silencio, en nuestra poesía a partir del 69. El gran introductor de esta inquietud fue Octavio Paz, y en la poesía española, el teórico de esa tendencia es José Ángel Valente. Como sucede con todas las tendencias y quizá con ésta especialmente, porque con frecuencia es una poesía breve, se ha hecho mucho manierismo y se ha intentado dar mucho gato por liebre. La búsqueda del silencio, o de la palabra llevada a sus últimos límites, nos ha proporcionado cosas importantes como, por ejemplo, la capacidad de síntesis, la anulación de una verbosidad retórica y cierta tendencia a lo esencial y también unos planteamientos radicales frente a la propia obra de arte.

En cuanto a mi poesía y la poesía del silencio, yo me he beneficiado de la adquisición de esa poética. Creo que el libro más asimilable a una poética del silencio, en algunos de sus textos, es el primero, *Ludia*. La poética del silencio tiene un riesgo cuando se lleva a sus últimas consecuencias, que yo advertí muy pronto, y es un nihilismo que nos lleva a la anulación de la palabra, e incluso al autosuicidio creativo del artista. Hay en mí una especie de instinto de vida que me lleva a huir de este tipo de trampas, en la que he visto caer a otros poetas que han llegado al extremo de la insignificancia. Yo me defendí, por una especie de salud mental relacionada con el instinto, de una tendencia que, intelectualmente, era muy atractiva, pero que podía llevarme absolutamente a la defenestración poética inmediata. El ensayo sobre la poesía del silencio sirvió para vacunarme, o distanciarme, de ese peligro y, sobre todo, para darme cuenta de que por encima de todo, yo quería hacer una defensa (y el final del libro lo es) de la palabra poética, desnuda, esencial y carente de retórica. El silencio sería el correlato indispensable, incluso el caldo de cultivo, de la palabra poética.

SKU: Antiguamente, se consideraba que los poetas, por ser receptores de mensajes, tenían algo de brujos o magos. Como poeta, ¿te sientes heredera de esa tradición?

AA: Los poetas, con frecuencia, son mediadores entre una revelación de la realidad, que se produce a través del lenguaje y otras personas, tan sensibles, conscientes y lúcidos como pueda ser el poeta, pero que no son capaces de formular las intuiciones en palabras. El poeta va tanteando, abriéndose paso a través de la palabra, en el misterio. A veces, la propia palabra le tira de la mano y lo arrastra y lo lleva hasta revelaciones que él mismo no sabía, racionalmente, que se podían producir.

SKU: Me gustaría ahora repasar algo más específicamente tu obra, comenzando con *Quevediana.* Para mí es un libro satírico muy arraigado en los sucesos y el lenguaje de la actualidad que representa un contraste con los libros anteriores, *Ludia* y *La honda travesía del águila.* ¿Inicia una nueva etapa en tu obra?

AA: No, en absoluto. Lo considero una aventura marginal pero no en total contradicción con la línea central de mi poesía. Más bien la complementa. El poemario parece extrovertido, pero es también muy reflexivo. La forma es diferente, pero en muchos casos los sonetos están reflexionando, de una manera sarcástica o irónica, sobre, por ejemplo, la sociedad, la forma de hacer crítica literaria en el país, aspectos de la política y los errores de los *mass media* que nos están invadiendo.

SKU: ¿Nace de tu interior como los otros libros?

AA: Sí, sí, nace de mi interior. Ya en el prólogo del libro decía que toda mi poesía es un *tour de force* con la realidad, y quizá este libro marcaría el punto de más proximidad referencial de la realidad en el poema. Es importante decir que yo no escribí los sonetos para publicarlos. Los escribí para mí, simplemente, en momentos de irritación, o de impotencia ante ciertas situaciones que no podía contestar de otra manera. Alguna vez me animé a leer unos en lecturas poéticas, tuvieron mucho éxito, y de pronto, una serie de personas se interesaron en que los publicara. Les puse un prólogo, en el que se explica el lugar que ocupan en el conjunto de la obra. Yo no hablaría de un giro radical, sino de un discurso poético paralelo, diferente. Los sonetos también son pensamientos poéticos, como lo era la poesía satírica de Quevedo, porque tienen un contenido crítico y moral, en el sentido de crítica de costumbres y, en algunos casos, ético.

La corriente fundamental de mi poesía, sin embargo, está en *Ludia,* en *La honda travesía del águila,* en *La cicatriz del agua* y en el libro que va a aparecer próximamente, que es *Árboles en la música.* Hay dos libros que llamaría colaterales; uno es *Quevediana,* que es una inflexión de poesía satírica. La otra ramificación lateral es un largo texto en prosa, que es poesía con las mismas leyes y características, que se llama *El cálculo de la derrota.* Ese texto es una evaluación de mi propia biografía en relación con mi obra. Revisa los elementos biográficos que han dado origen a obsesiones y temas recurrentes de mi poesía. Es un libro escrito desde un yo directo, con algunos párrafos tomados textualmente de poemas de otros libros, pero ahí funcionan como pistas biográficas de la obra. Creo que hay una estrechísima relación entre biografía y escritura, aunque normalmente en mi caso es distanciada porque no hablo directamente de la anécdota. Hay mucho camino, creado por un proceso imaginativo, entre la peripecia biográfica que motivó el poema y su tratamiento poético. La médula de mi obra es una poesía honda, reflexiva, metafísica y, a veces, contemplativa y visionaria. Esa es la corriente con la que yo me siento verdaderamente identificada.

SKU: Según lo que me acabas de contar, estás trabajando en tres proyectos distintos simultáneamente, ¿no?

AA: Sí, y tengo más, pero no quiero decirlo porque incluso a mí me agobia tanto proyecto. En estos momentos también estoy terminando de recopilar los textos sueltos de poética, de ensayo y de crítica, que están publicados en revistas especializadas y periódicos. Estoy terminando un artículo más que voy a añadir y un prólogo. Eso saldrá como un libro que se llama *Viajes y aventuras de interior: notas para una poética.* Y que va a aparecer en francés, publicado por José Corti en París, tal vez antes que en castellano.

SKU: Ya en *Ludia* hay algunos poemas que ponen de manifiesto las sutilezas del proceso creativo o los juegos del lenguaje, como «Marina», por ejemplo. Me parece que este enfoque se intensifica en *La honda travesía.* ¿Estarías de acuerdo en que poemas como «Recidiva» e «Himno» pertenecen a una vertiente de metapoesía?

AA: En el caso de «Recidiva», no. Ese poema es una descripción del fuego en tres momentos: cuando la llama prende, cuando la llama florece en todo su esplendor y cuando la llama se convierte en ceniza. Es un breve poema sintético cuya anécdota amorosa está muy borrada. Cuenta la historia de dos personas que se han amado mucho, que se encuentran después de mucho tiempo y la chispa del fuego vuelve a florecer, pero por un instante nada más. Luego deja «una tibia nevada de ceniza». Es muy difícil de ver la anécdota, si no conoces el entresijo, pero no es un poema metapoético, creo yo.

En el caso del «Himno», más que metapoesía, en el sentido en el que la hacían los «novísimos», hay una reflexión sobre el destino del poeta que es, por una parte, muy hölderliniano y también, en algún sentido, rilkiano. El poema está encabezado con una cita de Rilke que dice: «Cantar es ser», y lo que intenta explicar es el radical compromiso del poeta con su destino poético de ser hermeneuta o revelador. Intenta destacar todas las elecciones o las renuncias a que ese destino poético le obliga. Si te planteas la poesía como una cosita que se puede hacer de vez en cuando para conseguir éxitos de tipo social, como últimamente está de moda, y no como un destino, entonces el poema carece de sentido. Estoy segura de que la opinión de que *ser poeta es un destino,* a ciertas personas les despertaría verdaderas carcajadas; a mí, en cambio, me parece un compromiso trágico con mi propio ser.

SKU: Volviendo a «Recidiva», si no un texto propiamente metapoético, sí lo leo como un reflejo del proceso poético, de ese intento frustrado del poeta de captar un momento de plenitud.

AA: En ese sentido tu interpreteción demuestra que son válidas todas las lecturas fundamentadas. No intenté en absoluto hacer metapoesía en *La honda travesía del águila.* Es cuestión de la pluralidad de significados que puedan tener los poemas. El crítico José Olivio Jiménez, por ejemplo, me ha hablado de la metapoesía de «La ciudad empañada» *(La honda travesía).* Lo que sucede —creo— es que últimamente la metapoesía se ha convertido más en un hábito del crítico que la capta, que del propio autor que, a veces, no es consciente de que la hace. El tema del poema es la recuperación de los sentimientos gracias a una vivencia amorosa, precisamente la que en realidad motivó todos los poemas de *La honda travesía del águila.* Los sentimientos se habían secado y, de pronto, un amor intenso devuelve la capacidad de sentir, de llorar y de poder emocionarte ante algo. Después, me di cuenta que también se planteaban dos poéticas distintas, que quizá correspondieran a *Ludia* y a *La honda travesía del águila. Ludia* es un libro tremendamente contenido, donde parecía que el sentimeinto estaba marginado en la expresión directa. Recuerdo que hay un verso en «La ciudad empañada» que podría referirse a esa forma de escribir y que dice: «Las áridas aceras rotundas y concisas.» En *La honda travesía del águila,* la vivencia se expresaba de una manera más intensa, más directa, con menos cortapisas. Es decir, más fluida. José Olivio dice: «Más húmeda.» El cambio en la experiencia biográfica al que aludía como tema del poema, se convertía en un cambio de expresión también y por eso, el poema podía ser leído como metapoesía, es decir, como una nueva poética.

SKU: Me gustaría que comentaras el poema «Requiem, KV 626» *(La honda travesía),* que para mí sintetiza mucho de lo que me has contado sobre tu poesía.

AA: Es el «Requiem» de Mozart y justamente ese poema está en el centro del libro. Mozart me parece el gran genio de la música y dentro de sus obras, el «Requiem KV 626» me parece una de las cumbres. Siempre me produce una sensación de júbilo. Así como el «Himno a la alegría», de la Novena Sinfonía de Beethoven me produce una gran melancolía, el «Requiem» mozartiano me produce una sensación exultante, de un júbilo muy relacionado con la muerte. Tal vez sea el júbilo de la posibilidad de resurrección o de la superación de esa experiencia última. ¿Por qué está en el libro? El libro nació, como ya te mencioné, de cuestionarme la realidad y mi visión del mundo. El libro no cuenta la anécdota, cuenta la transformación y la metamorfosis interna que ha producido la experiencia amorosa, que en toda su intensidad no es ostenible y, por tanto, fugaz y, en consecuencia, trágica. Es como dice un verso de «Criaturas del gozo»: «¡Qué triste es el acorde fugaz de lo perfecto!» Creo que eso es lo que plantean las ideas musicales genialmente expresadas por Mozart en esa pieza: toda la enorme grandeza trágica de esa plenitud, de ese absoluto sometido a la fugacidad.

SKU: Para cerrar la entrevista, voy a hacer una pregunta que abarca toda tu obra. ¿Triunfa la luz o la oscuridad?

AA: Triunfa la luz, siempre con un correlato de la sombra, igual que la palabra, siempre con un fondo de silencio. Precisamente el poema «Criaturas del gozo» está muy conectado con lo que tú dices y revela mucho mi poética. Un lector superficial, o que se fije especialmente en el título, inmediatamente dice: «¡Ah!, claro, la exultación de la vida y los valores positivos, como en la poesía de Jorge Guillén.» Pero no es así en mi poesía. Exalto los momentos de plenitud en los que casi rozamos el absoluto y que se ve reflejado en «Criaturas», pero lo que se produce con más frecuencia es la consciencia de la sombra, desde la cual buscamos, a veces, desesperada o trágicamente, esa luz que sí es alcanzable, pero fugaz. Tal vez la poesía es una sombra que vuela hacia la luz.

Madrid, octubre de 1988.

(ventana)

*La lucidez mortal es ese cielo:*
*un vacío acotado de color.*
*El ojo no adivina si mira desde fuera.*
*Abolido el cristal,*
*un ave desolada atraviesa la frente.*

(*Ludia*)

CRIATURAS DEL GOZO

A Edith Zipperich y Antoni Marí

*Fuera inútil ahora preguntarnos*
*por qué el estío nos reunió entre sus manos claras*
*como cabellos que trenzaran un nido,*
*descifrar el emblema del hombre sobre campo*
*de trigos,*
*abrir en gajos*
*las estelas de azar*
*o la cita acordada*
*y ¿por quién?*
*que allí nos convocaba.*
*¿Conocer? ¿Para qué?*
*Sentir, saber y basta.*
*Todo está vivo aún*
*y es suficiente*
*porque vuelve palabra*
*la piel de esta certeza*
*y traslúcido el tiempo.*

*El palomar. La isla. Una hoguera de miel*
*donde sólo escuchábamos el rumor de la luz.*
*Como aquella mañana*
*hoy trasmina la tierra y era música*
*su blanco aroma a lienzos en el arca*
*de la memoria*
*que reconoce idéntico el espacio*
*y tan distinto*
*en que habitó el milagro:*
*aquí creció una yedra*
*de venas asombradas,*
*estalló la ensenada*
*en un clamor de cuarzos*
*y el remanso crujió*
*de flores amarillas.*
*Ya nunca moriremos*
*A pesar del dolor ya nunca moriremos.*
*Aunque es la entrega huida*
*de manos llenas y de pies ligeros*
*y apenas dura un mundo*
*la caricia total con que nos roza*
*como ala transparente la verdad.*
*¡Qué triste es el acorde fugaz de lo perfecto!*

*Pero escucha la voz*
*que nacía empozada*
*de la cueva:*
*franqueamos sus labios de verdines musgosos*
*y bajamos riendo al manantial oscuro*
*de la desolación.*
*Entreabría el destino la puerta*
*y aprendimos en su bisagra*
*el oxidado canto de la queja.*
*Pliegues de claridad nos iniciaban.*

*Pero afuera, cigarras calcinadas llamándonos a gritos,*
*crepitaban unánimes todos los girasoles*
*como un coro diáfano de astillas*
*y un pájaro de ámbar*
*cruzó de pronto el cielo.*

*Éramos puramente criaturas del gozo*
*a salvo del dolor por un instante,*
*no intactos sino indemnes*
*porque al regreso ya de tantas cosas,*
*entregados y plenos*
*a la tea que sacia momentánea*
*la escasez del exceso,*
*a la rama estañada que corona de dicha,*
*a los dátiles tibios que sonríe la tarde*
*con el mandil cuajado de manojos de agua,*
*en la fresca inocencia*
*de lo que ha derramado su medida*
*y grávido, rebasa y se concede*
*por gracia de esa tregua*
*con que a veces la vida nos regala:*
*ser y sernos tan sólo*
*y serlo todo*
*para justificar el universo.*

(*La honda travesía del águila*)

## SONETO BURLESCO A UN APOLO PARA NECIAS ACALORADAS

*Érase un hombre a un pito atornillado,*
*érase un mascarón superlativo,*
*érase el propio Falo redivivo*
*érase un torreón desenvainado,*

*érase un priapismo tan osado*
*que perdiera de vista hasta el ombligo,*
*un ciprés-surtidor intempestivo,*
*espolón pertinaz siempre engallado.*

*No le pidáis ingenio ni prudencia*
*porque exigirle fuera desvarío*
*a un Tarzán bien dotado, inteligencia,*
*o a un King-Kong miramientos y albedrío*
*que para consolar una impaciencia*
*hasta un orangután cubre el avío.*

(*Quevediana*)

## LIBROS DE POESÍA

*Ludia*, Madrid, Rialp, 1983
*La honda travesía del águila*, Barcelona, Llibres del mall, 1986.
*Quevediana*, Valencia, Poesía 900, 1988.

**Pureza Canelo**

CONVERSACIÓN CON

# PUREZA CANELO

Sharon Keefe Ugalde: ¿Siguen vivos en tu memoria el ambiente y la naturaleza de Moraleja y de esa parte de la provincia de Cáceres?

Pureza Canelo: Sí, lo que aparece en los versos es la fijación del entorno para irlo filtrando pausada y simbólicamente en los poemas. El pueblo, urbanísticamente, es un desastre, pero los alrededores son bonitos. Siempre he visto desde el balcón de mi habitación toda la sierra de Gata y cuando me he adentrado en los campos de regadío he sentido su belleza. La casa familiar también tiene cierto encanto, cierto sabor. Está situada en el centro del pueblo y rodeada de un jardín. Siempre ha tenido enredadera, que además aparece en mis poemas.

SKU: ¿Qué representa este lugar extremeño en tu poesía?

PC: Soy una poetisa autodidacta y visceral, aunque no lo parezca a veces, y lo que he hecho ha sido incorporar esa atmósfera rural: vocablos, situaciones, objetos. Lo he ido filtrando metafóricamente. Toda la simbología rural la he resuelto metafóricamente y desde mi capacidad a través de la palabra.

SKU: ¿Existen antecedentes artísticos o literarios en tu familia?

PC: Por parte materna, sí. Pero han sido antecedentes sin relieve, personas que no se dedicaron específicamente a la creación. Sí hubo un tío, hermano de mi madre, a quien le tengo dedicado un cuento. Conservo algunos manuscritos suyos. Murió muy joven y me parece que tenía madera de escritor. El precedente familiar es por la vía de la sensibilidad. Una familia, los Gutiérrez Sánchez, tiene ciertas peculiaridades a la hora de interpretar el mundo y de vivirlo, de hacer las cosas un poco a su aire, desencajada a veces de situaciones sociales y actuales. Van a lo suyo, salen por la tangente cuando les parece oportuno y se quedan tan tranquilos, poco materialistas y, por tanto, generosos.

SKU: ¿Me podrías decir algo de las mujeres de tu familia? ¿Cómo era tu bisabuela —según lo que te han contado, porque no sé si llegaste a conocerla— tu abuela, tu madre?

PC: Mi bisabuela, Petra Sánchez, hizo cosas muy originales. Tuvo un problema con la única hija que se casó menor de edad en contra de su consentimiento. Mi bisabuela recurrió a los altos tribunales. Finalmente perdió el juicio y la hija no tuvo que regresar a la casa familiar. Pero fue tan complicado el proceso legal que por ello cambió oficialmente la mayoría de edad para la mujer en España, que pasó de los veinticuatro a los veintiún años. Quedó como un caso importante en la historia jurídica. Mi bisabuela fue una mujer interesante, viuda joven con dos hijos, ella llevó la hacienda, intervenía en proyectos de ingenieros que iban al pueblo a hacer puentes o a construir carreteras. ¡Imagínate, hace tantos años! Pasó por una mujer extraña. La prueba es que había una obra de teatro en el pueblo donde aparece Petra Sánchez como personaje de la Villa. Mi abuela también era una persona de pueblo, muy cariñosa, especialmente caritativa, madre de nueve hijos. La he conocido ya mayor y era inteligente la abuela Leonor. Mi madre, que lleva su nombre, es mujer de gran sensibilidad, le gusta mucho la música y aprendió a tocar el piano. Luego se casó dedicándose a los hijos. Ella aparece en el contexto de algunos poemas, donde además está con su nombre, Leonor Gutiérrez.

SKU: Algunos de tus primeros poemas revelan una niña de carácter rebelde. ¿Crees que puede existir alguna relación entre esa rebeldía y la vocación poética?

PC: Sí. Tuve una niñez y adolescencia rebelde, y voy camino de una madurez también rebelde; además, creo que es una de las constantes de mi personalidad. Rebeldía fundamentalmente de pensamiento, sobre el mundo y lo que me rodea. A veces también aparece una rebeldía irracional. Y sí, creo que hay una relación entre todo esto y la vocación poética. No sólo una relación, te diría que en mí es sincronía.

SKU: ¿Qué papel tiene la temática de la mujer en tu poesía? Me refiero a poemas de *Celda verde,* como «A mi madre», que celebra la sexualidad femenina, y «La herencia que quiero», que es una súplica del derecho a escoger una vocación poética.

PC: Tengo algunos poemas muy significativos en esa dirección. «En confianza», de *El barco de agua,* es una revelación del tema: yo como mujer física, humana y al mismo tiempo yo mujer, dentro del poema.

SKU: ¿Tiene el poema «Poema del diario» *(Habitable)*, en el cual introduces unos versos de Pablo Neruda de *Odas elementales* y hablas de la «mujer invisible», alguna intención feminista?

PC: Yo decía ahí que el individuo no era sólo ese de carne y hueso, oprimido socialmente, que tanto canta Pablo Neruda, el zapatero, el carnicero y el picador de piedras... que es un ser como más visible. Pero también es hecho del dolor, de la pasión, de la soledad, y del sufrimiento interiorizado, no son tan cantados por el poeta Neruda en esas *Odas.* De ahí que yo me llame «invisible», pero en ello no hay connotación alguna feminista.

SKU: ¿Pertenece ese dolor tanto a la mujer como al hombre?

PC: Yo no diferencio el latido o el sentimiento a la hora de acercarme al ser humano, a su verticalidad sobre la tierra. Sin embargo, es posible que algunos poemas míos hayan salido con el sello de mi condición biológica, cosa que suma, no resta. A la hora de interpretar el mundo uno escribe sin pensar en que sea poesía hecha por mujer o por hombre. En esa geografía interior un ser que ama, vive, sueña, el sexo es sólo un accidente, o más: un complemento enriquecedor. Es el propio misterio o sabiduría en el poema y su mantenimiento a lo largo de los versos lo que marcará la obra creadora bellamente organizada, perseguida al menos, pero nada de eso tiene que ver con el accidente de uno u otro sexo.

SKU: ¿Hay algunos poetas que hayan dejado huellas en tu obra?

PC: Yo adoro la creación poética, me importa, me domina. Desde pequeña, fue por instinto. Entonces, toda buena poesía es para mí un producto revelador. Debo decir que más que influencias, tengo admiraciones fecundas que han aportado seguridad en mí. Es decir, cuando yo alargo el verso porque quiero, es que tengo la seguridad de que alguien mejor que yo lo ha alargado, o cuando toco un tema muy personal, ya he visto en otros que eso se puede hacer. Esa es la influencia más directa que puedo reconocer de mis lecturas. Claro, me estoy refiriendo en todo momento a poetas fundamentales, clásicos o no.

SKU: ¿Sientes que existe una tradición de poesía femenina hispánica?

PC: Creo que una tradición por escrito, no. Seguramente había mujeres que escribían, pero que escribían igual que lloraban, y después lavaban el pañuelo, debido a los sistemas establecidos en la historia respecto a la educación de la mujer. Lo que sí ha habido son unas individualidades magníficas, como Santa Teresa, Sor Juana

Inés de la Cruz. Yo creo que la afloración ha sido en el siglo XX, arrancando con Carmen Conde en el año 1929. Esa mujer abrió las compuertas. No de todos sus libros se puede decir que mantienen un nivel magistral, pero la historia la acogerá con un gran respeto desde cualquier ángulo de la revisión necesaria.

SKU: ¿Te mantienes en contacto con las mujeres escritoras actuales?

PC: Sigo sus publicaciones, porque muchas me las envían y mantengo una relación muy cordial con ellas. Después, lo que no hago es grupito. Las mujeres, es curioso, no hacen ese grupo de apoyatura que a veces otros hacen. Por otra parte, me parece correctísimo no andar con juegos de ir apoyándose a sí mismas, eso es ridículo. Pero en el campo de la política y de las feministas que andan por el mundo, ese es otro tema. Mantengo una relación muy normal, disfruto y me alegro mucho cuando aparece un libro. Me encanta que la voz de una mujer más joven, o de mi edad, por ejemplo Clara (Janés), se vaya afirmando. Y, de verdad, el tema feminista no es mi fuerte.

SKU: ¿Cómo ves el *boom* de las poetas españolas de los últimos diez años?

PC: Verdaderamente es una explosión que hay que analizar desde el punto de vista sociológico, no puramente literario. La mujer española empieza a estudiar, a incorporarse a la sociedad contemporánea, en la universidad, en el trabajo, en el terreno familiar con una independencia económica y el producto empieza a ser bueno en todo. Hay que partir del nuevo panorama social para entender todo esto y, por supuesto, el estallido en la literatura ha sido similar. Ahora, esas voces creadoras tienen que consolidarse. Es lo de siempre. No es suficiente dar la campanada con un libro bueno, interesante, sino mantener la vocación y la cronología de publicaciones a ver hasta dónde se dilata esa voz, esas capacidades, ese reto de la creación.

SKU: ¿En los años que llevas publicando, has observado alguna situación en la cual una escritora recibiera un trato distinto por ser mujer? Es una forma indirecta de preguntarte si sabes si existen o han existido manifestaciones de prejuicio en contra de la mujer escritora.

PC: En mi caso, he sido una escritora que ha recibido un trato muy bueno y me estoy acordando de cuando me otorgaron el premio Adonais en 1970. Hay que profundizar y ser sinceros y analizar lo siguiente: en este país donde no es fácil todavía que la mujer pueda destacar, lo de un premio es un poco escandaloso y espectacular. Justamente por novedad, todos los puntos de mira están ahí en observación de esa mujer que se distingue. Y el trato es bueno y sobrepasa al que se le daría a un muchacho. Pero hay que tener cuidado porque esa especie de atención es resbaladiza y se puede volver en contra, ya que cuando no se tiene demasiada entidad, y eso no tarda en descubrirse, el apoyo y el favoritismo pueden diluirla. O lo contrario: me han ocurrido cosas de verdadera distinción que tampoco eran normales, precisamente por no mezclar lo social literario con la vocación más sólida e íntima, jamás manoseada en lo externo.

SKU: ¿Cómo resumirías entonces la posición de la poeta española de posguerra?

PC: Creo que a las mujeres que, a partir de la guerra han escrito, se las conoce. Y hay ciertos nombres que están ahí, aunque no han recibido premios, ni existía la difusión en los medios de comunicación de hoy. Hay mujeres que se han mantenido en estas últimas décadas haciendo una obra dignísima. Cuando se asienten todas estas aguas del *boom,* se empezará a ver la claridad en el bosque. Yo creo que, de verdad, la discriminación puede ser laboral, temas de mano de obra barata, etcétera, pero en cuestiones de creación literaria, sería una frivolidad decir que hay o hubo una discriminación. También se puede hablar entonces de la discriminación que ha habido en los varones que estaban en las provincias españolas y que no tenían acceso a la «corte literaria» de Madrid. No se puede hablar de discriminación de la mujer sistemáticamente en este terreno, en otros, de leyes y de asuntos puramente jurídicos, hubo un momento que sí, pero ya desapareció en los países desarrollados o va camino de desaparecer.

SKU: La escritora puertorriqueña Rosario Ferré sugiere que la inmovilidad y el espacio limitado en que vivía tradicionalmente la mujer la llevó a una escritura intimista. ¿Tiene este planteamiento algo que ver con tu obra?

PC: La poesía siempre es intimista. Es intimista la poesía épica, o la poesía más descriptiva. Es una lucha vestida de misterio hacia la penetración, o de que te penetre el mundo. Y surge el derramamiento del agua, de toda esa intimidad sobre la cuartilla. Es posible que recluirse el ser en su propia intimidad le lleve a una concentración de escritura y de soledad para crear, pero como un condicionante y una exclusividad de que eso es lo único que ocurre siempre, no. Mi caso particular: ha habido momentos en mi vida más vitales, más de esplendor, más de comunicabilidad con el mundo y he escrito poesía. Y también he escrito cuando estaba replegada, por una crisis interior, o por una preocupación del tipo que fuera.

SKU: La poeta americana Emily Dickinson expresa la idea algo paradójica que sólo encuentra la libertad cuando está encerrada en el cuarto donde escribe. ¿Tienes una actitud similar frente a tu creación poética?

PC: También encuentro la libertad fuera del cuarto, pero dentro del cuarto de la escritura, *siempre* tengo libertad. Y a veces voy al cuarto para recuperar la libertad. Otras, salgo del cuarto de la escritura para encontrarla. Ambas situaciones son igual de jugosas y de vivas y de humanas. Por cierto, me asombra cada vez más la poesía de Emily Dickinson.

SKU: ¿De qué manera puede afectar el papel tradicional de la mujer dentro de la familia en su vocación poética? La idea de que el papel de la mujer es casarse, estar en casa y cuidar a los niños...

PC: Eso no lo he experimentado. Imagino que debe tener su conflicto, porque el escritor, hombre, mujer, que se concentra en su cuartilla, en su «mundo», y a quien le resulta indispensable vivir cultura, arte, que sale al cine y al teatro, y hace tertulias con los amigos, tiene una vida social que a lo mejor no es la tradicional en los horarios familiares. Intuyo que debe haber ahí un choque. Sin embargo, hay señoras que han estado casadas, con hijos, con problemas económicos, y escribieron su obra. Te pongo el ejemplo de Rosa Chacel, que es una mujer que tuvo que luchar mucho para sobrevivir. Ocurre, pero creo que no debe ser fácil conseguirlo.

SKU: En tu obra, sobre todo en los primeros libros *Celda verde* y *Lugar común* y también en *Habitable*, detecto una huella vallejiana, más notable en el empleo limitado pero sorprendente de palabras domésticas y coloquiales. ¿Es César Vallejo uno de los poetas que admiras?

PC: Como te dije antes, recojo mucho del exterior, objetos, circunstancias, tonos coloquiales y lo voy filtrando en mi verso. Recuerdo que en la primera lectura poética que di de *Lugar común* después del Adonais, hubo un señor en el coloquio que me dijo: «Hay que ver, qué poesía tan vallejiana.» Y me quedé sorprendida, me asusté. Me quedé pensando: «Tengo que saber quién en ese poeta.» ¡Qué descubrimiento! Yo era una joven que estaba en el balbuceo de la poesía en *Lugar común*, pero esa pregunta que me hizo el señor después de mi lectura me llevó a que comprara los libros. Y me quedé maravillada de César Vallejo. Es de los poetas que más me hacen temblar a veces.

SKU: Frecuentemente, cuando los críticos describen tu obra, hablan de una torrencial fluidez y de una tumultuosidad. ¿Tiene esa característica algo que ver con el fluir de la conciencia surrealista?

PC: Tiene que ver fundamentalmente con el fluir metafórico que en mí es pura espontaneidad de la palabra. Las palabras están como en una enorme frutería. Ahí están para elegirlas y llevártelas o no llevártelas. Entonces yo voy cogiendo del inmenso mundo frutal incluso palabras que en sí mismas son «antipoéticas». He incorporado muchísimas en los versos, milagrosa y difícilmente, me han funcionado, han entrado sencillamente en el espacio lírico. Pero todo es debido a un instinto, a esa cosa torrencial que dices, al libertinaje que tengo a la hora de escoger los vocablos, de incorporarlos y mecerlos. No sé hasta qué punto se puede hablar de un superrealismo. Esta pregunta me la han hecho muchas veces y nunca he sabido contestar.

SKU: Tu obra contiene palabras cuya significación va enriqueciéndose a través de un libro en particular e incluso a lo largo de tu producción. He seleccionado algunas para que me digas las connotaciones que te traen a la mente. Por ejemplo: surco.

PC: Vida.

SKU: Hiedra.

PC: Ser.

SKU: Hormiga.

PC: Sueño, de soñar.

SKU: Esquina.

PC: Duda.

SKU: Cesta.

PC: Ternura. Efectivamente, yo he andado mucho sobre los surcos, por los campos de mi tierra. Toda mi casa es una hiedra entera en verano; entraba hasta las habitaciones. La hormiga: soy una persona que me he pasado las horas sentada en el campo, mirando, mirando. He visto muchas hormigas. Las hay morenas, las hay rubias, las hay gorditas, las hay altas. Son un encanto. La esquina: he correteado por todas las esquinas del pueblo, he sido una niña muy valiente, de entrar y salir sin miedo, en bicicleta o trepando. He visto tantas cestas llenas de huevos, de higos, de dulces, que claro, es lo que te decía antes, he filtrado todo lo que vi, todo mi entorno más vivo.

SKU: ¿Cómo concibes la relación entre la poesía y la pintura? Te pregunto por los poemas que dedicas a tu hermano pintor.

PC: Están relacionadas porque por vasos comunicantes todas las artes están en la misma esfera. Hay más de un poema dedicado a mi hermano, porque he observado mucho cómo pintaba, cómo mezclaba, empezó muy joven, como yo a escribir, en casa. Había un cuarto que llamábamos el de la inspiración, donde no permitíamos que entrara nadie, excepto la chica que nos llevaba el café o el chocolate, y a mi madre, que siempre nos subía la merienda. He tratado de acercarme a su pintura e interpretarla en el poema, pero también al ser que estaba detrás de la pintura.

SKU: ¿Cuáles son los tres ingredientes básicos de tu poesía?

PC: Sin orden de prioridad te diré: 1) amor a la creación poética; 2) libertad y atadura a esa creación; 3) voz nunca mimética que se esfuerza con la autocrítica constante.

SKU: En *Tendido verso,* parece existir un conflicto entre vivir la vida en el mundo real y vivir la vida creada por la palabra, como si amar a un ser de carne y hueso pudiera traicionar el amor a la poesía. En otros poemas el desdoblameinto de la voz es señal de la dicotomía. ¿Qué importancia le das a este conflicto en tu obra?

PC: Es un conflicto clarísimo en todas mis entregas poéticas. Es decir, yo no sólo canto el paisaje, el amor, o lo que me circunda y conmueve, sino que hay una parte extensa de mis versos donde me peleo con la poesía, me peleo con la palabra y es una compañía que se clava con el propio discurso lírico porque es la lucha del creador con su creación. La poesía o el acto creador o la materia que es el lenguaje, que es barro para la belleza, forma parte fundamental de mi inspiración. Igual que puedo cantar un atardecer o la soledad, hablo con el poema, porque me está buscando, me está provocando el canto como animal que corre por la tierra. Por eso me di cuenta de que tenía que hacer esas poéticas, de hablar de tú a tú a la palabra, de tú a tú a la poesía, de tú a tú al latido. En una etapa de mi creación he ido instalándome, recreando, una poesía de lenguaje.

SKU: ¿No como parte de una tendencia generacional?

PC: No me considero metida en el saco generacional. Porque rompo el esquema de la poesía culta. Voy a la poesía del lenguaje instintivamente, como llega el perro ovejero al río. De ahí que sean unas poéticas vibrantes, temblorosas y poco frías.

SKU: En la poesía siempre existen puntos de convergencia entre la obra poética y la autobiografía del escritor/a, pero pueden ser muy directos o muy filtrados. ¿Para ti, cómo es esa relación?

PC: Absolutamente compacta. Mis versos nacen de una experiencia humana. Entregarme a la poesía me ha hecho resolver situaciones ajenas a ella —vida profesional, vida de trabajo, vida de diálogo y entendimiento con los seres que tengo a mi alrededor— porque la poesía me ha dado un conocimiento de tantas cosas que lo he aplicado al mundo cotidiano, real. Y viceversa. Yo no puedo escribir y hablar de la hormiga y la hiedra, y de todo lo que hemos hablado, si no hubiese cogido hormigas con las manos, si no hubiese masticado las hojas.

SKU: ¿Son tus momentos de inspiración poética como trances místicos?

PC: Cuando era adolescente, sí. Me transfiguraba en el sentido de que pasaban muchas horas y no sabía si había pasado una o ninguna. Sin embargo, hoy soy más consciente del tiempo que dedico a la escritura. El proceso es más lento después de estar semanas sin escribir nada. El libro que tenga entre manos, siempre quiero que sea un libro motivado y cuando palpo todo eso en mis adentros, digamos que estoy en trance.

SKU: ¿Es por naturaleza doloroso y solitario el proceso poético?

PC: No es solitario, es doloroso. Fundamentalmente doloroso. Solitario, no. ¡Qué va! Estás contemplando y creando mundos. Es solitario físicamente, porque claro, no puedo escribir en una cafetería. Pero de solitario nada. Es la compañía absoluta.

SKU: ¿Qué hace la lucha creativa más difícil: la negación de la visión o la cortedad en el decir?

PC: A mí, me cuesta más la visión. La negación de la visión, eso es terrible. Incluso en el momento en que creo que estoy haciendo mejor la escritura, también tengo esa sensación de la cortedad de la visión. Por eso he dicho muchas veces que mi gran drama es que me doy cuenta dónde está el aldabonazo de la verdadera inspiración y me doy al mismo tiempo cuenta de que no la tengo del todo, que falta un punto, que falta algo, que se me escapa. Y sé dónde puede estar. Y estoy al límite de cogerla, pero no va a pasar de ser una visión corta. Llega un momento en que digo: «No te han regalado cuando naciste la gotita final para hacer una poesía total.» Te lo digo con humildad, porque puede interpretarse como lo contrario.

SKU: ¿Cómo transforma tu visión poética la división racional del tiempo en pasado, presente y futuro?

PC: Precisamente como de pronto soy irracional en aspectos humanos, escribiendo hago la poesía a veces bastante irracional, donde suelen estar bastante mezclados pasado, presente y futuro. Es casi una poesía intemporal y así es que puedo pasar de un verso a otro con facilidad. Es una poesía sin tiempo determinado, aunque a veces sí tengo poemas ajustándose a situaciones, lugares, momentos ciertamente tangibles.

SKU: ¿Tiene tu obra algunas características que normalmente se asocian con la generación de los setenta, como por ejemplo alguna semejanza con la poesía del silencio?

PC: Te voy a hacer un chiste malísimo que me ha pasado por la cabeza alguna vez. Para mí es un confusionismo eso de la poesía del silencio. Yo digo simplemente que hay una serie de personas que dicen que están haciendo esa poesía del silencio, y tal vez la mejor poesía del silencio que podrían hacer es callarse.

SKU: ¿Por qué el lenguaje es insuficiente para expresar la intuición?

PC: Sí, pero ¿queda insuficiente intencionadamente por parte del autor? Sería una buena poesía si de manera consciente el autor calla tanto como sabe. Cuando la poesía llamada «del silencio» dé un poeta representativo de categoría, entonces sabré yo lo que es tal poesía o, por lo menos, entenderé a qué viene ponerse de moda el término.

SKU: Cuéntame sobre lo que estás escribiendo en este momento. Mencionaste una trilogía.

PC: Al mismo tiempo que estoy haciendo lo que puede ser la Tercera Poética, tengo otro libro de poemas más breves, más diáfanos, más de síntesis. Para mí cada libro ha supuesto una aventura humana, de vida y creación, pero también en esas entregas estoy dejando constancia de una manera de interpretar, de hacer —dentro de la íntima dificultad— un libro. Es decir, que el último no dependa del anterior ni el anterior del anterior, sino que cada libro sea una pieza orgánica, con vida propia, cerrada, esférica, y donde no se viva del cuento. Yo podría estar escribiendo siempre como en *Habitable*, pero mis libros son entre sí como vidas ajenas, al menos complementarias, claro, por toda la carga de la experiencia de la escritura anterior, y que soy la misma persona pero evolucionando. Entonces al menos quedará constancia de una vocación cumplida, y de que sumados todos los libros se observe una cronología poética coherente, honesta, verídica, la alegría de decirme a mí misma: me enamoró la creación y la he amado.

SKU: ¿Tiene título el nuevo libro?

PC: Estoy a punto de resolver la duda, barajo: «Zarpamos» y «Pasión inédita». Se trata de mi primer poemario íntegramente amoroso. Dudo también de hacer esta dedicatoria: «Qué tiempos de amorosas caballerías poéticas, hace falta escribir temblor.» Como verás, se trata de un clarísimo reto, pues se ha escrito mucha poesía amorosa en esta última década. El poema final lleva el título «A contra moda». El libro verá la luz en el otoño del noventa. Mientras tanto, trabajo en la Tercera Poética para en su día sacar la Trilogía completa en un solo volumen junto con *Habitable* y *Tendido verso.* Pero no he decidido el título.

SKU: ¿Más proyectos a la vista?

PC: Lo más importante, vivir, que es mi único y mejor libro. Claro que vivir supone seguir cruzándome los mares de la creación siempre a punto de encresparse y la poetisa no puede desaparecer ahogándose en el empeño. Tengo la certeza más íntima de no poder abandonar la creación poética, vivir.

Madrid, noviembre de 1988.

## POEMA DE AL AJEDREZ, AL AJEDREZ

*La Selva está aquí porque ha sido invitada.*
*Ha venido, ella, espacio movedizo*
*para que yo lo ame en desbandada de mujer*
*desnuda que lo es para su firmeza de brotes,*
*sutileza que me convierte en precipicio*
*de cantidad.*

*Voy a enamorarme otra vez de un mundo mortal,*
*por la palabra que sólo va a pertenecer a mis huesos.*
*Si entráis en este hojaldre, que para eso es,*
*os costará entrar porque a mí se parezca.*
*Venid entonces a la capacidad del Dulce.*
*Tanto el lingüista como el poeta estropajoso*
*van a saltar al ajedrez de mi apetecido amor.*

*Habitable* (*Primera poética*)

## AVE QUE ESTRENO

*Pájaro grande cuando el de los membrillos todo lo va dorando. Setiembre del mundo y un silencio volador de la siesta a la noche levanta hierro o sueño abrazados a esta sombra en libertad. ¿Qué otra cosa podría anillar si no estuviera sometida a la excitación de una vida conquistada por verso? ¿Qué abanico, cautiverio, demostración, esperanza, se atreviera a romper la honda del ave que conmigo estrena palabra y ser? Avanzo, Subo, es el desvelo en el camino del aire y son las hierbas más fuertes del verano entusiasmadas por la robusta causa sostenida. Y subo más. Pierdo cantidad de cuerpo con el temblor que subsiste en la travesía definitivamente amor.*

*Setiembre me ofrece los sueños que raramente son pronunciados con fe y vuelco de carne y hueso en la palabra entreabierta, algo que domar, brillante el pico, cuello negro y capuchón sangre tórtula. El resto será perseverancia en el vuelo y doblar las baldosas del pensamiento como quien descubre el mundo arriba de la esfera: ¿Haber tardado tanto tiempo en atreverme a volar? La creación no es más limpia que vivir y algunas veces ella viene en los brazos del poema solitario, dulce,* tendido. *Estado que retoma el peso de los días humanos para hacer el quiebro de mayor vida, mejor torpeza, elevado grado de confesión.*

*Avanzo, Subo mucho más, Convulsiones, Soledad, Laberintos extremos, Conciencia despeñada aparecida enferma en cualquier rincón del alma. Una criatura, una cinta para colgarla en la sala interior de los otros, de la pobre pero única capacidad mía. No es un sueño de aire, respiro para llegar a ello. Acaso sean retazos de cielo dirigidos a un libro pudiendo llamarlo por su nombre o la distancia a recorrer en una isla del dorado olvido como pájaro que se clava mejor por su hondo pico. Esta celebración de* verso *y yo.*

(*Tendido verso. Segunda poética*)

ESTANQUE DE ABRIL

*¿Eres tú*
*o soy yo*
*Narciso?*
*Dejemos de beber en esa fuente*
*y vamos al regazo, amor mío*
*destapando la esencia*
*cuerpo a cuerpo no borroso*
*del tiempo sin fisura*
*ni compasión por los mortales*
*ajenos a la enorme*
*conversación de cuando se ama*
*en la vecindad de sus casas*
*cruzándonos la selva*
*de la tierra magnífica.*

*¿Eres tú*
*o soy yo*
*la maravilla*
*al fondo?*
*Si te duermes abandonarás*
*la poesía de mi estanque*
*la poesía del recuento*
*la poesía nido en alto*
*la poesía del rayo abril*
*la del tesoro cuando*
*se desgranan las horas*
*de tu boca*
*en mi ser como castigo.*

*Si tu cuerpo*
*oprime mi pensamiento*
*escribo lo mismo*
*de la travesía*
*y dudo si es amanecer*
*o si es noche, mediodía*
*crepúsculo pero sí hace*
*sabe a amor.*

(*Pasión inédita*)

LIBROS DE POESÍA

*Lugar común*, Madrid, Adonais, 1971.
*Celda verde*, Madrid, Nacional, 1971.
*El barco del agua*, Madrid, Cultural Hispánica, 1974.
*Habitable (Primera Poética)*, Madrid, Adonais, 1979.
*Tendido verso. Segunda poética*, Madrid, Caballo Griego para la Poesía, 1986.
*Pasión inédita*, Madrid, Hiperión, 1990.

Rosa Romojaro

CONVERSACIÓN CON

## ROSA ROMOJARO

Sharon Keefe Ugalde: Como en tus libros no aparece ningún resumen biográfico, me gustaría comenzar con alguna pregunta al respecto. ¿Me podrías decir algo sobre tu niñez y los lugares donde has vivido?

Rosa Romojaro: La verdad es que siempre he intentado, de algún modo, soslayar los datos biográficos. Desde que hay que empezar a hablar de ellos ya me siento incómoda. No me gusta nada decir la edad que tengo, como si me sintiera culpable de algo incorrecto, de un delito no cometido con mi mano, o cometido inconscientemente, creo que se debe a que he dejado escapar el tiempo en muchas ocasiones, y pienso que debo de sentir un deseo ilusorio de marcha atrás. Pero, ¿ves?, éstos son ya datos casi psicológicos, y es lo que pasa, o a mí me pasa, cuando hablo de mí misma: que tengo una cierta inclinación a ir indagándome mientras hablo. Intentaré ser lo más objetiva y lo más escueta posible: decirte algunas cosas, las primeras que se me vayan ocurriendo.

Nací en Algeciras (Cádiz), en diciembre de 1948. Fui la menor de cuatro hermanos (realmente cinco, la mayor, Carmen, murió siendo muy pequeña: no llegué a conocerla). Entre mis dos hermanas y mi hermano y yo había (entonces) bastante diferencia de edad, de modo que con quien compartí la niñez fue con mi hermano. De todas maneras creo que fui la que pasé más tiempo con mis padres, porque los demás estudiaron en colegios internos desde siempre y mis hermanas se casaron pronto. Mi padre era médico y tenía la consulta en la propia casa, así que entre los enfermos instalados en el «corredor» de espera y los familiares, las visitas, etc., del interior, la casa era un trasiego continuo de gente. Mi lugar favorito era el tejado, la azotea. Allí jugué a las «casitas» y leí a Platón. Mi madre también tuvo su independencia económica. Siempre fue para ella un orgullo haber estudiado cuando las mujeres apenas lo hacían: se hizo maestra y, después de unas oposiciones, trabajó en Madrid en un ministerio. Cuando se casó la trasladaron a la Escuela de Artes y Oficios de Algeciras y, aunque llevó su puesto de una forma muy cómoda, allí se jubiló en activo.

Me demoraría mucho más en estos años que son por los que siento mayor nostalgia. Luego, pasé también la prueba del internado (fue aquí en Málaga, tenía once-doce años) y no pude con ella. Creo que las secuelas inmediatas del trauma determinaron bastante mi vida posterior. Sufrí de insomnia más de un año y no sólo perdí un año de estudios, sino que perdí el contacto con mis amigas de siempre y me aislé bastante. Con esto, pienso que acaba mi niñez alegre y descuidada y empieza una etapa de desconcierto, a veces de estupefacción, que en ocasiones, según las circunstancias externas, vuelve a hacerse costumbre.

Me preguntas por otros lugares donde he vivido. Después de esta etapa Algeciras-Málaga, hice el Preuniversitario en Madrid (parece ser que mis padres quisieron apartarme de «un-novio-que-no-te-conviene») y, luego, Filosofía y Letras, primero en Sevilla —los «comunes»— para terminar en Granada, una vez casada con aquel novio y separada, nuevamente en Málaga, con dos hijas pequeñas y toda la vida por delante. Comencé a escribir pronto, relatos más que otra cosa, y a publicar en revistas de la facultad. Después de los años de silencio total del matrimonio sentí una gran necesidad de expresar las cosas dolorosas que tenía guardadas y empecé a escribir poesía.

SKU: ¿Actualmente estás de profesora en la Facultad de Filosofía y Letras aquí en Málaga?

RR: Hasta hace poco he sido profesora de instituto. Ahora trabajo en la Facultad. Doy asignaturas que me interesan mucho, «Crítica literaria» y «Retórica y poética», y también he encontrado diferencias positivas entre los alumnos de uno y otro sitio. Estoy contenta con el cambio, a pesar de que me absorbe mucho este trabajo y me encuentro más privada de tiempo para escribir, pero esto quizá se debe también a que llevo una temporada ajustando la vida a otras condiciones (cambio de casa, etc.) y me han desbordado los acontecimientos.

SKU: ¿Existen antecedentes artísticos en tu familia? ¿Escritores, pintores, músicos?

RR: En mi familia más inmediata ha habido gusto por el arte, afición: mi madre escribe y pinta bastante bien, mis hermanas también tuvieron afición a la pintura. Pero nadie que yo recuerde se ha dedicado profesionalmente a las artes.

SKU: ¿Cuál crees tú que es el mayor factor en tu formación cultural?

RR: Creo que la base de mi formación está en estos años de los que te he hablado. Nunca leí tanto como en esta etapa de niñez-adolescencia. Primero, todo lo que había por la casa; luego, el placer de seleccionar y comprar mis propios libros. También tuve afición a contar cosas sobre el papel desde muy pequeña (quería ser periodista). Y nunca fui tanto al cine. La cultura de aquellos años en Algeciras era el cine, hasta el punto que recuerdo huelgas de espectadores en los cines de verano porque ponían malas películas y a los piquetes impidiendo la entrada a los conformistas. Hubo épocas largas en las que iba al cine todos los días, a los programas dobles.

SKU: De joven, ¿cuáles eran algunas de tus lecturas preferidas?

RR: Comencé a leer el mismo tipo de libros que leo ahora desde muy joven. Te hablo de doce-trece años: sobre todo los libros de pensamiento, novelas, poesía. Te citaré algunos autores que recuerdo haber leído en la época de Algeciras: Camus, Sartre, Kierkegaard, Kafka, Oscar Wilde, Baudelaire, Steinbeck, Faulkner... Éstos eran ya de los años en que seleccionaba libros, antes leía lo que encontraba en casa de mis padres: Somerset Maugham, André Maurois, novelas policíacas, biografías... Todos los nombres que voy citando son extranjeros, recuerdo haber leído también a Juan Ramón Jiménez, a García Lorca, a Antonio Machado en estos años, pero mis lecturas de autores españoles se inician, con cierto método, sobre los veinte años. Es la época en que leí *El Quijote,* el barroco español, autores del noventa y ocho, del veintisiete.

SKU: Recientemente, ¿qué lecturas te gustan?

RR: El mismo tipo de libros que entonces. Ahora, entre los libros de ensayo leo más de estética, de crítica literaria. He descubierto autores nuevos en novela y poesía, pero no reniego de aquellas primeras lecturas. Al contrario, releo constantemente a Baudelaire; *El Extranjero* es un libro de cabecera; en la mudanza de casa desapareció mi edición de Aguilar de Rubén Darío que tenía desde niña y siento una carencia casi fisiológica, quizá se deba a que todavía no lo he repuesto.

SKU: ¿Has leído con mucho interés a los poetas del veintisiete o a algunos de ellos en particular?

RR: A algunos los he leído hasta con pasión: el Salinas de mi adolescencia, el Alexaindre de mi juventud, el García Lorca de siempre, el *Poeta en Nueva York* de *La ciudad fronteriza* (lo releí con mucho interés entonces). A los demás los he leído más fríamente, pero siempre con complicidad. Tendría que citarte a todos.

SKU: ¿Ha afectado tu trayectoria literaria el hecho de ser mujer?

RR: Creo que sí, al menos en la vida que yo misma me he ido organizando. Quizá en general, y en el tiempo en que vivimos, no tenga por qué afectar si se es fuerte y se tienen las ideas claras. A mí sí me ha afectado, sobre todo en la disposición de tiempo. El motivo fundamental creo que ha sido que nunca supe solucionar satisfactoriamente la tensión entre lo que quería y lo que debía. Siempre he querido escribir y estar en ello plenamente, pero lo cotidiano, y la lucha por la vida, dispersa y perturba. A veces la sensación de culpabilidad, en situaciones concretas, si eliges lo que quieres y no lo que parece que debes, llega a ser tan frustrante como no elegirlo. Y yo he tenido situaciones de este tipo muchas veces: en casa de mis padres, en mi primer matrimonio, con mis propias hijas, ante asuntos profesionales...

SKU: La mayoría de tus poemas son neutros, en el sentido de que no se sabe si la voz poética es *el* hablante o *la* hablante. ¿Hay alguna razón para la ausencia de un yo femenino más definido?

RR: Creo que desde que escribo poemas, cuando en alguno de los que se podrían llamar «líricos» hay una marca de femenino, siempre me ha disgustado, lo he sentido como un fallo. En general, mis poemas suelen ser descriptivos de una situación concreta, donde las marcas del sexo se rehúyen fácilmente, o narrativos, y entonces puedo jugar con personajes. Más que la ambigüedad, creo que lo que he intentado es hacer una poesía valedera para cualquier tipo de voz. O, al menos, poder funcionar cuando quisiera como voz masculina. Decía Roland Barthes que quien habla en el poema no es quien escribe en la vida y quien escribe no es quien existe, o algo así. En este sentido, todo es válido en cuanto a voces. Si yo me viera abocada a la voz femenina, me pondría a mí misma una barrera, casi una mordaza. Te voy a poner un ejemplo, y éste sí que entra de lleno en el deseo de ambigüedad que también tengo: cuando el poeta, el hombre, dice «nosotros», se puede referir a él y ella, a él y él, y a él y todos. Sin embargo, si la poeta dice «nosotros» se tiene que referir por gramática a ella y él, pero no a ella y ella. He observado estas limitaciones y por eso prefiero el juego con la voz, la neutralidad de la que tú hablas. Cuando presenté *La ciudad fronteriza,* se iba a llamar «El desconocido», y el desconocido, según lo que yo estaba escribiendo, era yo misma; sin embargo, no era *la* desconocida, era *el* desconocido. A veces me permito hablar de «ella», pero siempre como alguien que mira a otra persona.

SKU: En esos poemas en que la figura central es «ella», una mujer, por ejemplo en «Crónica» y «Reina» de *La ciudad fronteriza* y en «Danae» de *Agua de luna,* ¿intentas expresar aspectos de la identidad femenina?

RR: «Crónica» es uno de estos poemas narrativos. Habla de alguien («el diarista») que ha relatado una «crónica» sobre un suceso en el que hay «hoteles proscritos» y muerte, que son dos motivos que aparecen unidos en otros poemas. La «boquilla de un esmalte» y el «brazalete» sí sugieren que se está hablando de un cuerpo de mujer, pero también hay un «despojo oblicuo» del que pende una gota de sangre (un reclamo para el lector que quiera entender que también se habla de la castración). En realidad es uno de los pocos poemas del libro en el que sigo algún tipo de escritura automática. En este sentido tiene algo de surrealista y por tanto de información sobre el subconsciente. Cuando reconstruyo el proceso de creación creo que es un poema bastante perverso.

«Reina» es un poema clave del libro, reitera uno de los significados de «ciudad fronteriza», el metafórico; aquí hablo de «deshaucio», de «ciudades ajenas», de «casa deshabitada» y, sobre todo, de «línea de sombra» como la frontera entre el pasado como vida (entendiendo por vida la posesión de sí) y el presente como muerte (desposición, dislocación). Esta muerte fronteriza se basa en el sentimiento del cuerpo como ajeno. Trato en el poema de dar forma a una serie de experiencias. Creo que me resultó más cercano usar el femenino para contar la historia.

«Danae» es un poema más voluptuoso, no tiene el malditismo de «Crónica», pero tiene la perversión de que trastoca un mito, un cliché: en el poema, a pesar de que es jueves, el día de Júpiter, y de que «chispean los minutos como lluvia de oro», igual que en el mito, a Danae no será Júpiter quien la goce. Pensando en estos poemas, después de tu pregunta, creo que los tres tienen en común el que son como autoafirmaciones de la mujer. Me doy cuenta además de que cuando hablo de sexo, lo he envuelto anteriormente, en *Agua de luna,* en el barroco y después en *La ciudad fronteriza* en el surrealismo, quizá por pudor.

SKU: En general, ¿cómo resumirías la relación que existe entre tu «yo» biográfico y el contenido de tus poemas?

RR: El otro día me preguntaban algo parecido para un periódico y dije que yo era la que transitaba por *La ciudad fronteriza*, es más, le eché humor a la respuesta y, remedando a Flaubert, llegué a decir —aunque debió de haber un lapsus y no salió en el periódico— que *La ciudad fronteriza* era yo. Pero sé que no es así, vuelvo a recordar otra vez la frase de Barthes. Personalmente, es cierto que he de partir siempre de la realidad, esa es mi base, la nebulosa de sensaciones que aún no tiene forma. Por eso se dice que la poesía es un medio de conocimiento, y yo diría que no sólo de uno mismo, sino de todo, incluso de lo más oculto. Luego, para mí, cada poema es como una partida, en la que sabes a qué quieres jugar y acatas las reglas, pero no sabes cómo va a terminar la apuesta, e incluso difícilmente llegas a ganarla (pero ésta es ya otra cuestión). El juego cobra su propia dinámica. El poema va mucho más lejos que cualquier contenido preconcebido. El contenido del poema está encerrado en su propia forma, y la voz del que habla en el poema pasa a ser un elemento más de esta forma. Su espacio es el propio poema o el libro —si hay suerte—. Por experiencia te digo que es magnífico cuando te atrapa este espacio.

SKU: ¿Consideras que hay algún elemento en tu poesía que hace posible identificarla como escrita por mujer?

RR: Yo no quisiera que se identificara como tal (a menos que fuera una posibilidad que yo me planteara), me gustaría conseguir, como te he dicho antes, que la voz de mis poemas fuera valedera para cualquier sexo. Aunque no ha sido el *a priori* fundamental en mis poemas, el hecho de que el intento de distanciamiento sí lo haya sido, sobre todo, en este último libro, ha conllevado también que las marcas femeninas se diluyan. Otro intento es siempre, y aquí también, la ambigüedad y la fluctuación de voces o el encubrimiento ayuda a ello. Realmente mi posición ante lo que quería decir en estos poemas fue la de espectadora. Tienen mucho que ver con la fotografía, que es otra constante en el libro tanto técnica como temática. De hecho, mientras escribía hice muchas fotos, y quería conseguir lo mismo en los dos medios: intentar ir más allá de la simple apariencia de las cosas. Algunas de estas imágenes visuales pasaron a los poemas. Para llamar la atención sobre esto elegí una de estas fotos para ilustrar la portada, que a la vez se convirtió en una imagen literaria en el poema «Doble fondo»: es un trozo de dársena en el puerto de Málaga donde los reflejos semejan cebras. Mi interés en la fotografía es antiguo, pero se ha convertido en pasión desde que conecto la cámara fotográfica con la literatura. Cuando tengo los sentidos aguzados, generalmente cuando estoy metida en la escritura, hago buenas fotos. Y me ayuda a mantenerme en contacto con las cosas, a que no se rompa la tensión.

Pero volviendo a la pregunta que me haces, creo que puede existir una serie de obsesiones y, quizá, una temática que puede ser, o al menos haber sido, más específica de la mujer como grupo, como colectivo. Esto, unido a épocas literarias donde el «yo» estaba muy revalorizado, por ejemplo, en el romanticismo, incluso en el surrealismo, ha podido influir en que la poesía de mujer, en general, fuera identificable como tal. Pero yo creo que no tiene por qué ser así: en poesía, existen individualidades concretas, no sexos. La forma está en el poema, no en el poeta. Además, todo es susceptible de convertirse en juego y uno de los códigos, de las posibilidades, de la escritura literaria es la simulación, lo que en el póquer se llamaría farol. El lector debe saber cuando lee que existe esta posibilidad. Hay una reflexión de Todorov que siempre tengo presente cuando analizo los textos de los demás: aparte de que hablar de sí mismo significa no ser ya el mismo «sí mismo», todavía resulta más disfrazado el narrador cuando el que habla dice «yo».

SKU: ¿Cómo explicas el *boom* actual en España de la publicación de poesía escrita por mujer?

RR: Hay más mujeres que estudian, más mujeres que trabajan, más mujeres que escriben, por tanto hay más mujeres que publican. Así me gustaría ver las cosas. Pero a mí la palabra *boom* cuando se refiere a la poesía femenina me produce malas vibraciones, como si la connotación de «descubrimiento» que tiene la palabra, que sería positivo y real, fuera sustituida por la de «moda», y ya se sabe, las modas son efímeras, se crean para ser destruidas, y no tienen que estar relacionadas con la calidad, casi al contrario. Creo que la alharaca paternalista, condescendiente, e incluso irónica con la que a veces se está empleando el término en ciertos sectores, indica que ya se está en guardia; a fin de cuentas se trata de una irrupción y puede llegar a ser una competición. No sé, se me escapan estos mundos.

SKU: ¿Repercute de alguna forma en tu poesía tu vivencia malagueña, el paisaje de aquí?

RR: Todos tenemos nuestro propio paisaje, creo que el mío era el que veía desde las ventanas de la casa en la que viví desde que llegué a Málaga, desde la terraza. Era un ático. Este entorno ha sido muy importante para mí y para todos mis poemas. En «Adverbios» la luz y el ambiente es el de Maro, en Nerja, donde pasaba los veranos. Otros paisajes están creados desde el interior de mí misma, son imaginarios, como el de «Desde los miradores». En *La ciudad fronteriza* está Málaga —las calles que recorría cada noche a la vuelta del trabajo, los puentes...—, una Málaga que viví como misterio y riesgo; y está también Algeciras (la ciudad fronteriza por excelencia), sus muelles, su tránsito, su extranjería; en realidad hay una mezcla de las dos ciudades. Pero me gusta mucho localizar los poemas en espacios cerrados: en la propia habitación (los cambios de luz, el humo del cigarro...), en hoteles...

SKU: ¿Existe en Málaga un entorno propicio a la creación poética? ¿Piensas que es una ventaja vivir aquí y no en Madrid?

RR: El entorno propicio o no propicio de una ciudad que puede influir en la creación poética es el de las calles, el del paisaje, y depende mucho de la mirada que se proyecta sobre ella: la «atmósfera» se crea, al menos al cincuenta por ciento entre lo que rodea a uno, como uno lo ve. Los ambientes literarios y culturales de una ciudad no creo que tengan una relación directa con la creación, a no ser que se utilicen como material literario. Sí debe de haber diferencias entre una ciudad y otra en cuestiones de promoción, pero dependerá también de las relaciones que se tengan. No lo sé. Para mí hay un entorno y un ambiente, más decisivo que ningún otro y es el inmediato: la habitación propia de Virginia Woolf, la casa dentro de la casa que dice Handke, incluso la casa fuera de la casa si es necesario. Si esto funciona, la ciudad puede incluso ser un paraíso.

SKU: ¿Consideras que tu poesía está arraigada en la tradición andaluza?

RR: No soy consciente de ello. Imagino que en la tradición, en general, desde luego. Pero es que tampoco estoy segura de que se pueda hablar de tradición andaluza.

SKU: ¿Sientes algún vínculo con otros miembros de la generación del setenta?

RR: Cuando se empieza a publicar tarde (mis primeros poemas publicados son del ochenta y uno) no puedes plantearte estas cosas, estás ya fuera de generación. Así que no me lo planteo. Mi vínculo con ellos, aparte de la edad y de la formación que pudimos compartir, es que disfruto leyendo sus libros. Me interesan mucho.

SKU: ¿Con la obra de qué poeta o poetas crees que es más afín tu poesía?

RR: No lo sé. Tampoco me planteo esas cosas. Han señalado afinidades entre mi poesía y líneas de poesía simbolista, neobarroca, neopurista..., y me han relacionado con poetas a los que respeto e incluso admiro. Pero me gustaría que mi poesía se catalogara como muy especial, muy personal, que es como yo la siento cuando la escribo y como yo la catalogo cuando la leo.

SKU: ¿Por qué escribes poesía, y qué es lo que en el fondo quieres lograr con ella?

RR: En estos momentos se ha llegado a convertir en tal necesidad que cuando no tengo las condiciones externas para poder escribir (y no me refiero sólo a la poesía), vivo en desasosiego permanente. Ha llegado a ser una forma de vida, la que siempre he buscado. Así que imagino que en el fondo lo que quiero es vivir.

SKU: ¿Cuáles son los ingredientes básicos de tu poesía?

RR: Lo más básico es el lenguaje, por supuesto, y la mirada, y el silencio, y algo sobre lo que querer indagar. Con esto puedo hacer un poema. Luego están los ingredientes formales, pero esto es ya más bien una cuestión de darle el «punto».

SKU: Varios de los poemas de «Funambulares mar» *(Agua de luna)* tienen un tono lúdico, ausente en otros textos. ¿Refleja esta serie una época especial en tu vida?

RR: Pienso que la vida te va transformando y no nos damos cuenta de estos cambios mientras se producen, los hechos se te dan consumados, pero se te da también un poder ir acostumbrándote al propio cambio, a tu propia persona. Como la poesía es un registro de vivencias y tiempo, te puedo decir que lo que me llevaba al folio en la época de la que me hablas (la serie «Funambulares mar» la publiqué como un librito en 1985) era la energía, la pasión, la ironía (por eso puede que haya poemas manifiestamente lúdicos); pero también era lo que me hacía escribir en épocas anteriores (recuerdo que me divertí ironizando sobre el tema amoroso, encubriéndolo en barrocos herméticos en «Secreta escala»), y no sólo en poesía: cuando redacté mi tesis doctoral sobre Lope de Vega y el mito clásico, me lo pasé muy bien, pletórica, segura. Pero de pronto puede suceder algo que se lleve toda aquella energía y te deje indefensa ante el folio y ante las cosas, y ese riesgo que existe siempre cuando se escribe se convierte casi en terror. A esta etapa corresponden los poemas de *La ciudad fronteriza* que, paradójicamente al mismo tiempo, me produjeron el mayor «placer» que he sentido en mis distintas experiencias de escritura.

SKU: ¿También has variado el tipo de versificación?

RR: Más que la versificación, que normalmente ha sido siempre verso blanco y períodos métricos impares, y esto se mantiene en este último libro, al buscar una sintaxis más elíptica, acorde con el sentido, y al intentar que la línea versal fuera más perfecta métricamente, se produce un ritmo como zigzagueante, más entrecortado. Por otra parte, está todo mucho más elaborado que en poemas anteriores.

SKU: ¿Qué otros cambios representa *La ciudad fronteriza* en tu evolución poética? Se siente, por ejemplo, una intensificación en la expresión de la angustia existencial, que llega a veces a los extremos de la alineación y la desolación.

RR: Las series «Secreta escala» y «Funambulares mar», junto a otras no publicadas, se recogen en el libro *Agua de luna*, que funciona entonces como una antología y, por tanto, como una trayectoria. En este sentido no es un libro unitario. Esto es lo primero que intenté hacer en *La ciudad fronteriza*, un libro totalmente unitario, con el mismo tono, las mismas obsesiones, el mismo punto de vista. Ésta es una diferencia. Antes también, mi primera poesía se quedaba más en mí misma, había más subjetivismo. En este libro hay como un efecto *boomerang*, las cosas se manifiestan como «correlatos objetivos», hay más objetivación, pero este enfoque se daba ya en alguna serie de *Agua de luna*. Pensaba, cuando terminé este libro, que el siguiente sería muy, muy objetivo, aséptico, y era un *a priori*, pero en *La ciudad fronteriza* la carga emocional era fuerte y hube de contar con ello: el resultado de intentar unir contrarios fue de tensión, casi de «suspense», algo que le vino muy bien a la temática del libro. Estas son las principales diferencias que observo de fondo. Al querer objetivar, se produce también mayor distanciamiento. Por lo demás es un libro elaborado al máximo. En cuanto a la alineación y a la desolación es parte fundamental de lo que quise expresar, algo, por otra parte, muy abstracto, y fue un reto intentar expresarlo de esta forma objetiva y concreta.

SKU: ¿Has pensado en algún proyecto futuro o estás escribiendo poemas sueltos?

RR: Tengo bastantes poemas sueltos guardados —ya no quiero más—, y un par de cosas en prosa por acabar; también tengo sobre la mesa el retoque de dos trabajos de ensayo, la introducción a una antología de Moreno Villa y mi libro sobre Lope de Vega y el mito.

Debería ultimar rápidamente esto, y es lo que haré, pero quisiera estar terminando mi siguiente libro de poemas. ¿Ves?, nuevamente el dilema entre el deber y el querer. El trabajo de preparar y dar las clases también me lleva tiempo y hace que lo demás vaya lento. Mejor no pensar demasiado en ello: «lo pensaré mañana».

SKU: ¿Podrías describir en cámara lenta tu proceso creativo?

RR: Te puedo hablar de las premisas ideales que lo rodean. Si se convierte lo que se esté escribiendo en centro de todo es más fácil. Hay como un estado de receptividad permanente. Se es más consciente de que se está viviendo y del tiempo que pasa. Cuando escribes el poema, parece que el tiempo queda allí congelado, también como en la fotografía. No soy demasiado disciplinada en cuanto a horarios fijos, pero si se consiguen bastantes horas de la mañana y de la tarde para estar sobre el folio, esto es muy bueno, si se es constante, aunque haya días en que parezca que no salen bien las cosas. Todo —los paseos, los sentidos, hasta el sueño— conectado con el escritorio: así me gustaría trabajar siempre, y es de la forma en que mejor funciono.

SKU: ¿Cuál es el mayor obstáculo en el camino de un poeta, o una poeta?

RR: Imagino que para cada uno será algo distinto y que dependerá sobre todo del medio en que se viva y de la propia personalidad. Los errores, la debilidad a la hora de defender lo que se siente como vocación, todo esto se va pagando y te puede ir apagando. Decía Severo Sarduy, hablando del escritor, que hay que pagar, como si para crear de un lado hubiera que destruir del otro. Cuando no se es lo suficientemente fuerte para atajar lo que se te presentan como impedimentos, por muy codificados que éstos estén como normalidad o como deber, lo paga la escritura, o la pintura, o la música. Creo que éste es uno de los factores para que haya habido menos literatura femenina. Ahora no tiene por qué ser así.

Málaga, diciembre de 1988.

SELECCIÓN DE POEMAS

RETINA

*Sin voz,*
*con la imagen huida que atraviesa el espejo*
*y se esconde en sus aguas de cenagoso azogue*
*y allí aguza su sombra en cien ojos tragada*
*de bisel a bisel, en el légamo mudo*
*donde el eco es silencio que corta del narciso*
*los amarillos brotes y del sauce el sollozo,*
*en el cóncavo hueco de rielar silente,*
*anida, como un ave de escarcha, vigilante,*
*la ausencia.*

(*Agua de luna*)

DANAE

*Chispean los minutos como lluvia*
*de oro en el espejo azul de la consola.*
*Mediodía de un jueves soleado*
*en soleante seducción del blanco cuerpo*
*retenido en la cámara.*
*La bella*
*se desteje limosa en los sueños del lino*
*y, mecida, no sabe si la mano es un pez*
*bajo liviana ola, o medusa riente*
*en un brazo de mar.*
*El cobre del cabello*
*se derrama cubriendo el cabezal de ascuas*
*encendidas.*

*En el cénit el sol arde la fronda.*
*Y la bella despierta al fervoroso tacto*
*de la líquida fibra,*
*y en el espejo mírase,*
*despeja la espesura*
*y, sabiamente, ámase.*

(*Agua de luna*)

## REINA

*Mostradme qué ha ocurrido. Cómo una aguja débil*
*pudo ser tan mortal. Se dice en los anales*
*que el hombre del presente fue otro en el pasado:*
*una línea de sombra separa el nuevo día*

*del que va hacia el declive: la vida de la muerte.*
*Este efecto furtivo de desahucio,*
*este vagar vacío por ciudades ajenas:*

*extrañeza del cuerpo: casa deshabitada.*
*Dónde el amor. Ningún amante hubo más dulce*
*y sin embargo. Capitula*

*la piel en el exilio. ¿La podéis ver ahora*
*en la orilla sentada?: el agua corre*
*a través de sus dedos. Mirad su imagen quieta.*

(*La ciudad fronteriza*)

## DOBLE FONDO

*Tantas cosas que ver: los días*
*amarillos si las nubes esconden*
*las arenas del sur, luego el granizo —un gong—*

*y en la mano monedas —los ojos deslumbrados*
*toman la foto; o en el visor las aguas*
*de la dársena: cebras en plenilunio*

*sobre papel cuché; la vulva de las olas*
*o el ahogado de arcilla: corredores*
*ocultos bajo el mapa de esta tierra de nadie,*

*redimidos ahora en el puente del zoom.*

(*La ciudad fronteriza*)

## LIBROS DE POESÍA

*Secreta escala,* Málaga, Cuadernillos del Grumete, Universidad de Málaga, 1983.
*Funambulares mar,* Málaga, Librería Anticuaria del Guadalhorce, 1985.
*Agua de luna,* Málaga, Puerta del Mar, 1986.
*La ciudad fronteriza,* Granada, Don Quijote, 1988.

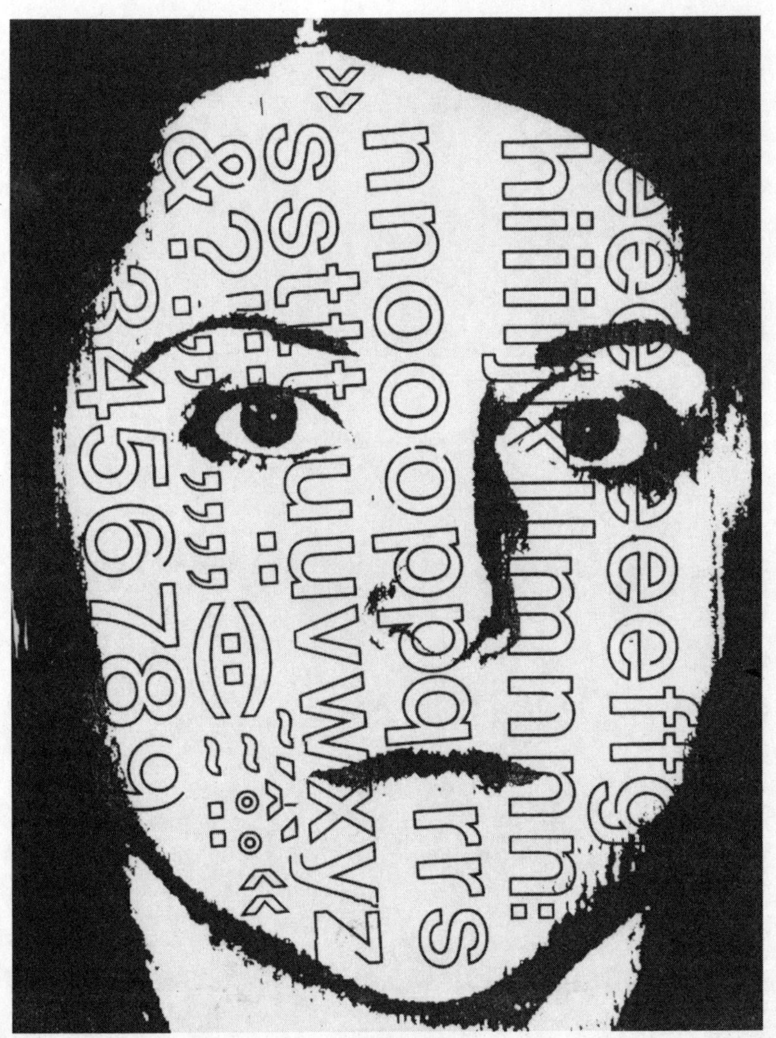

**Fanny Rubio**

CONVERSACIÓN CON

# FANNY RUBIO

Sharon Keefe Ugalde: ¿Cómo empezarías definiendo tu biografía de profesora, crítica y poeta?

Fanny Rubio: Yo no tengo más experiencia que lo que he escrito. Mi biografía la tejen una docena de libros de ensayo, crítica y creación. Entre ellos y lo que no es libro he juntado miles de páginas que son mi historia. O a lo mejor mi verdadera historia son tres frases con suerte que me inventé a lo largo de estas páginas. Mi biografía de palabras me ha servido para pasar el tiempo en el mundo como mejor he podido: con ellas, palabras amadas, leídas o escritas, he entendido mejor el mundo que me encontré al nacer y que acabó por no gustarme. Si me hubiera gustado no habría necesitado leer otros mundos y mucho menos escribirlos.

La palabra es para mí, tanto cuando la escribo como cuando la leo como cuando la estudio como cuando la explico, un acto de libertad y una *manera* de mirar y ser vista en un juego de espejos, a la manera borgiana o cervantina. Disfruto juzgándome en la antesala de la creación con las artes de la Filología y acudo a la poeta cuando trato de hacer comprensible a mis alumnos un movimiento literario. No conozco arte de «intervención» mayor, pues escribir hoy es trabajar en lo intermediario en cuanto al texto, y en cuanto al sexo y en cuanto a la cultura.

No creo que mi caso sea muy diferente al de otros muchos. Sí que será sin duda distinto al del poeta que sólo sea poeta, al del profesor en estado purísimo, al periodista incontaminado. En unos años en los que algunos poetas aceptan con angustia o vergüenza su relación con la docencia o con la prensa o con el ejercicio de la crítica, yo vivo amparándome en una transtextualidad creativo-crítica alternante y/o simultánea que resulta bastante fecunda.

Acepto verme en varios espejos a la vez y quizá por ello no quisiera tomarme demasiado en serio, lo cual es un principio saludable, y acepto esta polivalencia con la certeza de que mis transgresiones de la norma y el trabajar en los límites, hacia los límites de la escritura es, en mi caso, una necesidad. No me gusta la separación que hoy continúa haciéndose entre poesía y prosa y confío más en el transfuguismo de la escritura como uno de los signos de nuestro hacer contemporáneo.

SKU: ¿Consideras que tu primera obra —*Acribillado amor*— continúa la tradición de poesía «social» de posguerra?

FR: En el año sesenta y ocho alguno de nosotros leía afortunadamente a Blas de Otero, quien escribía por entonces *Historias fingidas y verdaderas,* un poemario del que nadie habla, y un poco antes *En castellano,* desde cuyas páginas expresó su ideal poético de escribir *hablando.* Pero en mi caso yo también frecuentaba a los poetas norteamericanos de la escuela de San Francisco y a poetas árabes como Nazim Hikmet y a cineastas como Godard y Passolini. Se trataba de llevar al papel mi experiencia vital y, al mismo tiempo, ser fiel a una poética que no impidiera el paso a la lengua literaria de una serie de fórmulas de la lengua coloquial, la expresión visual y la experiencia cotidiana, cosa que, en la línea de Eliot, en cierta medida empezaron a hacer los poetas que he citado, procedieran o no de la vanguardia y aún los mayores (Juan Ramón Jiménez en el poema «Espacio», y la generación del veintisiete en el exilio interior o exterior, etc.), aunque la crítica española de poesía de aquellos años despachara a los españoles inmersos en este proceso de escritura con la banderilla de «sociales». A mí me interesaba el ensanchamiento lingüístico que proponían los mejor cualificados, como se empieza a demostrar a propósito de la corriente «rehumanizadora» que inaugura *Hijos de la ira,* de Dámaso Alonso (reunión de poemas polimétricos, plásticos y sensoriales, de una sintaxis atrevida y una ironía insólita al tiempo que destruye las diferencias entre poesía y prosa y se recrea en la palabra que es por sí misma objeto de reflexión metapoética). Si partimos de la definición de Alonso de la poesía («temblor que avanza en música a lo largo del ritmo») como poesía «social», no tengo inconveniente en comulgar con ella.

SKU: A pesar de la autodestrucción colectiva y la muerte expresados en *Acribillado amor,* se siente un anhelo de superación. ¿Cómo se enlaza este planteamiento con «No quise blanquearte», un poema de *Retracciones* cuya protagonista es la ciudad de Sodoma, y con tu nuevo libro *Dresde?*

FR: En mi caso percibo una cierta relación entre el derrumbarse de un mundo y la creación. La palabra debe enlazar con la memoria de la destrucción. En este sentido, los poemas de *Acribillado amor,* el poema «No quise blanquearte» y *Dresde,* en su conjunto, parecen construidos sobre la misma mirada. Esa mirada remite al mito de la mujer de Lot. Es una figura que desde la infancia me impresiona porque es una de las pocas innominadas de la Biblia. Me parecía una gran injusticia por parte de quien nombraba hacerlo con el nombre de otro; es «la mujer de Lot» y cuando ésta consigue nombrarse por su gesto, que es rebeldía, memoria y mirada sobre la destrucción, en ese momento entra en la muerte inconsistente, detenida en sal, materia diluida con la primera lluvia. Pienso que éste es uno de los comienzos posibles de la creación poética.

La memoria de lo clausurado —incluso su invención— es la garantía de que lo clausurado empiece a ser de forma verdadera. Puede que parezca una perversión decir que sólo lo recordado existe, en tanto aquello que se vive inconscientemente llega a desvanecerse por su falta de peso; pero el poeta revive su tiempo a través de la memoria y la palabra poética y levanta así acta de su existencia. La palabra aparece como soporte de la memoria, sea o no testimonio de una biografía o proceda de una invención. Además, hay que tener en cuenta la tarea de reinvención y de selección a que el poeta está abocado, porque la poesía tampoco puede ser la memoria de lo vivido sin más. El proceso de selección en ocasiones es tan exigente que una sola palabra o una sola frase puede representar muchos años de vida.

SKU: ¿Concebiste *Dresde* o *Reverso* como unidad? ¿Cuál sería su poética?

FR: Tanto en *Retracciones* como en *Reverso,* yo plasmo mi deseo de posponer la jerarquía del verso, que para muchos es una estructura ya acabada y para otros determinante del poema. En estos libros coincidí con poetas que afirmaban que, desde los trovadores hasta hoy, la poesía había cubierto ya su ciclo terminándose el dominio del poema como lo entendemos clásicamente. Comienzo a escribir *Dresde* con la idea de alterar —como ya hice en *Reverso*— esa apriorística definición por el verso o la prosa, articulando ambos, incluso concediendo cierta libertad al lector para salirse del género mediante el texto central del libro, titulado «Atardecer en Garland», que es la entrada del texto en un cuento que se desvela como rodaje cinematográfico.

En general, yo dudo de la temporalidad de una poética, pues

ceñirme a unos principios fijos puede llevar implícito un cierre de las posibilidades de percepción de un texto. No en balde tenemos una poética para cada poema, una poética para cada tema y una poética en cada circunstancia. Por eso, estas opiniones sólo son válidas ahora. Creo en la capacidad del poema para desordenar o trastornar el orden simbólico y para expresar sentimientos radicales o conciliar contrarios a partir de una conciencia del decir también, entre palabras. Cada vez me identifico más con un *lugar* que con un *sujeto,* aunque ser sujeto pueda también señalarse como el lugar desde donde yo miro las cosas de mi tiempo. Mis experiencias no suelen entrar tal cual en mi escritura (no creo en la sinceridad estricta del poema), sino que nacen de ella. Así ha ocurrido desde mi primer libro. De nada me sirve tener una intención preconceptiva cuando es un hecho que sólo sé lo que pienso una vez que he leído lo que he acabado de escribir. *Reverso* y *Dresde* se han escrito en mis zonas de sombra. Reconozco sus poemas como el saqueo del subconsciente dotado de un ritmo que es, en definitiva, el que dirige la ordenación de las palabras. Me siento, pues, depositaria múltiple y ocasional de un verbo que puede interpretarse como individual o dual. También está la forma, esa tercera dimensión —por encima de la tradicional dicotomía fondo/forma— que funda una «manera» de escritura a través de la cual fluyen los materiales, las palabras y la capacidad copulativa de éstas, sin que haya que conceder excesiva credibilidad al esfuerzo que se precisa para su específica y singular ordenación. A mí me recuerda el «tembiguai», mensajero de la tradición paraguaya que envuelve en una bolsa o piel gran número de pequeños objetos a través de los cuales la persona que lo recibe reconstruye (o puede reconstruir) la comunicación.

Cuando busco definir los poemas, la normativa tradicional neoclásica me obliga a adaptarlos a un cliché definitorio que hoy es inservible: ¿novela atípica?, ¿ensayo poético?, ¿diario?, ¿cronilírica? *Ensayemas,* dirían los aficionados a etiquetar. *Poesía* sin más, así hicieron muchos antes que yo con poemas atípicos: entre ellos, Rimbaud, Borges, Cortázar, Octavio Paz y Blas de Otero. De donde se deduce que lo contrario de la prosa no es la poesía, sino el verso y ambos —poesía en prosa y poesía en verso— se oponen a otra manera de decir (en prosa o verso) que posee otra función instrumental y no poética. Con estas observaciones no pretendo condicionar la percepción que de estos libros se tenga, solamente confirmar el deseo de dejar discurrir el poema por una horizontalidad que me impone el ritmo de la propia escritura, coincidente con el ritmo de mi respiración y el ritmo del mirar.

SKU: ¿Cómo viviste *Dresde* ?

FR: *Dresde* ha sido mi modo de urdir un libro de poemas al filo de 1990 tomando como autorreferencia el espejo/discurso de una ciudad abolida a la que me escapé durante tres veranos. En este decadente laberinto urbano he iniciado un diálogo entre lo real y mi yo, entre mi yo ficticio y mi yo-misma, una especie de diálogo interior mediatizado por la cultura que ha ido constituyendo un mundo de lenguaje paralelo e independiente, incluso distante, desde el cual he estudiado la lección del pasado y he afirmado mi presente. *Dresde* no podía ser más que obra de Dresde, el tejido real en el que un día cupieron las utopías de la modernidad (no olvidemos la importancia que tuvo esta ciudad para la música y el arte —incluso la política— de la Europa del siglo XIX) y que tras su salvaje destrucción y posterior reconstrucción me llamó a una reelaboración poemática. Pero este libro no entra en la conmemoración, sino más bien en la metáfora de la ciudad destruida para afirmar la voz que el texto encubre. Mis vivencias culturales y estivales en Dresde y Berlín durante varios años consecutivos me llevaron a plasmar mi idea del espacio en los distintos tiempos en los que sueño mi vivir, incluida su inevitable resultante irónica, cuando se es hipercrítico. Con estos poemas he ido haciendo inventario de mis preocupaciones, sin cerrar puertas a los objetos tradicionalmente prosaicos que han pasado una única aduana, la del oído buscador del ritmo y la emoción. Finalmente desconozco con exactitud si éste es un libro sobre la ciudad o un libro sobre mi propia vida o un libro sobre el cuerpo. Pero algo de los tres elementos tiene —creo— cada poema.

SKU: ¿Qué es para ti la ciudad?

FR: Una (uno) siempre habla con un tú. Y en ese espacio de articulación, el tú puede incluso perder su carácter de sujeto y ser urbano como me ocurre en *Dresde,* un tú urbano en su historia y en sus referencias, urbano en su perspectiva y en sus interiores. La ciudad hace de mediadora entre mi voz y el mundo y justifica el empleo en el texto del habla coloquial y la entrada en otras *impurezas* y preguntas. Mi encuentro con el mundo que pasa por la ciudad o quizá sea la ciudad la que sale a mi encuentro cuando yo miro el mundo. Ya he dicho otras veces que la ciudad destruida actúa en mí como criadero de ideas y como proceso estructurador del diálogo, como si constituyera mi otro yo. El texto de *Dresde* entra en un laberinto fragmentario de evocaciones o invocaciones, destrucciones y reconstrucciones que marcan las diferencias entre la ciudad y mi voz, sin más testigos de ello que el lenguaje. No es, por tanto, ésta una ciudad tratada a la manera clásica, ni es la ciudad mirada desde arriba como la ve el magistral de *La Regenta*, ni es el horizonte de las clases urbanas galdosianas, ni el conflicto creado entre la ciudad y la voz que pudiéramos observar en un Larra. Se trata de otra cosa, de una conciliación a través de una ciudad que he internalizado cuando tratamos de representar el vacío en que se ha convertido un mundo amenazado fatalmente. Sobre el tema de la ciudad caída como *cuerpo*, hay también algunos poemas en mi libro. Pero no es cosa de volverlo a contar.

SKU: La temática de la mujer aparece pronto en tu obra, ¿no? Me refiero específicamente a dos poemas de *Acribillado amor* que dedicas a mujeres.

FR: Sí, uno lo dedico a María Luisa Sopeña y a Consuelo Salvá, compañeras del grupo. Luego, hay otra mujer por ahí, que es Gloria Fuertes, quien me atraía, más que nada, por la ironía de sus textos, es decir, la ironía como lugar de desmitificación del planteamiento, ese intento de salir de la gravedad del poema y meterte ya en un juego. En el sesenta y siete yo manejaba esa ironía como una hipótesis de trabajo y, curiosamente, me ha interesado mantenerla.

SKU: ¿Cómo afecta el hecho de ser mujer a una vocación poética?

FR: España ha sido y es la cuna del machismo y hoy por hoy cada una de nosotras ha pasado exámenes específicos y exclusiones por el hecho de ser de sexo femenino. Una de esas pruebas ha sido la foto que no aparece en la Historia de la Literatura. Ni el noventa y ocho, ni el ventisiete, ni el treinta y seis, ni el cincuenta, las grandes generaciones literarias, consideraron a una sola mujer y no ha sido porque no las hubiera —todos sabemos quiénes son—, sino por la pequeña miseria de quienes —autores, historiadores, etc.— teniendo capacidad de asumir en su día ideologías más o menos revolucionarias, incluso sonadas homosexualidades o furores etílicos aparte, no aceptaron de ninguna manera que *las* poetas fueran incorporadas a una simple foto de grupo, esa foto *distinta* que contribuye siempre a alojar a quien ha quedado marginado del icono anterior. Y me consta que la historia de la poesía moderna se ha enriquecido desde Bécquer —que estaba empeñado en que Elisa leyera, cantara, llorara, riera, sin parar, a jornada completa, con sus trinos—; se ha enriquecido con los noventayochistas y el grupo del «cincuenta/sesenta». Pero creo que la marca que en nuestra modernidad dejan poetas como Cernuda no se debe sólo a su ser andaluz o surrealista, sino también a su carácter de homosexual. Por la misma razón habrán de ser considerados todos y cada uno de los que se aproximan a la lengua común con una propuesta cultural, sentimental o sexual, que todavía la lengua no recoge. Eso parece que se intuye en ciertas búsquedas poco correspondidas del lector de poesía y con el aumento de poetas mujeres. Y tiene algo que ver con la imagen del mundo y con la capacidad de nuestra lengua para no perder su carácter desobediente, su capacidad para percibir en lo uno a lo otro y a las otras, con su manera de vivir el cuerpo y la cultura, con su particular punto de vista.

Al mismo tiempo creo que no siempre coincide el nombre del *abajo firmante* con el género que se le supone y es una ingenuidad contraponer en general y en todo momento en poesía un *sexo* a otro. Existe una especie de convivencia, de alianza andrógina, en el texto poético, que no ocurre en la novela. Repito que escribir es trabajar en lo intermedio y en ese espacio multiforme y neutro, aunque nunca neutral, caben —deben caber— *todos* los sexos, aparte de los dos a los que estamos habituados.

SKU: Desde una perspectiva sociológica, ¿crees que todavía en España el papel tradicional de la mujer puede impedir que tenga una carrera poética?

FR: Pienso que no, en este caso. En España tenemos pocas ministras y menos profesionales en todos los campos de las que desearíamos. Pero poetas hay bastantes. Seguramente porque escribir poesía tiene más semejanza con el telar de Penélope que con el bólido de Ulises.

SKU: ¿Has llegado a conocer en tu vida —real o literaria— a alguna mujer legendaria?

FR: La persona que más me ha impactado, casi a distancia porque nos vemos poco, es María Zambrano. En España es, de las mujeres vivas, la más cubierta de un halo sugerente, sugeridor, comunicante, trascendente.

SKU: ¿Con qué generación poética, o con qué grupo de poetas consideras más afín tu labor creativa?

FR: Con ninguno. Yo empecé escribiendo poesía, como todo el mundo, de adolescente, pero tras la publicación de dos libros a los que fui ajena, me parapeté en la crítica y la carrera universitaria, dos camisas de fuerza que hoy agradezco y que me han hecho parsimoniosa en publicar. Antes pensaba que eso podía perjudicarme deteniendo mi producción poética. Ahora recibo frutos nada desdeñables con ese pasado y me aprovecho de este juego de espejos, en el que me muevo como tránsfuga intertextual de un género hacia otro y puedo consentirme cierta polivalencia. Con relación a mi generación, me reconozco algo desgenerada. Me parezco a «los novísimos» en no haber ido nunca al concurso «Adonais» (una *boutade* muy sesenta y ocho) pero no son, en su mayoría, mi clan, salvo Pere Gimferrer, a quien releo como fundador de la escritura más exigente de mi generación. Después admiro por parejas: admiré y admiro a dos poetas que no entraron en la antología de Castellet y que yo hubiera incluido; a dos poetas de la banda de los años cincuenta-sesenta; a dos poetas mal llamados «sociales» y a dos parejas del grupo del ventisiete. Pero hoy me importa mucho la gente nacida después de la segunda guerra mundial, tengo absoluta debilidad por mis contemporáneos americanos y alemanes —poetas y narradores— que descubriremos en España el siglo próximo.

SKU: ¿Tienes abuelas o madres literarias?

FR: Dentro de la tradición española una de mis tatarabuelas fue Areuza, la de *La Celestina,* que se inventa una frase: «Yo soy mía», que después fue eslogan del femenismo radical en España. Desde que estaba en el colegio la reconocí como una pariente mía, lejana, pero con mi mismo grupo sanguíneo. Después de Areuza, alguna tía como Tristana, o alguna tía-abuela, como doña Emilia Pardo Bazán, me hicieron pensar. Luego, con las lecturas de María Teresa León o de Mercé Rodareda, por ejemplo, o de mis amigas como Carmen Riera o Cristina Peri Rossi, fui construyendo mi corrillo de mujeres, donde testimoniamos, como diría Alfonso X.

SKU: ¿Cómo ves tú la evolución de la poesía femenina en España?

FR: Históricamente, la representación literaria admitía una visión, la del sujeto masculino, o postulaba la representación de éste, mientras que la entrada de otras perspectivas (la del poeta homosexual, la mujer, etc.) alteraba —por el hecho de estar— la estabilidad del sistema. Sin olvidar el papel que ha desempeñado la máscara y los procesos de desdoblamiento que las distintas voces efectúan en el interior del texto mismo frente a la personalidad «real» del abajo firmante, hay que reconocer que muy pocas veces aparecía el sujeto-mujer, mientras que siempre aparecía como objeto de representación, pues no faltan imágenes femeninas en la literatura (al representarlas de esa manera se convertían en general en una *ausencia* mientras que al *escribirse* ella asumía los papeles que el imaginario masculino le adjudicaba).

En el presente, la poesía joven de este país ha de pasar dos pruebas. La primera tiene que ver con el ejercicio de todo poeta, que debe medirse y dialogar con sus tradiciones y sus contemporáneos en otras lenguas. La segunda arranca de la especificidad (si es que la hay) de la escritura con *perspectiva de mujer.* Se trata de que ésta contribuya también —como todas las voces excluidas por la lengua— a crear poética contemporánea.

Al mismo tiempo que la inercia de la tradición literaria nos ha capacitado para la auscultación sentimental, podemos tener en el presente la posibilidad de instalarnos como mironas gustosas de un mundo nombrado a nuestro antojo, contrarrestando la concepción de un eros seductor, heredero de la tradición judeocristiana, con todo tipo de verbales celebraciones. Lo importante sería superar el circuito escolástico que ha condicionado durante siglos a nuestras precursoras empeñadas en expresar sus abismos y pasiones. Si dignificamos un erotismo nuevo o invertimos el lenguaje tradicional con audacia o ironía o reproducimos el discurso convencional, es algo que sólo los lectores pueden comprobar y los poetas de todos los sexos rechazar o asumir.

SKU: ¿Crees que tu necesidad de tender el verso en prosa sea simbólico de un deseo de romper otros límites impuestos?

FR: Creo que es posible realizar una lectura espacial de los textos. En mi caso, prefiero los límites de la escritura, los lugares de frontera. Yo he nacido en Jaén, una provincia fronteriza, que es el norte del sur. En ese lugar paradójico, tanto geográfico como vivencial, una siente necesidad de «pasarse», desplazarse en el lenguaje y distanciarse de lo convencional. Pero esto último sí es un ejercicio público que practico a diario y no el poema, que me reservo más celosamente.

SKU: Tienes dos poemas que revelan un conocimiento del medio ambiente marroquí, y otros, un conocimiento de Alemania. ¿Has viajado mucho al extranjero?

FR: Estos últimos años han convivido dentro de mí dos improntas que han podido marcar mi texto: una me lleva al norte (Dresde, Berlín) y la segunda al mundo árabe. He vivido en Marruecos dos años como profesora de literatura en la Universidad de Fez y me escapo a Berlín y Dresde con frecuencia, tres ciudades que te admiten como parte suya. Con relación a las ciudades árabes, me interesa moverme en sus espacios de mestizaje, de entrecruzamiento. Muchas veces hablamos de la ciudad natal y pocas meditamos, en cambio, en la ciudad mortal, hacia la que una mayoría no nativa estamos abocados, bien sea por accidente, por conciencia de exilio o por inercia residual y, en muchos casos, por deseo o capricho. Y yo he elegido «por capricho» Madrid, Dresde, Berlín, Fez y las ciudades yemeníes.

SKU: ¿Cuál es el fin, o el propósito, de la poesía que tienes presente cuando escribes?

FR: Me parece que ya te he comentado que el comienzo de un poema es cada vez menos apriorístico. Quizá al empezar a escribir te adentras en un pozo de sombra, pero a medida que transcurre el verbo, la palabra aparece arrastrando otras con ella. Tal vez la única idea preconcebida que defiendo es propiciar un estado contemplativo y rítmico en el que sea fecundada la palabra, una palabra que es una especie de gusano de seda que empieza a desarrollar sus articulaciones —la sintaxis— hasta llegar a dar los primeros pasos por impulso propio.

SKU: Este concepto de dejar un espacio en blanco para que nazca la palabra es lo que expresas con el título de *Retracciones,* ¿no?

FR: Intenté crear un espacio de disponibilidad a dos bandas, como lectora y escritora; el instante previo a la fecundación poética es el de la pasividad más absoluta, aunque percibida como pasividad activa y vigilante: la pasión de dejarse penetrar por la creación poética.

SKU: ¿Hay otros poetas en la actualidad española cuya obra revela la misma preocupación ética que se encuentra en muchos de tus textos?

FR: Yo creo que la poesía tiene hoy una funcionalidad distinta a la funcionalidad social y política por la que se caracterizó en la década de los cincuenta, pero cumple una función psicológica y eso forma parte de una propuesta ética nueva. La poesía hoy sirve para mucho, para construirnos, para desmontarnos, para gozar de uno en uno, o de dos en dos y a la vez que remite también a lo *otro*, a lo no nombrado, a los otros, a los desposeídos de los nombres. Nadie escribe para él (por más que en arrebatos justificados haya quien asegure que hacer literatura es como si se enviara una carta a sí mismo) ni piensa en los nativos de otro planeta o en los futuros habitantes del nuestro. Seccionamos el presente y creamos un nuevo orden verbal, tejiendo con nuestro cómplice contemporáneo otro curso del existir, un nuevo discurrir del tiempo que ambos aceptamos compartir. Escritura y lectura vienen a ser la misma cosa: un estado de suspensión de la vida y un fondo de expansión de dos sujetos; esa propuesta forma parte de la nueva ética.

¿Con quién la comparto? Tengo a mi cabecera los libros de poemas de Octavio Paz, de Blas de Otero, Lezama Lima, José Ángel Valente, J. M. Caballero Bonald, Pere Gimferrer, José Miguel Ullán, Jon Juaristi, Clara Janés y algunos poetas jóvenes españoles. Pero también los libros de Dante, Petrarca, Mallarmé, Wallace Stevens, Michael Kruger y la última generación de poetas y narradores alemanes y norteamericanos, como te dije. Con ellos creo compartir mi ética poemática.

SKU: ¿Te has planteado conscientemente elaborar la temática de la mujer?

FR: Como sabes he escrito varios libros de hombre que han sido «fichados» en la *Historia de la literatura,* como mi tesis doctoral *Las revistas poéticas españolas.* Fue un ensanchamiento de mi vocación poética. Ahora crear y reflexionar sobre la escritura —la propia, la ajena— contribuye —en justísima correspondencia— a abrir nuevos espacios de indagación, de conocimiento y de ensoñación, incluido el de mí misma, que hacen desarrollarse mi identidad de crítica.

Ahora, en mi propia poesía, yo me identifico como mujer. Es un viaje que yo hago dentro de mí misma y es el viaje más complicado que he hecho. No sabía que iba a ser tan difícil ni tan cierta la frase de Simone de Beauvoir cuando decía que no se nacía mujer, sino que se llega a ser. Y llegar a ser mujer es uno de los retos más grandes que tenemos nosotras. Lo fácil es no ser mujeres, lo fácil es ser instrumentos, pero en los que dominan unos lenguajes que no son los nuestros. El viaje mío por mi propia identidad como mujer me ha hecho mirarme a mí misma y a las personas que van conmigo en ese barco y juzgar —creo con cierta indulgencia—, el desencuentro de nosotras con nosotras mismas y con los demás. En mi poesía no ha habido ninguna intención de hacer feminismo militante, pero sí de enfrentarme con el problema de la identidad y con el de no estar representada en el discurso hegemónico. Creo que mi propuesta no estaba suficientemente representada en el discurso general y, de manera inconsciente, introduje mi variación o mi diferencia como mujer, que era una entre otras muchas y no solamente en el plano temático, también en el plano lingüístico.

SKU: La última sección de *Reverso,* «Corpus Christi», contiene poemas eróticos, a veces en clave de ironía. ¿Qué pasa con el erotismo español hoy tan de moda?

FR: El español no ha educado su gusto por el sexo, más bien le teme. Por eso una porción de textistas, para halagar al grueso de ausentes del sexo, se afana en rehilar —con tanta insistencia como angustia— palabras que designan por ellas mismas los lugares sexuales, con tal vulgaridad que no consiguen despertar en los lectores el mínimo resuello y vuelo corto. En esta despedida del siglo XX, los amantes españoles merecemos otras vías de acceso a la verdad del cuerpo que no el simple y subdesarrollado o el trapicheo por lo bajini de los *kleenex* de Miller. El erotismo que a mí me interesa es un erotismo disfrazado, travestido y distanciado, mediatizado, en suma, enriquecido. Me interesa la desmitificación de lo que durante mucho tiempo hemos llamado el sexo grave y dramáticamente. En mis poemas eróticos prefiero revelar una atmósfera sexual y lúdica, morbosa y ambigua incluso (como hago a propósito de los efectos perversos de la publicidad en «Paco Rabanne in memoriam», un poema de *Reverso),* que describir el aparato genital del personaje de un poema.

SKU: A lo largo de tu poesía parece disminuirse la veta amarga de la ironía y el enfoque cambia también. La mirada sociohistórica inicial se transforma en una visión de la intrahistoria. ¿Cómo ves tú este proceso de evolución?

FR: *Retracciones* y *Reverso* nacen del replegarse, frente al título casi épico de *Acribillado amor.* Pienso que, con el tiempo, las cosas que quedan guardadas en los bolsillos nos pueden llevar a preguntarnos con más intensidad y ternura por el vivir. La literatura es el lenguaje del otro lado, frente al discurso de la historia. Tener diecinueve años en el sesenta y ocho estuvo muy bien y había que hacer y que decir lo que entonces dijimos y escribimos. A partir de esa fecha, en mi escritura hay un adentrarse en el tono, que puede conectarse con los poemas del último Antonio Machado, del último Rafael Alberti, con el cine de Wenders y la poesía actual alemana y norteamericana. Vivimos en un mundo lleno de pérdidas y la escritura de textos breves y fragmentarios me internan de otro modo en la realidad que identifico como mía. «No hay más historia que esta voz», se dice en un poema de *Dresde* el día de Carnaval. La frase (el poema) no deja de ser un ensayo, una puesta en escena, incluso un juego.

SKU: Si fueras a un lugar tranquilo para escribir poesía, ¿cuáles serían los tres objetos que, sin falta, meterías en la maleta?

FR: Hay un animal que me gustaría que estuviera, que es el perro («inu» en japonés, que significa también memoria). Luego un frasco de letras para comerlas a diario, junto con una serie de notas sueltas, como «Re», por ejemplo, («Do» me interesa menos, pienso que es una nota dogmática, anagrama del poder, la voz primera); y también algún número, como el 3, ó el 9 ó el 7. Nunca me faltaría la carta primera del tarot, que es la portada de uno de mis libros.

Madrid, diciembre de 1988.

## PACO RABANNE: IN MEMORIAM

*Por este bello frasco hoy soy capaz de terminar tu historia. Míralo entronizado: Sólo una de sus gotas marca el límite de tu perímetro sobre la sábana e inspira el adjetivo justo del antiguo deseo.*

*Debo reconocer que en otro tiempo sentí hospitalidad donde hubo aroma. Pensé yo que adoraba el gesto hidalgo, la soterrada tecla, el paseo ilustre sobre un flamante coche de alquiler y la llegada de tu bondad legisladora (doble llave) cual si viniera de celebrar sus Cortes en Toledo. Mas no fue el hombre, sino su bálsamo, lo que acotó la seductora geografía. No fue la voz acariciante, las ínsulas soñadas, el último dietético capricho —tu zona de poder— en mi despensa lo que inundó de luz la tarde pudorosa*

*sino el viento que ataba la prolongación tenue de mi desasosiego. Ay, portero de noche, dulce mío, te debo confesar que fue la huella del perfume que se extendió en tu cuerpo lo que yo amé*

*y él sólo fue partícipe y testigo de la hermosa mentira.*

(*Reverso*)

## DRESDE

*Tu espalda ya era hija del cisne y del estruendo.*

*Llegué a la hora*
*que el cazador de medianoche*
*daba los últimos bandazos.*

*Seguí tu rastro mineral y en el camino*
*la corona de un príncipe polaco*
*rodaba entre columnas degolladas.*

*Pude escuchar el crepitar, sobre una cúpula,*
*de la última gota de plomo.*

*Tanto desguace vino a mi pupila*
*que supe por el soplo de los fuegos*
*que debía comenzar desde la sombra*
*a deletrear tu ruina de templo arponeado,*
*a conocer, hacia el agua redonda,*
*el curso remoto de la hormiga.*

*Así, sentada dentro de mis ojos,*
*al borde de la espada ceniza*
*busqué atender el verde pulso*
*de la abeja expectante en el fruto calcinado*

*y tenuemente dejé caer los dados*
*que me anunciaran*
*en la noctuna pausa,*
*Dresde,*
*cómo sería tu amanecer.*

(*Dresde*)

## ¿QUÉ FARÉ, MAMMA?

*Un neblí dio tres vueltas sobre mi mar de los tejados después de haberse posado tontamente encima de aquella gata azul y de un castaño de este parque, que lo acogieron con relativa buena educación.*

*Desde el balcón de mis vecinos constató, durante media hora, que junto a estos rosales no se ocultaran armas, asfalto amenazante o cazadoras de rarezas (nunca se sabe, en la ciudad).*

*Sus ojos se posaron en mi sillón de mimbre como prueba de rendición ante los lilos.*

*Con sólo darme cuenta de que tenía las patas amarillas, mucho antes de mirarlo a mi gusto, dio su primer salto mortal, de un lado a otro de esta calle.*

*Su llegada expulsó a todos y cada uno de los gorriones autóctonos, incluso a golondrinas ya entradas en años con las que habíamos pactado, desde hacía dos inviernos, un diálogo ejemplar.*

*Desde entonces apenas hace ruido. Sólo quiere mirar y que lo mire. Se pasa las mañanas junto al rosal y por las tardes se queda en la ventana donde escribo, para leer en español y aconsejarme con un elemental pero absolutamente interesado parpadeo.*

*Hoy mi marido me ha puesto en el dilema de elegir entre el neblí y él.*

*Por eso mamma, ¿qué faré?*

(*Dresde*)

LIBROS DE POESÍA

*Acribillado amor*, Madrid, Universidad Complutense, 1970.
*Retracciones*, Madrid, Endymión, 1981.
*Reverso*, Granada, Maillot Amarillo, 1988.
*Retracciones y Reverso*, Madrid, Endymión, 1989.
*Dresde*, Madrid, Devenir, 1990.

**Ana Rossetti**

CONVERSACIÓN CON

# ANA ROSSETTI

Sharon Keefe Ugalde: Durante los últimos diez años, ¿qué cambios has visto en el papel de la mujer en la sociedad española?

Ana Rossetti: Lo que se aprecia mejor en la vida diaria, por ejemplo, es el acceso que ha tenido la mujer en el campo laboral. Últimamente está la mujer en el ejército y hasta en la guardia civil. Estos cambios son los más espectaculares, pero ha habido otros más soterrados, ya que la mujer empieza a tomar iniciativas en un montón de terrenos. También veo el cambio en el hombre, que de pronto se ha quedado desconcertado. Ha perdido su papel y no sabe cómo comportarse. La mujer, naturalmente, tampoco ha tenido modelo para hacer este tipo de revolución. Son pequeños cambios que van modificando las actitudes, y a la larga, un comportamiento que puede ser impuesto por una circunstancia, termina convirtiéndose en una filosofía de vida. Se han modificado algunas leyes. Lo que no quiere decir que se le haya pasado un típex a las cabezas de algunos magistrados. Hay muchos maridos que están orgullosos de la actividad profesional de sus mujeres y pueden hacerse cargo de las tareas domésticas con bastante eficacia cuando ella no está. Eso no impide que la misma noche en que ella regresa de un viaje de negocios él se sacuda el mandil y le pregunte tan pancho: «¿Qué tienes previsto para la cena?» También algunas mujeres, muy liberadas ellas, son incapaces de ir a casa de un hombre que viva sólo sin meterse a mangonearle en la cocina, como para demostrar la falta que está haciendo allí una mano femenina que ponga a raya tanto desastre. Eso no quita que ella esté casada y que en su casa pregone lo de la igualdad a la hora de fregar los platos. Pero en fin. Hay que darnos tiempo a nosotras y a ellos, porque una cosa es la teoría y otra los actos reflejos. Te puedo contar otro ejemplo de mi casa. Mi madre ha sido una persona completamente diferente de todas las madres, tanto, que la gente para explicarse su comportamiento decía que era americana. Ella se hizo fontanera especializada en soldadura. Pero mi padre se educó en una familia muy tradicionalista. Además era hijo único, con una hermana, pero el único varón y mi abuela hasta le bordaba las toallas que eran de hilo, con vainicas y toda la pesca. Conseguir que mi padre se sirviese su propia comida, fue todo un triunfo, que se fue ganando mi madre a través de muchos años de su matrimonio. Un triunfo visible, porque el que una persona como él pudiese aceptar el barullo de vida doméstica, tan fuera de norma como en el que vivía... eso tuvo mucho mérito.

SKU: En el contexto del mundo literario, ¿qué significa hoy en día ser mujer? ¿Es una ventaja? ¿Una desventaja? ¿Notas algunos cambios recientes?

AR: Yo creo que es una ventaja. Verás, la mujer está viviendo un momento muy intresante porque se está dando cuenta de sus verdaderas posibilidades. Es excitante probarte, el ver hasta dónde puedes llegar. Para la mujer es una época con conquistas. No es lo mismo como ya tener las cosas heredadas o sabidas o aprendidas, que crees que ya vienen infusas. Si no has tenido que luchar por ellas, las ves completamente naturales. Pero cuando han sido fruto de una conquista o de una apuesta con la sociedad y contigo misma, son más gratificantes. Ahora, la mujer debe aprovecharse de ello, porque llegará el momento que, como serán posibilidades indiscutibles, no podrán sacarles ese desafío, esa satisfacción de conseguir algo. Va a ser distinto cuando lo tengamos todo de forma natural. Será maravilloso. No, no será maravilloso, será normal, será justo. Pero ahora sí, es maravilloso.

SKU: Como escritora, ¿has sentido alguna vez algún perjuicio en contra de ti? ¿Te han puesto alguna traba por ser mujer?

AR: No. Lo que sí ha pasado es que a menudo he sentido una especie de desconfianza, de desaliento y te voy a decir por qué. Llega un momento en que te hacen pensar si es que vale tu trabajo o si solamente vales porque eres mujer. Si pesa más tu circunstancia que tú. Te hacen caer en una duda espantosa y cuestionas: si yo fuera un hombre que escribiese eso, ¿me estarían ahora, como tú, haciéndome una entrevista? A veces es muy peligroso —pero inevitable— unir el fenómeno social al fenómeno literario.

SKU: En tu poesía, ¿es la expresión desenfrenada del deseo y del gozo sexual de la mujer una forma de rebeldía en contra de las normas de comportamiento sexual femenino tradicionalmente impuestas por la sociedad?

AR: En eso de que la mujer puede vivir su vida amorosa desde una actitud completamente diferente a la que la sociedad burguesa se le ha impuesto, ya ha habido antecedentes. En la canción española, sobre todo la tonadilla, predominan los argumentos de unas mujeres que están viviendo un amor, o una historia de situación personal, desde un punto de vista distinto al que les enseñaba la moral reinante. Por ejemplo, hay una que habla de una mujer que iba borracha de aguardiente de mostrador en mostrador, buscando a un tío que llevaba un tatuaje en el pecho. ¡Claro, lo que estaba buscando era un chulazo de morirte! Me viene otra canción de una mujer que ha fracasado con uno y que quiere llevar una vida —casarse para nada— con otro que puede ser su padre y no le importan los comentarios de la gente. Yo oía esas canciones desde pequeña y en ellas he visto a mujeres que estaban viviendo o sufriendo unas historias apasionantes y fuertes, desde un código distinto. Son mujeres que se escapan de casa, donde las tenían encerradas, para defender a su hombre o para matar a su hombre.

SKU: ¿Te consideras feminista?

AR: Cuando uno se engloba dentro de una palabra, se limita. Entonces, si una se confiesa feminista, o lo que sea, cae en contradicción, porque luego no puede estar en ese contexto las venticuatro horas del día. No puedo dejarme encasillar con una sola etiqueta, ya no como poeta, sino como persona. Bastante contradicción tiene una sin tener la etiqueta puesta. Y bastante examen de consciencia tienes que hacer al cabo del día para seguir actuando con coherencia, con una coherencia que tú te has impuesto. Si encima te encierras dentro de unos límites, es imposible. No puedes decir yo me muevo desde aquí hasta aquí y lo demás no me concierne, porque fuera de esos límites pueden estar los verdaderos enemigos e ignorarlos equivale a un pacto. Además, yo te puedo decir: «Soy feminista», pero es que para mí ser feminista no es lo mismo que para ti. Acaban juzgándote a partir de la idea que tienen de lo que yo me estoy afirmando que soy. Es injusto y falso, porque nadie es una sola cosa.

SKU: Una lectura de *Devocionario* pone en evidencia tu amplio conocimiento del lenguaje del catolicismo: los símbolos, los ritos, los rezos, las historias de los mártires y de los santos. ¿Cómo fue el ambiente de tu niñez que hizo posible que aprendieras este idioma religioso?

AR: Me educaron en un colegio de monjas y en mi casa se respiraba el mismo ambiente. Pienso que una educación siempre será mejor si el ambiente de una casa y del colegio no están en contradicción abierta. En España ha habido muchos problemas con eso porque había gente que era rabiosamente anticlerical y que metían a los niños en los colegios religiosos. Yo este tipo de problema no lo he tenido, aunque es cierto que me tenían prohibido leer la vida de los santos, porque me obsesionaba muchísimo. Yo era muy morbosa; no leía la vida de los santos, leía la vida de mártires. Realmente son relatos iniciativos que revelan la fortaleza interior de unas personas que estaban por encima de cualquier agresión física, que llegaron a un estado espiritual tan alto que nada externo les podía perturbar. Sufrían una serie de pruebas —normalmente eran de fuego y de agua, prefigurando los elementos— pero no estaban sintiendo dolor. Eso me maravillaba por lo que tenía de aventura fantástica y de misterio. No lo veía en el sentido católico del término, pero religioso sí. Al leer mucho la vida de los santos, me di cuenta de que no había una única guía de perfección, que había santos que tenían una vida completamente contraria a la del otro y lo que uno hacía por caridad el otro dejaba de hacer por justicia. San Francisco de Asís disfrutaba de todas las criaturas porque en ellas encontraba a Dios, mientras que San Juan de la Cruz se privaba hasta de la luz del sol intentando buscar a Dios dentro de sí. Descubrí que existían otros mundos, que había otras maneras de ser, que estábamos limitados con un cuerpo que no podíamos llegar a dominar y que ser santo consistía vencerlo. Es decir, transcender.

SKU: ¿Eran de fácil acceso para ti esos libros?

AR: En mi casa lo que estaba más accesible eran los libros del Índice, porque mi bisabuelo era historiador y tenía permiso para leerlos. Los libros de la vida de los santos estaban en un mueblecito que parecía que estaba hecho para ellos, en un dormitorio que generalmente no se usaba y que se cuidaron muy bien de cerrar cuando vieron que yo iba allí a cogerlos. No me prohibieron los libros del Índice y me hartaba de leer a Rousseau o a Voltaire. Como no me enteraba de nada, les daba igual que tuviese esos libros en mis manos, pero los otros, no, porque me trastornaban. Los de la vida de los mártires me obsesionaban de tal manera que yo estaba continuamente esperando la hora de la siesta para poder leerlos a escondidas y reencarnarme en un mártir, para imaginar aquello, para tratar de hacerme una idea de cómo sería lograr experimentar, a fuerza de amor a Dios, el no sentir.

SKU: ¿Hay alguna ceremonia religiosa en particular que haya quedado muy grabada en tu memoria?

AR: El día 21 de noviembre. Como nosotras éramos un colegio femenino, estábamos consagradas a la Niña María y el 21 de noviembre era la presentación de la Virgen en el templo, conmemorando el hecho de que la Virgen —según la tradición griega, más que la hebrea— a los tres años profesara en un templo para ser educada. Nosotras sacábamos a la Virgen en procesión y luego la llevábamos a la iglesia. La entregaba al sacerdote una niña a quien habíamos escogido por votación, de las que salían del colegio aquel año. La seleccionada iba toda la procesión detrás de las andas rodeada de una guardia de honor. Durante el trayecto habíamos llevado una vela, sin encender, y en el guante un duro con algodón perfumado. Te digo que ese olor de colonia añeja es el olor de la fiesta de la Niña María. La vela era la oración, la parte espiritual, y el duro era el sacrificio, la parte material. Se entregaban haciendo una serie de cosas, como besar la mano del sacerdote y la vela casi simultáneamente como si la cera y la carne fuesen lo mismo. A lo largo del año esas velas surtirían la capilla, y así, de cierta forma, siempre estábamos nosotras allí iluminando el altar.

En mi memoria, la fiesta de la Niña María se mezcla con un acontecimiento... no sé si decirte fúnebre. Había una niña en el colegio, traviesa, popular, dinámica, que cogió una meningitis, justo al año que ella pensaba en la posibilidad de ser escogida para presentar a la Niña María. Avisaron al colegio que estaba muy grave y que preguntaba por la Niña María muy preocupada porque iba a perderse la procesión. Entonces sus compañeras del colegio se vistieron de gala, cuello duro, puño, guantes, velo blanco y las medallas o la banda, porque nosotras celebrábamos las fiestas como los militares: media gala, gala completa, gala extraordinaria, según lo que fuera. Las compañeras se fueron a llevarse a Niña María a Isabelita. Estaba encantada pensando que no se había perdido la fiesta. Casi inmediatamente después de la visita, murió. A las pocas fechas fue la fiesta de la Niña María de verdad. Yo era muy pequeña, pero recuerdo que en la procesión el padre de Isabelita iba detrás, con los ojos hinchados, casi sin afeitar, destrozado, en el puesto de su niña. A partir de entonces, a la Virgen nunca le faltó la vela de Isabelita y siempre tenía un lazo con una frase. Lo más impresionante de esta historia es que luego se le encontraron unos cuadernos. (Lo sé porque después he conocido a un poeta, Jesús Fernández Palacios, que es primo de la niña.) ¡La niña era una mística que escribía sus experiencias! En un cuaderno había escrito una frase que era: «Átame, madre, muy fuerte, porque de mí no me fío», y eso es lo que estaba en el lazo. El día de la procesión por la tarde cuando se rezaba un rosario y se leía la institución del colegio, nunca faltaron en el escenario (porque eso era en el salón de actos) a los pies de la Virgen, un ánfora con una azucena y unos cuantos candelabros con vela normal, y luego, una vela separada de las demás con un pabilo más grande que ninguno, que era la de Isabelita. De verdad, todo eso, que he vivido desde los ocho años hasta que salí del colegio, me impresionó para siempre, porque fue una unión de la muerte con la fiesta.

SKU: Las flores aparecen con frecuencia en tu obra. ¿Son flores simbólicas, literarias, sacadas de libros botánicos o son recuerdos de flores que has olido y tocado?

AR: He tenido un contacto con las flores bastante especial. La pasionaria, por ejemplo, aparte de que era emblema de pasión, la abría y tenía miel y un olor dulcísimo. Y luego encontraba los dondiego, que allí se llamaba suspiros, o los jazmines, para pasarlos por un hilo y hacer collares. Con la enredadera de las campanillas, que era muy flexible, también hacíamos saltadores. Tenían muchos usos las flores, hasta podía apretarlas contra las tapias para pintarlas con sus jugos. Yo sacaba todo el partido que podía a todo el jardín. Empiezas así, y luego quieres saber el origen de cada flor, y aprendes que el narciso era un muchacho que se miraba al agua, que el jacinto era la sangre de otro, que el laurel era Dafne que no quiso entregarse al dios, porque a Apolo lo mismo le daba uno que una. También aprendes que la religión misma da sus propias significaciones a las flores y que tienen hasta su liturgia. En Andalucía, son muy particulares para esto. Antes, cada cofradía —ahora ya no, porque están nada más que pendientes de lo que se pone en Sevilla— iba con sus propias flores. La Virgen de las Lágrimas, siempre la he visto con clavel o rosas y flores menuditas blancas. La Virgen de la Caridad con azuzenas blancas, y en el sudario del Señor, rosas de terciopelo, y se cubría el ataúd del Cristo del Santo Entierro con pasionarias. Al final, relacionabas las flores con las imágenes de la Pasión.

SKU: La sensualidad de tu poesía se hace presente a través de todos los sentidos, pero en algunos poemas lo táctil se impone. Estoy acordándome, por ejemplo, de «Advertencias a Carlotta y Ana» *(Los devaneos),* y del número «8» de *Dioscuro.*

AR: Lo de *Dioscuro* son ambientes de casa de mi abuela. Tenía un baúl de sándalo todo lleno de ropa muy rara, desde trajes de seda, hasta los moarés de mi tío canónigo, y un uniforme militar del cuerpo de los ingenieros. Eran cosas que sabía que en las demás casas no había de fijo porque nadie tenía un traje, casi de obispo, para ponérselo, como nos lo poníamos nosotros.

SKU: ¿Están más arraigadas la exquisitez y la belleza de tu arte en el mundo material, en el cuerpo humano, que en el intimismo espiritual?

AR: Yo creo que todo lo cifro en el mundo externo como un camino para llegar al interior. Tengo una impresión dionisíaca de las cosas. Vuelvo a remitirme a Andalucía. Allá la gente puede llegar a la catarsis, pero mediante un impacto de los sentidos muy fuerte. En la capilla de mi colegio, por ejemplo, he vivido unas emociones intensísimas que luego no las he podido comparar a otras. Eran emociones estéticas en un principio, pero luego me hacían salir de mí, cosa que me es muy difícil porque ante todo y sobre todo soy espectadora. Todo lo miro desde el palco. Yo no he salido de mí ni en un concierto de rock, pero en la iglesia, sí, me he abandonado.

SKU: En otras entrevistas has hablado de algunas influencias literarias: la literatura religiosa, la poesía de San Juan de la Cruz, de Hopkins, de Góngora. Aparte de estas lecturas, ¿hay alguna mujer que has leído o que estás leyendo con especial interés?

AR: Hay muchas mujeres que me gustan, y no sólo como escritoras, sino incluso como personas. Me encanta Santa Teresa. Además, si la gente que se dedica a escribir leyese con más atención a Santa Teresa, tendría más humildad. Ella dice escribir por obediencia, no porque le hubiera tocado ninguna mano divina. Y ahí está ese monumento de «Las Moradas» o la inesperada sinceridad del libro de su vida. Ahora viene gente diciendo que sólo pueden escribir cuando sienten una revelación del más allá..., pero la deben sentir cada cinco minutos porque sacan lo menos dos libros al año. Qué suerte.

SKU: ¿Sientes, de alguna forma, que estás creando una nueva tradición de poesía de mujer?

AR: No, no me lo planteo.

SKU: En varios poemas creas o resucitas de la historia o de la mitología personajes femeninos y muchos de los epígrafes que encabezan los poemas se refieren a mujeres o provienen de textos escritos por mujeres. ¿Escoges conscientemente a la mujer como enfoque de tus textos?

AR: Aquí tenemos que hablar de *Los devaneos de Erato*. Tiene más de mitología, y te voy a decir por qué. El libro no fue escrito para ser publicado, sino para amigos, y nosotros estábamos muy inmersos en el mundo mitológico. Entonces, esas figuras mitológicas son claves para nosotros, guiños. También hay algunas que no son claves de ninguna manera. En «Cibeles ante la ofrenda de tulipanes», Cibeles es la que está allí, en el Palacio de Comunicaciones. También podría decir, «A los tulipanes del paseo del Prado», pero al hablar de la primavera, es más eficaz poner a Cibeles, que como diosa de la tierra siempre implica fertilidad y renovación. El título además me posibilita la tercera persona. Pues está hablando Cibeles, yo no. Es como lo que se cuenta del neoclásico, que la gente se retrataba desnuda, pero la cara era de una modelo. Es una manera de poner una máscara, o de distanciarme, o de no desnudarme demasiado. Por ejemplo, cuando he escrito de verdad usando la tercera persona formalmente, ha sido cuando realmente estaba más implicada en el tema. Ya ni me he atrevido a poner las máscaras. He hablado de ellos, de ellas, para quitarme la historia de encima. No por temor de lo que piense la gente, porque, me ponga como me ponga, con razón o sin ella, todo el mundo va a ver algo biográfico en lo que escriba. Pero sí es por el miedo a entregarme sin trabas a una emoción y dejarme embaucar por ella. Busco una fórmula para no sentirme demasiado implicada y observarme como si yo fuera otra. De todos modos, aunque es inevitable que todo lo que escriba esté pasado por mi filtro, no quiere decir por ello que tenga que referirme íntimamente a mí. Una cosa es la literatura y otra el psicoanálisis. Y la literatura gana más con la serenidad y la meditación.

SKU: ¿Qué entiendes tú por una estética femenina? O sea, ¿cómo influye el hecho de ser mujer en el proceso creador?

AR: La mujer, por el proceso que está viviendo, puede contar unas historias muy fascinantes que antes, por la estructura social, no podía contar ni las podía vivir. Ahora le es posible dar un testimonio diferente de situaciones diferentes. Pero no porque sea mujer, sino porque es la protagonista del momento. Durante las dos guerras mundiales, por ejemplo, se hablaba muchísimo de las consecuencias de la guerra, de la resistencia y de los combates, pero no porque era una literatura necesariamente bélica, masculina, sino porque estaba viviendo la sociedad un cambio muy grande, que protagonizaron sobre todo los soldados. Pero no todas esas páginas las escribieron soldados. Dicen que la literatura femenina es un fenómeno social. ¡Claro que sí! Y la picaresca. Y la de aventuras. La sociedad ha dado un cambio, y como este cambio lo están dando las mujeres, estamos en primera línea para informar sobre ella. Pero el peligro está en confundir el valor testimonial con el literario.

SKU: En tu poesía, a veces transformas al hombre en un objeto, sin personalidad propia, que existe para dar placer a la mujer. En «La puerta del cabaret», por ejemplo.

AR: El sexo es también poder. Hay hombres que se venden, hay cazadotes, y los hay que se prostituyen. Al igual que las mujeres pueden valerse del reclamo que significa su cuerpo para la sexualidad exacerbada de ciertos machos, el hombre puede utilizar su encanto para seducir a mujeres insatisfechas y conseguir a través de ellas posición o fortuna. En las novelas francesas del siglo XIX hay hombres jóvenes y pobres que para triunfar hacen de todo. Las mujeres pueden arruinar y perder a un hombre. Los hombres pueden arruinar y perder a una mujer. No sé por qué la mujer siempre tendrá el estigma de puta y el hombre la aureola de conquistador. ¿Por qué, culturalmente, un hombre no es considerado nunca un objeto? Yo no creo que el modelo de los calzoncillos Calvin Klein lo hayan elegido por su coeficiente intelectual.

SKU: Para ti, ¿es el erotismo una forma de escaparse de la nada, de la falta de identidad, o de la muerte?

AR: No. Con el erotismo no se escapa uno de la muerte. No es eso. Lo que el erotismo hace es dibujar tus contornos, tus límites, no a través de lo que tú percibes, sino a través de cómo eres percibida. Existir en la medida y en la forma de que existes para otros. Muchas veces me doy cuenta de cómo soy porque hay una mano que me está tocando, entonces noto mi piel debajo de esa mano. Y a lo mejor, tengo más consciencia de mi piel que de la mano. El erotismo no es solamente el sexo, por lo menos para mí. Es una relación, una manera de comunicarse con los principios de vida en vez de los principios de muerte. Lo que pasa es que allí está la contradicción, porque la principal esencia de la vida, es que termina. Una vida sin muerte no tiene razón de ser, y menos una vida sensitiva. Puedes comunicarte con todas las cosas de una manera sensorial y vital, que es el erotismo, o puedes optar por la negación.

Pero cuando niegas tu cuerpo y te niegas como persona, estás levantando miles de muros a tu alrededor.

SKU: Además de la literatura, ¿hay otras artes o fenómenos culturales que han dejado huella en tu poesía?

AR: La pintura, muchísimo. Tengo muchos poemas que no hubiera podido escribir sin haber visto determinados cuadros, sin haber estado en relación con esos pintores, con esas imágenes. Soy muy sensible a las imágenes.

SKU: ¿Son pintores contemporáneos?

AR: No siempre. Da igual. Tengo prerrafaelistas, tengo pintores contemporáneos y tengo anuncios publicitarios. Normalmente lo que más fácil, no exactamente de sentir —porque puedo sentir muchas cosas y luego no saber trasladarlas—, sino discernir escribiendo, son cosas figurativas y conceptuales. Porque la emoción ya está apoyada en una imagen y sus referencias, sea un cono, un gato, una cifra o la Cena de Leonardo. De todos modos, no tienen que ser precisamente pinturas. Ni obras maestras. Puede ser una imagen perdida de un libro ilustrado y que apenas recuerdo, que me ha venido como un destello, inconscientemente, por una extraña relación. Le debo mucho a las ilustraciones. Alguna parte de *Devocionario,* sobre todo la que está dedicado a los ángeles, está en la onda de Emilio Freixas, a quien le gustaban tanto los cuentos con ángeles y demonios, y los ponía llenos de azucenas y de estrellas y de cosas maravillosas... Los ángeles eran como hadas y los demonios hombres con unas ropas tan ajustadas que era igual que si estuviesen desnudos. Una cosa así como Batman.

SKU: ¿Y la música?

AR: Sí, yo quería estudiar música, pero tenía muchas dificultades para encontrar un profesor que pudiese darme clases de forma continua. Estudié piano, luego me tuve que pasar a guitarra y al final me aburrí. De todos modos la música marca épocas. Tiene un mensaje claro y preciso para una generación determinada y permanece indescifrable para quien no esté dentro de ese código. La gente de España empezó a participar de todo lo que movía a los jóvenes fuera de nuestras fronteras a través de los Beatles, a través del rock, a través de todos estos discos, que sí entraban mientras los libros o no estaban traducidos o estaban prohibidos, o tenían problemas de distribución. De todos modos la música es el lenguaje más universal que existe. Me ha emocionado mucho estar en otro país y poder cantar las mismas canciones con la gente de ese país. Te sientes unido. En las palabras siempre puede haber un malentendido, algo que no llegas a captar, pero la música no tiene ese problema.

SKU: Muchos de tus poemas revelan una estructura muy cuidadosa, incluso se podría decir, dramática, con un escenario definido, con una introducción que presenta a los personajes, la evolución de los conflictos, y al final, un clímax. Otros poemas se caracterizan por unos versos finales, casi claves, que confirman una posible segunda lectura. ¿Creas estas estructuras conscientemente?

AR: Si lo hiciera conscientemente, podría escribir guiones de cine. Si te fijas, son embriones de guiones, pero no sé dar el paso siguiente. Si yo encontrara el enlace, lo haría.

SKU: ¿Qué papel tiene el humor en tu poética?

AR: Para mí es fundamental. Es una manera que me hace distanciarme. El ver las cosas con humor da la ilusión de estar venciéndolas y dominándolas. Sólo es una ilusión, claro, pero por lo menos permite tener más de un solo ángulo de observación. Si te metes en el conflicto viviéndolo como conflicto, sólo lo ves de una manera angustiosa. Si te sales de allí, ves la angustia, pero también muchas veces lo que puede tener de ridículo.

SKU: ¿Qué características tiene tu poesía, además de la sensualidad que ya mencionaste, que la enlaza con Andalucía?

AR: El tipo de humor que empleo. Para un español lo del «sentido del humor» son palabras mayores, porque tenemos demasiado sentido del ridículo. Cada región tiene una manera característica de reírse del mundo y en Cádiz se llama guasa. Eso de estar contando las cosas más trágicas, o más sublimes y, de pronto, interrumpir para hacer referencia a un detalle completamente distanciado. Se produce una ruptura y, en ese momento, todo el clima se te va al garete, e inmediatamente ves la situación de forma distinta. Hay otra característica, pero más que porque soy andaluza, la atribuiría al haber sido educada, no en una gran ciudad, sino en un principio, en un jardín. Claro, un jardín andaluz es diferente de un jardín inglés, pero, para mí, el hecho de que un niño esté solo es lo fundamental. No sienten el peso del mundo adulto. En una ciudad, necesitas la obediencia, una serie de normas protectoras, ni siquiera puedes meterte en un ascensor solo. En el campo, puedes hacer todo sin vigilancia; además, hay una dimensión sobrecogedora en la soledad de un niño y es que es un lugar para la crueldad. Coges un insecto y lo despanzurras con una frialdad de cirujano. Te estás erigiendo dueño y señor de la vida y de la muerte, viendo cómo un ser vivo deja de serlo en tus manos. Claro, tú eres cruel en el código de los mayores, pero tú no eres cruel, porque todavía eres insensible y no sabes lo que ese animal está sufriendo. Es una lección de la naturaleza que no te la pueden dar en una ciudad. Puedes sembrar una flor, pero también puedes abatir una flor, pisas lo sembrado como un pequeño vándalo. Te sientes poderoso, como rey de la creación.

SKU: En tu poética, ¿qué tiene prioridad, la metáfora o la musicalidad?

AR: La música es lo fundamental. Lo primero que yo pensé que era poesía fueron las letanías de la Virgen. Yo no sabía lo que era metáfora, ni latín, claro, pero esa cadencia, sólo el sonido de las palabras sin sentido, era preciosa. Y es que el misterio del verso está en la pausa métrica.

SKU: Un gozo, casi místico, predomina en tu obra. Pero también hay poemas dolientes y tristes sobre la muerte y la soledad como «Los primogénitos», por ejemplo. ¿Tienes alguna intuición sobre cuál dirección va a seguir tu poesía en el futuro?

AR: No. No la tengo. Pero es verdad que a mí la muerte me preocupa, como un problema a resolver. No pienso en la muerte como sombrío presagio, sino como una experiencia que yo no sé para qué me sirve. ¿Qué provecho puedes sacar de ese tránsito, o de ese sesgo, de esa terminación? ¿Cómo lo cuentas luego? Mi verdadera muerte va a ser el problema que no voy a poder escribir. La experiencia más decisiva de la vida, no la puedo compartir con nadie. Ni nadie puede ayudar contándome su muerte, diciéndome: «Mira, no es tan así, no es tan terrible, no tienes por qué tener miedo, se pasa pronto.» Es una experiencia, para mí, tirada por la ventana. Claro que todo esto son divagaciones en frío que nada tienen que ver con lo que vas a sentir o sufrir cuando te llegue el momento.

SKU: Y el poema, «Los primogénitos», ¿está dedicado a conocidos tuyos?

AR: Fueron mis primeros amigos que se murieron del sida, cuando aún no se sabía cuáles eran las causas exactas, o cómo se implicaba uno. Fue una época de bastante conmoción, no sólo mía, sino de mucha gente, y la amenaza de exterminio gravitaba en el ambiente.

SKU: En el poema «Purifícame» hablas de la importancia de la niñez en la formación de la identidad. ¿Crees que la niñez puede transformarse en una especie de tiranía que no permita que te realices como la persona que en el fondo eres?

AR: Yo de chica era el embrión de lo que soy ahora. Pero la

cuestión es que lo sabía ya; intuía cómo iba a ser de mayor. Cuando hice el poema, «Purifícame», lo hice y punto, pero después de ir leyéndolo, me acordé de una vez que estaba yo en casa de mi abuela. Ella me contaba muchas cosas fascinantes cuando yo era pequeña. Yo estaba un poco frustrada con mi propia infancia, y pensaba: «No tengo nada que contar, a ver cuando sea mayor, ¿qué les cuento a mis nietos o a quién sea?» Me daba cuenta de que era importante tener esa serie de cosas en tu vida, y también de que mi abuela, mientras me las estaba contando, las iba entendiendo ella misma, las iba solucionando. Yo pensaba que era importante acordarme de las cosas para luego poder sacar conclusiones. Una vez, recuerdo que estaba en el jardín y me quedé mirando una falda mía de cuadros, y me di cuenta que me encontraba muy bien. Me daba angustia porque era un momento tan maravilloso, pero que no lo podía contar, porque, ¿qué iba a contar, qué me estaba mirando la falda? No me estaba pasando nada externo, era algo muy dentro de mí que no se reflejaría en ninguna traducción con palabras. Simplemente estaba mirándome la falda y diciendo: «Tengo que acordarme de esto», para ver si de mayor le daría alguna explicación. Creo que allí fue la primera gestación del poema «Purifícame». Si ahora he llegado a comprender que la más pura felicidad está en la quietud, es porque me acuerdo de esa sensación de íntima armonía que esa niña se esforzó en retener para mí.

SKU: Como poeta, ¿te sientes parte de la generación del setenta?

AR: Sí, por edad, tendría que ser, y es cierto que si me hubiese puesto a publicar mi poesía en aquel tiempo, se me podría seguir mejor. Pienso que uno no se puede sustraer a su edad, lo mismo que estaba diciendo de los fenómenos sociales. He podido sacar mi primer libro en el mismo momento que Blanca Andreu sacó el suyo. Pero mientras yo estaba corriendo delante de los grises, Blanca estaba haciendo la primera comunión. Eso es indiscutible. Tenemos diez años de diferencia y, eso, quieras que no, marca. También va la historia mía religiosa y de los santos. Si yo no hubiera nacido en los años cincuenta, esa experiencia no la tendría. Un niño de hoy no te puede escribir de ese ambiente. Ni siquiera un niño que se educa en un colegio religioso y que va a misa sabe lo que es una casulla o una custodia. ¡Cultura litúrgica, no la tiene! Los niños de hoy pueden mirar la catedral de Toledo como la miran los japoneses, sin saber por qué está el comulgatorio, por qué están las lámparas encendidas junto al sagrario.

SKU: ¿Por qué no se usa hoy en día la rima tanto en la poesía?

AR: No escribo con rimas porque pienso que el lenguaje ha cambiado. A mí me gusta usar de todos los recursos del XVII y versificar en endecasílabos y alejandrinos. Si encima les pongo rima, realmente estoy escribiendo a la manera de Góngora. Y con siglos de retraso. De hecho hay mucha gente joven, García Montero por ejemplo, que escribe unas hermosas estrofas clásicas y manriqueñas, pero con la argucia de emplear un lenguaje moderno y coloquial. Resulta un juego de contrastes muy bonito. Pero hay otros que han caído en la trampa de la forma y son perfectos versificadores pero nulos poetas.

SKU: ¿Por qué escribes poesía? ¿Se ha convertido en una manera de ganarte la vida?

AR: ¡Ojalá! La verdad nadie sabe por qué escribe, y por eso se dicen muchas tonterías. Lo cierto es que escribes porque te da un placer, porque te gusta, porque tienes ganas de hacerlo. Pero como a otra gente les gusta hacer otras cosas. Hay gente que se dedica a las plantas y disfruta con las plantas, se lleva un disgusto cuando se le estropea una. Puede parecer muy elemental, pero con el mismo mecanismo funcionamos todo el mundo. Hay gente que dice: «Escribo por necesidad», pero sólo yo puedo admitir esa respuesta a la gente que vive de escribir. Yo no creo que escribir sea una necesidad vital. Quien lo dice es que las verdaderas necesidades vitales las tiene ya cubiertas.

SKU: ¿Qué proyectos tienes entre manos?

AR: Estoy escribiendo las letras para unas canciones. Escribo para periódicos, pero eso no me gusta tanto. Tengo la posibilidad de hacer un libro que puede ser muy gracioso sobre la ropa interior, que me lo han pedido. Por otro lado, tengo en la cabeza que me encantaría hacer un guión para la televisión, una serie, de un escritor andaluz olvidado. Me gustaría coger todas sus obras y refundirlas en una especie de saga y sacarles todo el partido posible. También tengo un proyecto que no es de escribir, pero sí de pensar y de ver la poesía desde otro punto de vista. En el Centro de Nuevas Tendencias van a hacer un espectáculo de ballet con poemas de *Devocionario*, y me han pedido que colabore.

SKU: Como escribes mucho sobre el placer, quiero terminar la entrevista preguntándote sobre tu visión del paraíso.

AR: El paraíso tiene que tener una tentación, porque la tentación es el deseo, el estímulo. La visión del paraíso, tal como nos la han puesto en el catecismo, y hasta en Milton y en Dante, es un paraíso estático, inerte y muerto. Contrastaba con el infierno, para cuya descripción se llenaban páginas y páginas. Tenías 5 000 torturas, 5 000 formas de pasártelo mal, siempre excitantes y terroríficas. Cuando llegaban al cielo, se quedaban sin palabras, porque ya no pasaba nada. El tener todo, el estar plena de todo, es de verdad una visión del paraíso que no puedo concebir. Si el paraíso es así, ¿para qué quieres la eternidad?, ¿para qué quieres un minuto? El ver diariamente que todo es inmutable, inmodificable e inmovible, es un paraíso eterno que da angustia.

Madrid, noviembre de 1988.

## CUANDO MI HERMANA Y YO, SOLTERAS, QUERÍAMOS SER VIRTUOSAS Y SANTAS

*Y cuando al jardín, contigo, descendíamos,*
*evitábamos en lo posible los manzanos.*
*Incluso ante el olor del heliotropo enrojecíamos;*
*sabido es que esa flor amor eterno explica.*
*Tu frente entonces no era menos encendida*
*que tu encendida beca, sobre ella reclinada,*
*con el rojo reflejo competía.*
*Y extasiadas, mudas, te espiábamos;*
*antes de que mojáramos los labios en la alberca,*
*furtivo y virginal, te santiguabas*
*y de infinita gracia te vestías.*
*Te dábamos estampas con los bordes calados*
*iguales al platito de pasas*
*que, con el té, se ofrece a las visitas,*
*detentes y reliquias en los que oro cosíamos*
*y ante ti nos sentábamos con infantil modestia.*
*Mi tan amado y puro seminarista hermoso,*
*¡cuántas serpientes enroscadas en los macizos de azucenas,*
*qué sintieron las rosas en tus manos que así se deshojaban!*
*Con la mirada baja protegerte queríamos*
*de nuestra femenina seducción.*
*Vano propósito.*
*Un día, una turgente púrpura,*
*tu pantalón incógnito, de pronto, estirará*
*y Adán derramará su provisión de leche.*
*Nada podrá parar tan vigoroso surtidor.*
*Bien que sucederá, sucederá.*
*Aunque nuestra manzana nunca muerdas,*
*aunque tu espasmo nunca presidamos,*
*bien que sucederá, sucederá.*
*Y no te ha de salvar ningún escapulario,*
*y ni el terrible infierno del albo catecismo*
*podrá evitar el cauce radiante de tu esperma.*

(*Los devaneos de Erato*)

## CHICO WRANGLER

*Dulce corazón mío de súbito asaltado.*
*Todo por adorar más de lo permisible.*
*Todo porque un cigarro se asienta en una boca*
*y en sus jugosas sedas se humedece.*
*Porque una camiseta incitante señala,*
*de su pecho, el escudo durísimo*
*y un vigoroso brazo de la mínima manga sobresale.*
*Todo porque unas piernas, unas perfectas piernas,*
*dentro del más ceñido pantalón, frente a mí se separan.*
*Se separan.*

(*Indicios vehementes*)

## FESTIVIDAD DEL DULCÍSIMO NOMBRE

*Yo te elegía nombres en mi devocionario.*
*No tuve otro maestro.*
*Sus páginas inmersas en tan terrible amor*
*acuciaban mi sed. Se abrían, dulcemente,*
*insólitos caminos en mi sangre*
*—obediente hasta entonces— extraviándola,*
*perturbando la blancura espectral*
*de mis sienes de niña cuando de los versículos,*
*las más bellas palabras, asentándose iban*
*en mi inocente lengua.*
*Mis primeras caricias fueron verbos,*
*mi amor sólo nombrarte,*
*y de dolor una piedra preciosa*
*en el tierno clavel de tu costado herido.*
*Flotaba mi mirada en el menstruo continuo*
*del incensario ardiente y mis pulsos,*
*repitiendo incesantes arrobada noticia,*
*hasta el vitral translúcido, se elevaban.*
*La luz estremecíase con tu nombre,*

*como un corazón era saltando entre los nardos*
*y el misal fatigado de mis manos cayendo,*
*estampas vegetales desprendía*
*cual nacaradas fundas de lunarias.*
*Párvulas lentejuelas entre el tul,*
*refulgiendo, desde el comulgatorio*
*señalaban mi alivio.*
*Y anulaba, enamorada yo*
*entreabría mi boca, mientras mi cuerpo todo*
*tu cuerpo recibía.*

(*Devocionario*)

## LIBROS DE POESÍA

*Los devaneos de Erato,* Valencia, Prometo, 1980.
*Dioscuros,* Málaga, Jarazmín, 1982.
*Indicios vehementes (Poesía 1974-1984),* Madrid, Hiperión, 1985.
*Devocionario,* Madrid, Visor, 1986.
*Yesterday,* Madrid, Torremozas, 1988.

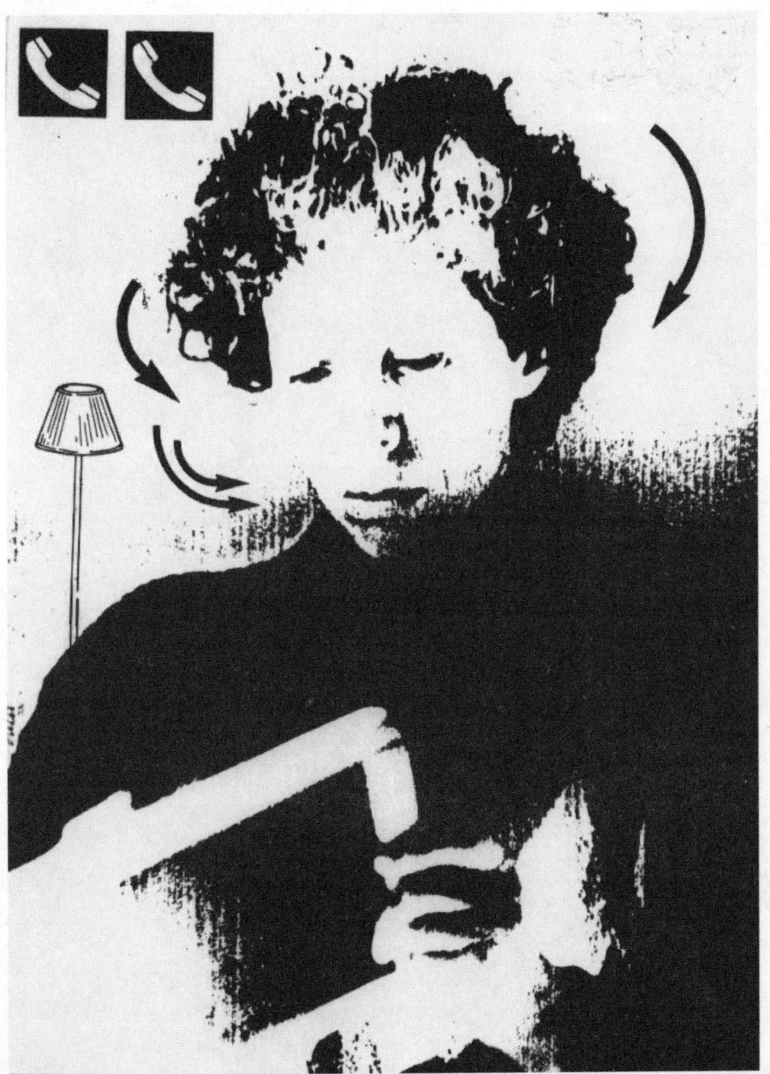

María del Carmen Pallarés

CONVERSACIÓN CON

# MARÍA DEL CARMEN PALLARÉS

Sharon Keefe Ugalde: ¿Dónde pasaste la infancia?

María del Carmen Pallarés: Geográficamente, en Madrid, en mi ciudad. Pero creo que la primera infancia ningún niño la vive en una ciudad concreta. Así que contestándote de veras he de decir que la viví en mi primer paraíso perdido, porque la tan manoseada frase de Baudelaire de que la primera o la verdadera patria del hombre es la infancia, es para mí totalmente cierto. La mía fue una infancia muy feliz. Me acuerdo como alguien incansable, movidísimo y recuerdo con mucha claridad cosas y experiencias muy intensas para mí, como el descubrimiento de la nieve, la sensación de altura, que para mí consistía en la altura de mi padre y de mi abuelo Román, a mi madre, que era principalmente para mí entonces una voz muy clara que cantaba mucho, etcétera; cosas que no son lugares en el plano, sino sitios de maravilla, de misterio, de primeras sensaciones de plenitud. Al principio vivíamos en un pequeño chalet con un jardín, en una zona de Madrid que se llama «Ciudad jardín», por la calle Alfonso XIII. Había mucho espacio. Cuando crecí me di cuenta de que era una casa más bien pequeña y un tanto ruinosa, nada espléndida, pero entonces fue algo extraordinario, porque yo me sentía alguien libre allí, aunque tenía siempre una especie de ansiedad, una ansiedad que desaparecía cuando mis padres regresaban de sus trabajos. Así que los días se dividían clarísimamente para mí en dos partes muy distintas: una parte era la que pasaba con mi hermano José Miguel y con mi abuelo Román y la otra cuando mis padres volvían a casa y sentía el mundo completo de nuevo y me lanzaba a una especie de frenesí de movilidad. Mi abuelo Román fue una figura muy importante en mi infancia, creo que me quería muchísimo, con mucha entrega, y él me facilitó algunas de esas aventuras prohibidas, es decir, aquellas que los padres suelen prohibirles con razón a los abuelos y a sus nietos y que sólo puedes llevar a cabo si tu abuelo es un tanto desobediente. De esa etapa recuerdo también algo importante, que fueron mis primeras sensaciones de no poder dormir. Tengo muy claramente fijada en la memoria la primera vez que de una manera confusa, claro, me di cuenta de que la noche era algo silencioso y oscuro, con luces en el cielo, que en un momento determinado cambiaba y se transformaba en las horas en las que se podía correr y jugar. Bueno, en resumen, he sido de esos niños que en sus primeros años tienen esa sensación maravillosa de estar en el centro del mundo, de ser muy importantes, muy queridos.

SKU: ¿Hay huellas profundas de esa «primera patria perdida» en tus versos?

MCP: Muchísimas, sí, muchísimas, sobre todo en mi tercer libro, *La llave de grafito*. No son huellas involuntarias, sino todo lo contrario. El propio título ya lo indica, creo. Por cierto que ése no era el título que en principio llevaba el poemario; yo le había puesto otro, «Guarda mis lapiceros», que es un verso de dentro del libro, y Amparo Amorós me dijo un día, con mucho tino, que era un título débil y me ofreció un cambio por «La llave de grafito» y lo acepté encantada porque me pareció mucho mejor. En ese libro atesoré precisamente esos primeros años de mi infancia y los segundos y los terceros... y eso no podía hacerlo sin hacerle un homenaje a los mundos del lápiz, esa herramienta espléndida que te abre el mundo y sobre todo que te fascina contigo mismo cuando te das cuenta de que antes de que tú con tu lápiz dibujaras algo o trazaras tus garabatos, aquello no existía y a partir de ese instante forma tanta parte de todo como tu plato de sopa o el vestido que te ponen o los juguetes. Yo fui enseguida muy consciente de eso, así que con un lápiz en la mano me sentía estupendamente bien. Además yo aprendí a leer y a hacer las primeras «oes» y «aes» en casa, con mi madre, antes de la etapa del colegio, de manera que mi infancia, los lapiceros y los mil trozos de papel están unidos a sensaciones y sentimientos de descubrimiento, de asombro, de algo cálido y voluntario y libre. Fue una verdadera llave mágica, en un mundo benéfico, aunque un mundo siempre inquieto, porque me recuerdo desde siempre queriendo saberlo todo, así que tenía grandes rabietas, llantinas y malestar a causa de no entender las cosas o de no saberlas hacer todavía. Pero en *La llave de grafito* hay muchas más cosas, claro, porque el libro va creciendo siguiéndome a mí y llega otra etapa clave que ya no tiene que ver con esa infancia, sino con la de los once años, cuando padecí una enfermedad muy fastidiosa, nada menos que un «Corea Minor», que dicho vulgarmente es ni más ni menos que el «Baile de San Vito», una enfermedad de esas que parece que no existen, sí, pero... En *La llave* hay un poema incluso que lo dedico expresamente así: «A San Vito, mártir calabrés». Aquella enfermedad me tuvo recluida en casa y en cama durante un año. Fue de una terrible incomodidad y sobre todo de un gran desconcierto, porque los síntomas eran de absoluta falta de control sobre mis movimientos, no mides ni tus fuerzas ni las distancias, no calibras con justeza el peso de las cosas, todo puede caerte de la mano cien veces o, por el contrario, cuando agarras algo, no puedes ya soltarlo porque tu mano no obedece y no se abre por mucho que lo intentes; caminas de forma irregular, te sientes siempre cansadísimo o, por el contrario, invadido por una energía desproporcionada con la que no sabes qué hacer. ¡Imagínate el instrumento de tortura que entonces suponía para mí dominar precisamente un lápiz para llevarlo por donde quería sobre un papel! Pero esa enfermedad y la reclusión que supuso, el apartamiento de mi vida normal, el tratamiento médico intenso y la constante esperanza de que el médico pronunciase al mes siguiente la frase liberadora, frase que nunca llegaba, sino todo lo contrario, porque siempre decía: «Bueno, un mes más...»; todo eso, la verdad, es que me constituyó muchísimo. Bueno, a muchos escritores nos ha pasado algo parecido, que durante una enfermedad prolongada descubres casi lo más importante sobre ti mismo, con una profundidad de la que te das cuenta después, de adulto. A pesar de la dificultad fue de veras entonces cuando un lápiz representó toda mi unión con el mundo exterior, así que dibujaba muchísimo, pintaba y recortaba los dibujos (creo que ya estaba ahí mi necesidad de relieve, de volumen) y construía así los dibujos. Me hice además una lectora devoradora, adquirí para siempre mi propensión al insomnio, afloró implacablemente mi sensibilidad y... ¡escribí mi primer poema! Todo está en *La llave de grafito*, ese libro es un continuo diálogo establecido entre yo y yo, entre aquella niña y esta mujer, sin perdernos de vista una a la otra, como si aquella niña supiera desde entonces de una forma nítida la mujer que iba a ser y cómo y qué iba a ser y esta mujer no hubiera perdido en ningún momento, a su vez, la pista de esa niña que fue, que es.

SKU: ¿Provienen de Galicia tus padres o tus abuelos?

MCP: No, todos somos de Madrid —bueno, mis abuelos no, salvo una abuela—. Lo de vivir fuera de Madrid, en Galicia, ha sido una elección mía solamente.

SKU: ¿Hay antecedentes artísticos en tu familia?

MCP: No, no los hay y me hubiera encantado, de verdad.

SKU: ¿Cuándo empezaste a escribir poesía?

MCP: La primera sensación de poema y el primer «poema» —ponle comillas a esto, claro— aparecieron precisamente cuando estaba enferma, como te he dicho. Era de noche, yo no dormía, la luz estaba apagada, las cortinas estaban descorridas y yo miraba al cielo y a la luna y de repente... ¡zas, se me saltaron las lágrimas sin saber por qué, tanteé buscando un papel y un lápiz y así, a oscuras, me puse a escribir un «poema» que titulé «Los arbustos». A la mañana siguiente lo leí (¡son malísimos los versos, pero qué le vamos a hacer, tenía once años) y decía esto: «Las flores silvestres, los arbustos y los pinos / renacen siempre a la luz del sol naciente. / Y en mi alma renace nuevamente / la flor de una ilusión que permanece.» Luego ya no escribí más versos hasta los diecisiete o dieciocho años. Entonces escribí dos poemas, también infames, uno dedicado a Solana, el pintor, y otro a Millares, también pintor. Eran dos poemas tremebundos, barrocos, que hablaban de la muerte sobre todo. Un buen día mi hermano mayor los cogió y se los enseñó a su profesor de literatura y volvió a casa orgulloso porque le había dicho que estaban muy bien y que parecían escritos por el poeta romántico José de Cadalso, del XVIII, por toda aquella temática sepulcral y desbordada. Me sentí encantada con semejante opinión.

SKU: Hablando de la pintura, ¿cómo concibes la relación entre las artes plásticas y la poesía?

MCP: El arte no son las artes, y la capacidad creadora es para mí la facultad única de ofrecer un cauce de materialidad a las sensaciones y a las ideas, hasta convertirlas en pensamientos imaginativos penetrantes, distintos, sugeridores, que arrojen luz —o que proyecten sombras, pero otras sombras— sobre las cosas y sobre los significados que ya conocemos, o que atisbamos. Todo ello precisa de un adiestramiento específico, pero ese es el problema menor, eso es fácil, aprender siempre es fácil. Lo que se es no se aprende, se aprende lo que se hace, así que la dificultad reside en lo que se es, no en otra cosa. Un artista tiene esa capacidad creadora, esa facultad única. No hay posible independencia entre el arte y el arte, creo yo. Para hablar de veras sobre esto yo lo primero que hago es eliminar el plural de artes. Así que para mí la relación es total, desde dentro, de manera absoluta. Uno de los puntos en los que siempre que tengo oportunidad hago hincapié es precisamente éste. Yo dudo mucho de los pintores, escultores y demás que no perciben a la poesía como esencialidad creadora, hagan ellos lo que hagan, y dudo mucho de los poetas que no defienden que un poema es sobre todas las cosas una obra de arte. Es mucha la gente que me dice que tener más de una vocación es un exceso, es nocivo y que hago mal atendiéndolas a todas, pero yo no entiendo cómo son capaces de decir eso, de creer eso en profundidad, cómo no se dan cuenta de que la vocación es una, es la misma, es la vocación creadora diversificada, nada menos y nada más, es un riesgo vital sin paliativos, sin componendas y sin estrategias, algo absoluto. Un italiano genial dijo una vez que la verdad no está en un solo sueño. Yo también creo que es así, sin duda. En fin, por esa vocación creadora diversificada hay una presencia continua de las artes plásticas en mi poesía, a veces de una forma muy camuflada. Al volver a releer poemas, yo misma me doy cuenta de lo sutilmente que aparecen, incluso en poemas que no tengan que ver con un tema estético plástico. Aparte de los colores y los títulos de cuadros, a veces la propia composición de un tema poético es para mí la composición de un cuadro con palabras.

SKU: ¿Como en el poema «Bodegón» *(Antología)*?

MCP: ¡Oh!, me encantaría disponer de mucha cinta grabadora ahora mismo!, para poder hablar de ese poema extensamente, pero sacrificando matices y algunas otras cosas, puedo decirte que ese poema es casi un ejemplo para mí misma, ya que logré algo que estaba buscando, un equilibrio claro entre la descripción, la narración, la interpretación y la sugerencia y que todo ello fuese una auténtica composición casi constructivista desde el punto de vista de la plástica, pero que, desde luego, constituyese un poema de manera que pudiese contar lo que estaba viviendo, lo que estaba sintiendo, lo que estaba viendo, lo que calibraba para seleccionarlo, lo que quería resaltar, el impacto de la memoria presente y alguna cosa más. Es un momento del atardecer, en la isla de Creta, dentro de una vieja y hermosa casa en el monte, con la bahía de Xaniá a la vista, en una sala destartalada, antigua y misteriosa, entre personas y cosas que acababa de conocer, pero que ya me parecían vividas hacía mucho tiempo. ¡Algo extraordinario para ser expresado suavemente, sencillamente!, como por ejemplo el impacto magnífico que yo tenía por el hecho de que la sirvienta de aquella casa, una mujer muy mayor y muy vital, se llamara nada menos que Penélope, Pinelpopi, como dicen los griegos, y que esa mujer, ese nombre, me estuviera aproximando la miel, el pan, desde el otro lado de la mesa, mirándome a los ojos con risa y con curiosidad, así que la forma de expresar eso en concreto en el poema la hallé transformando ese nombre mítico, tan imponente para mí, en *Pinemía*, cargado de intensidad por todo, lo remoto que amo, que necesito y que me ha constituido de aquella cultura, de ese mundo increíble, ejemplificado en aquel momento por esa mujer y ese nombre, míos a través de la cultura y míos en ese instante por su realidad presente, su cercanía y su actitud. Bueno, como siempre en torno a un poema, habría mucho más que decir que, sin embargo, no merece la pena decir porque ya está dicho en el poema.

SKU: La presencia del mar se destaca en varios poemas tuyos, ¿qué sentimientos asocias tú con este símbolo tradicional?

MCP: Siempre sentimientos absolutos, claro. El más dominante, el mejor, el sentimiento de plenitud. Me sucede igual con el aire, incluso vitalmente, porque hice paracaidismo. En una época mi relación con el mar estaba tan vivida que ya no la podía vivir más, pero el aire para mí tiene esa misma sensación de lo absoluto, sólo que en otro elemento: la plenitud de la muerte, que lleva implícita la pasión de la vida, las dos cosas.

SKU: ¿Existe alguna influencia de la poesía oriental, del *haiku*, por ejemplo, en los poemas breves de tus primeros libros?

MCP: Sí, sí existe, aunque yo creo que está más presente a partir del segundo libro; sobre todo quiero decir que existe con o sin contar con la brevedad de los poemas. Existe principalmente de algunas etapas de la poesía china clásica, no tanto del *haiku*, y de los presupuestos estéticos del Tao y esto también aparece en mi obra plástica. Es como si ello coincidiese conmigo tanto como yo con ello, por decirlo así. Pero en mi poesía en concreto también existe otra influencia oriental, la de la poesía árabe, que en cierto momento de su desarrollo tiene esa misma carga de sugerencia, esa manera de dejar abierto un problema poético y un problema vital a la vez, garantizando el camino sólo hasta un punto determinado, como con un esencial reconocimiento de humildad frente al mundo de lo creado y, simultáneamente, un reconocimiento del propio valor y de lo que supone el conocimiento intuitivo de ese mundo de lo creado, precisamente. Volviendo a la estética taoísta, te diré además que lo que me entusiasma de ella es esa especie de orquestación justa, esa fundamental inteligencia para detener la mano en el momento preciso y ese aliento sencillo y hondo. Es que yo lo que menos soporto es la afectación, el falso empaque, esos poemas enfáticos, inflados, excesivos, esos finales a todo bombo y platillo, esos desarrollos líricos ampulosos... ¡qué horror!

SKU: Según mi lectura, la aparente sencillez de tu poesía encubre un sutil y complejo conceptualismo. ¿Hay entrelíneas de lecturas de la poesía del Siglo de Oro?

MCP: De Garcilaso y de Quevedo, sobre todo, sí.

SKU: ¿Qué lecturas tienes entre manos?

MCP: Pues tengo entre manos ahora mismo unos libros muy dispares, como casi siempre. Estoy enfrascada en un manual de fundición de metalistería de principios de siglo, que me está encantando, por un lado. Por otro, acabo de terminar hoy mismo *Ejercicios de estilo,* de Raymond Queneau, el típico libro del que te pasas la vida oyendo hablar y que yo no había leído hasta ahora. Me está apasionando también un libro sobre etnología animal, de un especialista que se llama Dröscher y, finalmente, me temo que esta misma noche la emprenda con *Las crónicas de Indias,* de López de Gómara, que me acaba de prestar mi hermano Fernando.

SKU: Como esta colección de entrevistas se enfoca en la mujer, quiero abordar contigo ahora este tema. ¿Has notado en los últimos diez años algunos cambios en la vida diaria de la mujer en España?

MCP: Creo que eso se puede advertir principalmente en la vida profesional, en la relación laboral, y la verdad es que yo me reconozco una interlocutora poco adecuada para este tema, porque hace años ya que no desarrollo una vida de trabajo diario fuera de mi propio estudio y de mi mesa de escribir. Me faltan esas observaciones, triunfos y padecimientos directos que se derivan del mundo laboral compartido todos los días con hombres y mujeres. Lo que observo en mi entorno más inmediato, entre mis amigas, es que llevan vidas bastante plenas, con buenos reconocimientos profesionales y demás. Creo que buena parte de las mujeres españolas de mi generación hemos ido logrando lo que nos propusimos en su momento y dando paso a cambios que eran necesarios, aunque para mí, como te digo, éste es un tema al que sólo te puedo responder por aproximaciones.

SKU: ¿Crees que el hecho de ser mujer ha coartado o favorecido de alguna manera tus posibilidades en el mundo literario?

MCP: Yo creo que nunca he tenido ni apoyos ni dificultades añadidas a causa de ser mujer, ni literaria, ni artística, ni profesionalmente. Mi caso no es el único, pero tampoco es el de todas, lógicamente.

SKU: ¿Existe una tradición de poesía de mujer en España?

MCP: Creo que hay que hacer primero una distinción entre «poesía de mujer», como tú dices, y «poesía escrita por mujeres». Yo no sé qué pueda ser una «poesía de mujer», ¿quizá la poesía que tenga como tema u objetivo a la propia mujer? No lo sé. Y en cuanto a la poesía escrita por mujeres, no sé si puede considerarse tradición el hecho de que ya aparezcan en nuestros cancioneros medievales composiciones femeninas, de que luego tengamos a individualidades como María de Zayas —bueno, ésta es novelista—, Teresa de Jesús, Rosalía de Castro... y más cercanamente hay sin duda más poetas mujeres firmando sus libros de las que se han visto reflejadas en las antologías que, al final, parace ser lo único que se estudia y se tiene en cuenta para crear tradiciones y teorías. No sé, puede que en el año 2020 se considere que hoy nosotras empezamos a crear una nueva tradición de poesía femenina. También quiero añadir que yo no establezco distinciones, cuando se trata de arte literario, entre países, sino entre lenguas, de forma que la tradición de poetas mujeres en lengua española no es para mí sólo la nacida, creada o publicada en España, sino la escrita en lengua española. Tanto la cantidad como la calidad, en este caso, se ve muy favorecida por las poetas hispanoamericanas, tanto en el pasado como en el presente.

SKU: ¿Cómo te explicas que desde los finales de los setenta hasta principio de los ochenta, hay tantas más mujeres publicando que anteriormente?

MCP: Primero quiero aclarar que sirvo muy mal para este tipo de preguntas, porque lo que realmente me importa son los cambios internos que no son tan detectables. Además, detesto la creación de ciertas modas o tendencias por los medios de comunicación que son más publicitarias que otra cosa, que es lo que puede estar sucediendo ahora con la poesía escrita por mujeres. Con eso dicho, te digo que me parece que ha aumentado tanto la cantidad de mujeres como la de hombres, lo que pasa es que se ha puesto el acento en la cantidad de mujeres, lo cual parece estar dando lugar a un fenómeno determinado. Yo sospecho que ese fenómeno acabe no siendo tal a la vuelta de pocos años; con más perspectiva la balanza aparecerá, seguramente, más equilibrada de lo que ahora parece.

SKU: Se habla mucho ahora en la crítica feminista de una estética femenina. Según tu juicio, ¿escribe la mujer de una forma distinta del hombre?

MCP: Dos respuestas. La primera: sí; y la segunda: no. Trato de explicarlas, veamos. Afortunadamente, somos distintos; de una misma experiencia solemos extraer observaciones y conclusiones diversas y complementarias, por lo cual la divergencia puede ser muy amplia y puede ser también muy convergente, pero lo que no creo es que sean nunca idénticas. Creo que no vale esa respuesta, tan evasiva como contundente, de decir que no, que escribimos igual y que únicamente hay buenos escritores o malos escritores, no. Yo sí creo que hay diferencia y creo que muchas mujeres dicen que no la hay porque tienen una especie de temor, ya que piensan algo así como que es darle «armas al enemigo» el responder a esta pregunta afirmativamente, sin duda porque imaginan que decir que escribimos de manera distinta —porque los hombres y las mujeres somos distintos— acaba traduciéndose gacetilleramente en la idea de que decir «distinto» es decir «peor». A mí todo ello me da igual, pero no tengo más remedio que responder que creo que sí hay diferencia entre unos y otras porque me parece evidente, sin perder de vista que también hay diferencia entre dos mujeres que escriban y dos hombres que escriban. Yo disfruto siempre y para todo precisamente de las diferencias, de las singularidades.

SKU: He sacado algunas palabras de tu obra y quiero que me digas, un poco como un *test* psicológico, las primeras connotaciones que te vienen a la mente al escucharlas. Empecemos con «saliva».

MCP: Arcilla, barro.

SKU: Estatua.

MCP: Imposibilidad, desolación.

SKU: Plata.

MCP: Madera.

SKU: ¿Un metal te hace pensar en la madera?

MCP: Sí, es una asociación lógica para mí. La madera se alía a casi todo lo que me gusta y además con la plata en concreto tiene una gran relación, artísticamente hablando. La plata, el oro, el cobre, recubren muchas veces lo que se llama «alma de madera», que es además una expresión preciosa...

SKU: Pero estoy rompiendo las reglas del juego interrumpiéndote. A ver, otra palabra: bambú.

MCP: Miedo, desagrado. Tiene que ver con los cuentos chinos y japoneses de mi infancia. Son cuentos crueles, horribles y siempre aparece el dichoso bambú.

SKU: Luna.

MCP: Yo, por ejemplo.

SKU: ¿Tú crees que la poesía va perdiendo su sonoridad?

MCP: Sencillamente tiene otra sonoridad y yo creo que tenía que estar aún más acentuada esa distinta sonoridad.

SKU: En algunos poemas de *Caravanserai* hay figuras con aire legendario, como el pirata de «Bergante» y el flautista de «El flautista de corazón». ¿Cuál fue tu inspiración para estas figuras?

MCP: En el «Bergante», además del pirata que todos podemos tener en nuestra memoria, traté de modificar precisamente esa imagen únicamente heroica o cruel de los cuentos y las leyendas —bueno y también de la realidad histórica, por supuesto— y además es un poema implícitamente dedicado a dos de mis mejores amigos. El personaje es una mezcla de los dos. A veces es él y a veces es ella. Es decir, no como son en realidad, sino cómo me gustaría a mí que fuesen. En cuanto al flautista de «El flautista de corazón», la figura en la cual se apoya el poema es el famoso flautista de Jámelin. Ese cuento es otra historia tremenda. En el poema voy citando junto a él otros elementos legendarios que, en principio, nada tienen que ver ni con él ni con el cuento y que tratan sin embargo de que él siga siendo «malvado», por decirlo así. Pero «el de Jámelin» se nos ha vuelto un filósofo, un solitario, una especie de asceta reflexivo. Es así como yo me siento cómoda con él. Acabamos los dos en la misma sensación de desdicha.

SKU: Y las viejecitas, de «La lágrima» y de «Infanta» *(Caravanserai)*, ¿son recuerdos de alguna mujer mayor que viste por las calles de Madrid cuando eras niña?

MCP: No, no. La del poema «Infanta» era una anciana de Granada que tenía un puesto en el mercado de La Trinidad, me parece, cerca de la plaza de Bib-Rambla. Era muy, muy bajita, casi del tamaño de una niña de diez u once años. Me pareció fascinante por su apariencia y porque vendía sus productos sin pronunciar ni una sola palabra; resultaba misteriosa y se movía entre los huevos, los pollos y las verduras con una rara elegancia. Yo la observé, fabulando, durante un par de mañanas. La de «La lágrima» es también una anciana real y también la vi en Granada, subiendo la cuesta del Albaicín a las cuatro de la tarde, con un sol de plomo. Yo bajaba la cuesta y ella la subía, era el mundo al revés un poco. Pero el protagonismo del poema no reside ni en la anciana, ni en mí, ni en el sol y el calor, ni tampoco en la famosa «lágrima», sino en La Sombra.

SKU: ¿Es el poeta o la poeta actual creador de leyendas, o las salva del olvido?

MCP: La facultad del poeta actual para crear leyendas, como tú dices, puede sin duda existir en su deseo, pero dudo de que exista en su realidad. Con su propia vida, desde luego, no crea leyendas, porque la mayor parte son vidas indiferenciadas de profesores de literatura, de periodistas, de catedráticos de universidad, en situaciones económicas y profesionales buenas y teniendo que resolver asuntos y problemas muy inmediatos y poco significativos para lo que puede ser —también tópicamente— una «vida de poeta». ¡Pero es que este tiempo no crea leyendas de nada, con nada ni para nada! Todo es pensamiento lógico, racional, logros materiales y sueños chatos, recortados. Lo más que se tiene es una galería de mitos en la memoria, mitos en sentido amplio, no sólo los mitos clásicos occidentales, y ellos sí aparecen en los poemas a veces.

SKU: Entre tus poemas que hablan de la poesía, ¿hay alguno que consideras como una expresión precisa de tu poética?

MCP: No de una forma completa, pero sí hay alguna aproximación. Un poema que se titula «Soliloquio» *(Del lado de la ausencia),* otro titulado «Adivinanza» *(Antología),* que funde dos cosas con mayúsculas, El Amor y La Poesía, y otro titulado «Gnómico» *(La llave de grafito).* A mí la metapoesía es algo que no me interesa nada de nada, es decir, esa corriente que afortunadamente ya parece haberse agotado en sí misma, mirándose mucho el ombligo y que han dado en llamar así precisamente, «Metapoesía». Claro que ésta no es una cosa de hoy únicamente. Nuestro siglo, cuando redescubre, parece que descubre sin más. Esta característica es una de las cosas que me hacen llevarme mal con él.

SKU: ¿Qué opinas del concepto de generaciones poéticas?

MCP: Desconozco en qué estadio se encuentra ahora este concepto, es decir, ignoro cómo lo llevan adelante los críticos y teóricos serios de la literatura. No me interesa para nada reflexionar académicamente sobre mi propia creación, como lo hacen la mayor parte de los poetas actuales que también ejercen una labor de docente o de críticos literarios. Por lo demás, yo me siento formando grupo generacional verdaderamente con muchos poetas de la mía y de otras nacionalidades y repartidos por muchos siglos.

SKU: Parece que en cuanto a la inclusión de mujeres en antologías generacionales, las cosas están cambiando.

MCP: Sí, indudablemente. Sin duda las antologías de los años anteriores están hechas y construidas por hombres y, cuando aparece en ellas alguna mujer, da la impresión de que sencillamente los acompañan y nada más.

SKU: ¿Cuál de los cinco sentidos consideras más importante en tu expresión poética?

MCP: El tacto. Siempre fui una niña que lo tocó y lo lamió todo para entenderlo, e incluso he jugado a ser ciega. Quizá por esa larga trayectoria de ser insomne he vivido mucho en la oscuridad de la noche. Cuando era pequeña me acababan apagando la luz (porque yo era capaz de leer hasta las cinco de la mañana) y yo abría las cortinas. Con la luz que entraba de fuera jugaba a reconocer las cosas de la habitación. Esa necesidad de aprehender el mundo con las manos, siempre la he tenido y creo que persiste. Pero ¡ojo!, en la poesía es el tacto de la mirada, es decir, esa posibilidad de ver, pensar y tocar en una sola operación. Creo que en mis poemas las tres vías son simultáneas, de forma que mi respuesta es el tacto, pero el Tacto con mayúscula.

SKU: ¿Qué papel tiene lo lúdico en tu poesía?

MCP: Un gran papel, pero lo lúdico tomado verdaderamente, es decir, con toda la serenidad que implica el juego, con todo el drama de la fiesta. Cuanto más se padece más se puede y se debe jugar con la vida y con el pensamiento. Lo lúdico tiene para mi un profundo y dramático significado. Ha llegado a ser en mi vida un elemeto vital de distanciamiento, de desasimiento, de relativización. Me parece un punto necesario y, por lo demás, inevitable en mi temperamento, de madurez. Y también tiene que ver con el desdén por todo lo vanamente transcendente, por esas sentencias supuestamente importantísimas que muchos destilan en sus poemas y que en el fondo no son más que una vaciedad inflada y pretenciosa. Se dan demasiada importancia a sí mismos y a cada palabrita que sale de sus ordenadores.

SKU: Según el poema «Rúbrica», *Luces de travesía* podría caracterizarse por una «herida elemental». En libros anteriores existe una limpia alegría frente a la pasión, frente a cosas pequeñas y maravillosas y en *Luces* parece que se instala una actitud más desolada. ¿Qué actitud consideras más representativa de tu manera de ser?

MCP: Como sabes, rúbrica es también una forma de denominar al color rojo, al bermellón. Eran los griegos o los egipcios, o quizá ambos en su intercambio de costumbres y cultura, no recuerdo bien, quienes lo usaban para sellar, para marcar, y para ritos relacionados con la ultratumba. En nosotros perdió su denominación de color para conservar tan sólo, usualmente, su sentido de registro, de firma, de refrendo o visado. De forma que si esto se sabe o se recuerda, el poema se entiende mejor. En él hay tanta pasión por la vida como por su acabamiento, por la muerte. Y no creo que en mi obra se pueda hablar de alegría, ni de tristeza, ni de optimismo o pesimismo. Es otra cosa. Realmente tiene que ver, toda mi obra hasta ahora, con grados de conocimiento y con el calibre de pasión empeñado en obtenerlo, en afinar la intuición, la percepción y la reflexión.

SKU: Se ha hablado de la calidad narrativa o cinematográfica de tus textos. ¿Eres muy aficionada al cine?

MCP: No, no soy especialmente aficionada al cine y esa cualidad narrativa que mencionas no me viene, pienso, de ahí. Realmente, es algo que aprendí, que necesitaba y que deseaba aprender hasta un punto determinado, para poder utilizarla en equilibrio con las otras notas o cualidades que ya tenía para desarrollar o enfocar un poema, que consistía y consiste, creo yo, en el pensar en imágenes inmóviles que es mi infinita costumbre de la plástica. Aprendí esa cualidad narrativa con un poeta, Jorge Aranguren, que destaca especialmente en ese sentido en la poesía española actual.

SKU: ¿Puedes hablarme de cómo diste con esa imagen tan original de «calle de madera», que aparece al principio y al final de *La llave de grafito?*

MCP: ¡Uf!, hay mucho que decir sobre ello. Una parte ya la sabes, por la pregunta concreta en torno a la madera que me has hecho en el *test.* Otra parte también, porque ya te he hablado de aquel año de reclusión obligada en mi casa a los once años: el mundo exterior, la calle donde todos los demás seguían corriendo se redujo para mí al pasillo, que era la única calle de que disponía y que representaba también el exterior, ya que yo donde debía estar siempre era en mi habitación y en la cama. Pero claro está que en el poema no se dice calle pavimentada con madera, sino «calle de madera». Voy a hacer el esfuerzo de explicar todos los significados, o casi todos, mejor dicho, que puedo verter en esa expresión y, como verás, casi todos vienen de lo vivido. Una, la impresión fortísima de ver un día, por primera vez, pasar por la calle un entierro con un coche fúnebre blanco y un ataúd de madera pintado de blanco también. Pregunté y me dijeron que era el ataúd y el entierro de un niño. Dos, juegas por el pasillo y mueres, te vencen o vences tú y te lo estás creyendo de verdad de pequeños. Tres, muchas de las cosas que nos rodeaban entonces eran de madera, no de plástico, como unas espadas de juguete que mi hermano y yo nos hacíamos para jugar a guerreros con ellas. Cuatro, un gran armario ropero, barnizado, en el que podías «ver» cantidades de mundos. El primer regalo que recuerdo de mi primer «novio» —pon novio entre comillas, porque yo tenía siete años— que era un pequeño farol de madera y cristal. Bueno, todo fluctúa entre el mismo asombro, entre la destrucción y la pervivencia. Cuando utilizo la imagen al final del libro está claro algo de esto, me parece: «Pero de qué calle es el tiempo, / a qué madera se afilió la vida / a través de la voz de los años...»

SKU: Tienes además un poema dedicado a la madera, «Impromtu en madera». ¿Cómo sacas tanto mundo de la madera?

MCP: ¡No soy yo quien pone ese mundo en la madera, ella lo tiene! La madera es algo común y siempre extraordinario, con resultados físicos y con procesos químicos interesantísimos, sustentadora quizá de las mejores ideas estéticas que hemos podido tener y continuamente útil, siempre cálida y acogedora, fascinante en su mayor pervivencia que otros materiales más grandilocuentes, con simbologías abundantísimas, en fin, algo que hay que contemplar con admiración y con gratitud.

SKU: ¿Proviene también de una experiencia vivida el poema «Autofanía», que aparece en *Antología* como ejemplo del libro inédito «El palacio»?

MCP: Sí. Es además una experiencia repetida. Me encontré conmigo misma, ni más ni menos, en dos ocasiones y media. Al principio me asusté mucho, la verdad, después ya no tanto porque estaba entrenada, por decirlo así. La autofanía —cuando me sucedió ni siquiera conocía yo esta palabra— es un fenómeno psíquico, o parapsíquico, si quieres, de capacidad de proyección del doble, de ti mismo. Se produce, según lo que he investigado, porque en ese momento resulta que eres capaz de tener dos centros de conciencia y no solamente uno, que es al parecer con el que normalmente vivimos. Cuando me pasó la primera vez decidí enterarme, preguntar, leer sobre ello hasta encontrar una explicación un poco convincente. La palabra con la que se designa el fenómeno ya explica mucho sobre él. Es una cosa que aparece en muchas culturas antiguas como algo normal pero considerado sin embargo como algo de campeonato y asociado a veces con acontecimientos funestos. Resulta que esa misma experiencia también la tuvieron, de entre los que han contado, Goethe, la reina Isabel I, Shelly y algunos más que ya no recuerdo. La primera vez que me sucedió me vi entrar a mí misma por la puerta de la redacción del periódico donde entonces trabajaba y me vi avanzar hasta mi mesa y sentarme delante de mí, donde yo escribía a máquina una información. Ella entró, como digo, mirándome a los ojos, se sentó ante mí y de repente despareció. Llevaba mi misma ropa, caminaba igual, todo era idéntico menos la mirada, vamos a ver, fue como si por primera vez viese la mirada de mis ojos. Fue muy impresionante. La segunda vez ocurrió en un trentalgo, a mediodía. Yo iba sentada al final del vagón, donde los asientos están enfrentados. Iba leyendo tranquilamente. Levanté la vista para comentar una idea del libro con una amiga que iba sentada a mi lado y ¡sentada en el asiento frente al mío, que iba vacío todo el trayecto, estaba yo! Me vi ahí, de nuevo, quieta, casi hierática, mirándome. La única diferencia es que ella no tenía ningún libro entre las manos. La otra ocasión está mezclada con más cosas. Bueno, no es fácil hablar de esto. Hay un cuadro de Dante Gabriel Rossetti en el que aparece esto también y que tiene además un título completamente explícito, se titula «El modo en que ellos se encuentran». En mi poema, cuando digo «si llegara yo en ese barco», no estoy diciendo, por supuesto, otra cosa que si mi doble, mi proyección, la que yo conozco, llegara en ese momento a encontrarse de nuevo conmigo... y describo cómo lo haría tal vez en esa ocasión, como si fuera la definitiva, aquella en la que finalmente me va a revelar algo importante, crucial, y a la cual me entregaría ya sin reparos.

Madrid, octubre 1988.

## IMPROMTU EN MADERA

*Me acuerdo de los árboles*
*que pagaban tributo al Gran Turco,*
*con su sangrada goma mediterránea,*
*allá por el siglo dieciséis;*
*me acuerdo de los cálamos y de los manuscritos;*
*me acuerdo de mi acacia en el jardín.*
*Voy y me acuerdo del policromado,*
*del moho que conoce la corrupción,*
*del lecho orgánico sobre el que descansa*
*la memoria inmortal de los faraones,*
*del alma de madera bajo el oro,*
*la plata, los marfiles, el bien batido cobre;*
*de los esclavos y su sentido de la fibra,*
*del árbol que protege a los amantes,*
*del* hbny *impresionante que nos vino del sur.*
*Me acuerdo con dulzura de la tiernas maderas*
*que han amado los trépanos y los cepillos,*
*de los pies atiplados de la carcoma;*
*me acuerdo de Jacobo y de Martino,*
*de lo uniforme y de lo cálido,*
*del boj de la Contrarreforma;*
*de la médula hurtada a la humedad,*
*de la resina negra,*
*de tanto gran río, y del carbón.*

(*Caravanserai*)

## BODEGÓN

a Toni Quintana
y
a María Argyriou

*En el espejo*
*los bordados, las sillas,*
*la inútil chimenea, las naranjas*
*amarilleando, la camomila,*
*el libro. En la hipérbole del espejo*
*el extraviado, ella, los dos*
*marinos, la anciana, Pinemía, el gran gato.*
*Todo: la miel, el pan y la pimienta,*
*las baldosas etílicas, los cuchillos, la tarde*
*que se viene; el espejo así inmovilizado*
*por la vida y sus innumerables*
*puntos de fuga, espontáneamente*
*dispuesto por la mano*
*meticulosa de la belleza.*
*Y los aromas, y los rumores*
*mórbidos.*

(«El palacio», *Antología*)

## HISTORIA DE ADÁN Y EVA

*Un horizonte largo, luna nueva.*
*La serpiente abandona su árbol de oro.*
*Ellos, tendidos junto al animal,*
*ven dibujarse en la pulida fruta*
*las letras a, de, uve, ene, e.*
*Pierden sus ojos en lo alto.*
*Luego observan las móviles*
*raíces de la primavera.*
*No carece la luna de su anillo.*
*El invisible cálamo detiene*

*su lento ir y venir.*
*Se aproximan un ciervo, una lechuza*
*y Rigel, una estrella.*
*Las manos se abren a la madrugada.*
*Los ojos de la sierpe centellean.*
*Todo es de una blancura invariable.*
*Lejos, vuelan los ángeles cansados.*

(*Luces de travesía*)

## MARCO

*Ha terminado un beso.*
*En los labios que ya se cierran*
*queda una clara señal de gloria.*
*Hay un barco que cruza la ría,*
*la soledumbre de un amor que danza*
*hasta formalizar una suite.*
*El beso tiene su mediodía irrepetible,*
*tiene su lámpara de magnesio,*
*la disciplina de lo antiguo.*
*Si se recomenzara, se obtendrían*
*la desolación y la risa.*

(*Luces de travesía*)

## LIBROS DE POESÍA

*Del lado de la ausencia.* Gijón, Colección de Poesía Aeda, 1979.
*Molino de agua.* Madrid, Adonais, 1981.
*La llave de grafito.* Madrid, Adonais, 1984.
*El hallazgo de Agrigento.* Madrid, Revista de Occidente, 1984
*Caravanserai.* El Ferrol, Colección Esquío de Poesía, 1987.
*Antología (1979-1986).* Málaga, Puerta del Mar, 1987.
*Luces de travesía.* Madrid, Ed. Libertarias, 1989.

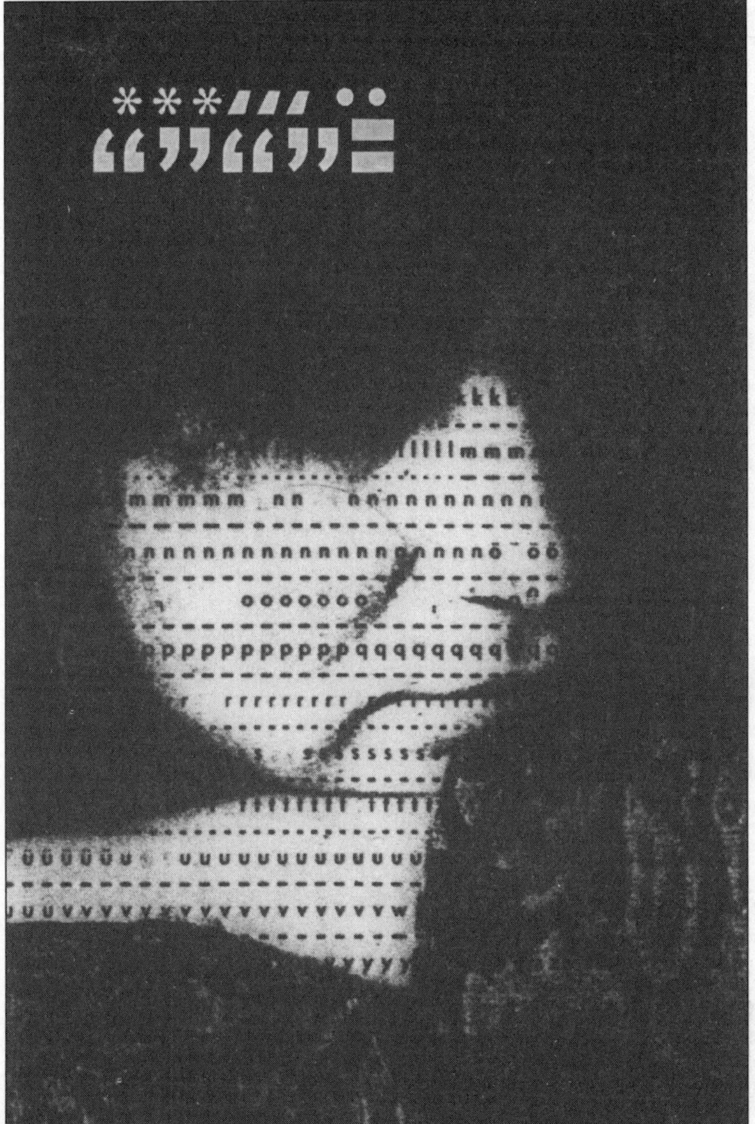

Concha García

CONVERSACIÓN CON

# CONCHA GARCÍA

Sharon Keefe Ugalde: ¿Reflejan los libros *Rabitos de pasas, Otra ley* y *Ya nada es rito* tres etapas distintas de tu biografía vital?

Concha García: Sí. Yo, de hecho, pienso que cada libro es como un paso autobiográfico. Encuentro *Rabitos de pasas* ya desfasado en relación a *Otra ley* y a *Ya nada es rito.* Los dos últimos forman parte de una trilogía que se complementará con un libro que saldrá en Ediciones Libertarias y que se llama *Desdén.* Pienso que, a partir de esta trilogía, quizá ese monotema casi angustioso cambiará.

SKU: ¿Por qué te atraen la ambigüedad y la fluidez, sobre todo en el empleo de los pronombres? El pronombre «tú», por ejemplo, a veces se refiere a un desdoblamiento de la voz poética, y otras, a otra persona.

CG: Es que yo soy amante de lo plural, es decir, el ser uno y ser muchos. De todas formas, lo de la ambigüedad en los pronombres también viene determinado porque siempre el pronombre había sido, si eras una mujer, dirigido hacia un hombre y ése no es mi caso. Pienso que las sensaciones, las correspondencias de sentimientos pueden ir dirigidas también hacia una mujer, hacia mí misma y también, a veces, hacia un hombre.

SKU: ¿Refleja tu estilo irracional, desafiante, únicamente una confrontación con el lenguaje poético, o el enfrentamiento va más allá?

CG: Yo creo que el lenguaje poético solamente es un instrumento. Yo me siento muy sola en un sentido social. Es decir, no soy aceptada porque no estoy casada y no tengo representación social, ni estatus, ni familia, que me ampare. No me gusta entrar en ese juego porque no lo he elegido. El lenguaje es como un útil que me sirve para reflejar mi estado de soledad, de lo que Miguel Espinosa describe cuando dice: «No estás sola, sino que eres sola.» En ese sentido, me siento también desamparada aquí en Cataluña, porque tampoco soy catalana, no me siento con raíces.

SKU: Una marginalidad plural, ¿no?

CG: Sí. Y no necesariamente elegida. Mi patria, mi tierra... no la tengo. Mi amor, mi familia, pues sí, pero son de otra forma.

SKU: ¿Qué identidad crea tu poesía para la mujer?

CG: Para la mujer, en general, no lo sé. No creo que la mujer sea un universo que va al unísono. Pero para mí, que me represento como mujer, pienso que sintetiza muchos estados catárticos que muchas mujeres han podido sentir y que, en esos momentos, se identifican conmigo. Pero también pienso que no exclusivamente en las mujeres se da esa catarsis, también muchos hombres pueden sentirla.

SKU: ¿Podrías comentar, por ejemplo, el poema «Confirmación», en el contexto de crear una identidad para la mujer?

CG: Es un poema que empieza: «Soy una larga espalda inclinada hacia el sur. / Que mi madre me dio leche, ya lo sé.» Primero hablo de que soy del sur, pero que no estoy en el sur y de que mi madre me creó un universo femenino con el que yo no estoy de acuerdo. Mi madre es la cultura, la cultura que representa, que yo represento, que me han dado. Mi madre es a la vez la raíz que yo tengo y que no tengo, porque estoy en otro sitio. Difiero de la cultura dada. Acaba diciendo el poema que soy una espalda larga, inclinada, rasa. La sombra es el único desligue que hay en mí, lo que yo quiero ser; o sea, mi sombra es mi otro yo. Me desligo de todo lo dado, lo reconozco, pero acabo siendo eso que yo elijo.

SKU: ¿Cómo ves la evolución de la poesía escrita por mujer en España durante los últimos diez años?

CG: Veo que ha evolucionado mucho. Primero, porque los editores han puesto más atención en ella, y segundo, porque la mujer también ha entrado y ha sido aceptada en los círculos culturales, ya no sigue empecinada románticamente en idealizar ciertas situaciones que al final siempre son engañosas, se ha colocado en su lugar, sola, con su discurso. Hay una antología muy importante, que hizo Carmen Conde, de las poetisas de los años cincuenta, éstas tenían un monotema: su soledad, pero una soledad pasada por el tamiz de sus funciones en el hogar y en la sociedad. Ahora encontramos la soledad de las mujeres pasada por el tamiz de sus funciones en el mundo; ésa es la diferencia y creo que es fundamental.

SKU: ¿Quiénes son algunas de las poetas de la actualidad cuya obra aprecias?

CG: Me gustaba mucho Blanca Andreu cuando publicó su primer libro, *De una niña de provincias que se vino a vivir en un Chagall,* me gusta Juana Castro, Carmen Pallarés, Clara Janés, María Victoria Atencia, Andrea Luca, Isla Correyero y Ana Rossetti, también Luisa Futuransky, Cristina Peri Rossi y Mercedes Escolano.

SKU: ¿Hay otras escritoras, anteriores a estas contemporáneas, que hayan dejado alguna huella en tu formación literaria?

CG: Sí, sobre todo Sor Juana Inés de la Cruz, Alejandra Pizarnik, alguna cosa de Ángela Figuera. Recuerdo que en los años setenta, en editoriales sudamericanas, se publicaron unos libros de poesía que yo solía encontrar en librerías de viejo. Me impresionó un libro que se llamaba *El nombre de las cosas*, de Cecilia Bustamente. También he leído a Sylvia Plath, a Emily Dickinson, algún poema traducido de Anne Sexton... La mía es una formación heterogénea y autodidacta en lo que se refiere a poesía femenina. Hay autores masculinos que me han influido más.

SKU: Es la próxima pregunta. En tus libros citas en forma de epígrafe a varios escritores. ¿Consideras que son los autores que más han marcado tu obra, por ejemplo, Paul Celan, Ezra Pound, T. S. Eliot, Wallace Stevens, Vladimir Holan, Fernando Pessoa?

CG: Creo que estos autores han llegado a la esencia que yo estoy buscando, esa especie de soledad... llena de sabiduría y dolor, de esa soledad que no necesita de una ausencia, o sea, lo que es una soledad pura, como mirar el mundo desde un ángulo más comprometido con uno mismo. Evidentemente la obra de Fernando Pessoa, con su rica heteronimia, me ha marcado muchísimo, también la de Cesare Pavese y muchísimo los surrealistas franceses, Paul Celan es una maravilla, qué te puedo decir... San Juan de la Cruz, Góngora, Cernuda, García Lorca, Machado, Larrea... Miguel Espinosa, que no es poeta en el sentido convencional de la acepción, me ha marcado mucho, esa riqueza de vocabulario tan somera...

SKU: No has mencionado a Pablo Neruda, pero algunos de tus poemas me hicieron pensar en *Residencia en la tierra*.

CG: Es que, obviamente, no los he mencionado a todos, creo que hay un poeta siempre para cada etapa de tu vida y para cada momento de tu sentimiento. Neruda me marcó en la adolescencia. Creo que ahora estoy más en la línea de los poemas breves, más condensados, quizá se acerca más ahora mismo mi poesía a la escritura de Tomás Bernard o de Peter Handke, que ya ves, tampoco son poetas.

SKU: ¿En qué trabajas para ganarte la vida?

CG: Trabajo en un despacho y allí me siento como alguien muy burocratizado, como con la doble vida que hacía Pessoa. No me siento oficinista, me siento, bueno, que estoy allí y ya está.

SKU: ¿Te consideras feminista?

CG: De hecho, mi poesía —con la connotación que yo pienso que tiene la palabra feminismo— es feminista. Lo que no me gusta, por supuesto, es el feminismo —lo femenino— del que hablábamos antes, el ortodoxo, o el monjil.

SKU: ¿Cómo te explicas el *boom* actual en España de la poesía escrita por mujer?

CG: A una editorial le interesa que se venda lo que edita y hay un sistema de *marketing*, como en Norteamérica con los *best-sellers*, y ahora mismo interesa porque se vende la poesía hecha por mujeres. Además, como te había dicho antes, la mujer está más introducida en el mundo de la cultura. Creo que es la participación y el *marketing*. Hay muchas mujeres que ya están ocupando puestos de directoras literarias, o de colecciones. Noto que las cosas están cambiando. Por ejemplo, yo empiezo a escribir a los dieciocho o veinte años poemas que empiezan a tener ya una cierta personalidad y tengo treinta y dos, pues bien, en la época en que yo empezaba a tomarme en serio lo de la poesía, o eras una persona privilegiada o con mucho amiguismo, o no tenías nada que hacer, absolutamente nada que hacer. Ahora mismo yo creo que es más fácil que alguien considere tu trabajo; desde luego, el terreno es mucho más llano que antes.

SKU: A pesar de este progreso, ¿crees que queda algún residuo de prejuicio en contra de la mujer escritora?

CG: Yo creo que todavía queda aquello de que si te acuestas con el editor mejor, aunque también favorece mucho que alguien te pasee, te lleve a los lugares donde te vas a encontrar con ese mundillo. Ahí está el residuo precisamente, las escritoras somos la mayoría de las veces el florero de la editorial, por buenas que sean se convierten en la escritora cuota.

SKU: Si fueras a escribir una receta —no para una paella como la que acabamos de disfrutar— sino para tu poesía, ¿cuáles serían tres ingredientes que no podrían faltar?

CG: Primero estar sola. Segundo, sentir una sensación real. Tercero, la capacidad de que esa sensación real pueda ser ficticia.

SKU: ¿Qué es, en el fondo, lo que deseas lograr con tus versos?

CG: Quizá tener una memoria vital de mi vida. Pero cuando escribo no me propongo nada, después sí: publicar el libro, por ejemplo; quizá sea un tanto vanidosa.

SKU: ¿Cuál es el mayor obstáculo en el camino de una poeta o de un poeta?

CG: Al poeta no lo motiva siempre lo mismo, quiero decir que a cada uno le motiva una cosa distinta. Entonces, yo te puedo hablar de mí. Y, en mi caso, mi mayor obstáculo sería no tener experiencias, que la poesía estuviese vacía de vivencias, es decir, que me encerrase y el mundo pasase ajeno a mí. Lo más importante es que haya un transcurrir real entre lo que yo vivo y lo que yo escribo.

SKU: Con el auge del catalán y su rica tradición literaria, ¿cómo es vivir en Barcelona y escribir en castellano?

CG: Barcelona afortunadamente es bilingüe, eso quiere decir que hay dos culturas distintas y que desafortunadamente muchas veces están cada una en un sitio distinto y se ignoran. La culpa creo que la tiene la política exclusivista que están haciendo desde la Generalitat, ese pujolismo que está tapando la cultura castellana. Desde luego no hay muchas facilidades, ellos ayudan a fomentar sólo la poesía catalana, claro que al escritor lo hace su lengua y yo escribo en castellano. Yo he vivido siempre en Barcelona y me gusta esa ciudad, también Cataluña, pero creo que los nacionalismos sólo conducen a un cierre de la cultura.

SKU: ¿Crees que el sexo de la autora, del autor, marca la escritura?

CG: Sí, hemos tenido históricamente condiciones distintas y eso se lleva en la sangre, ¿no?, lo cual no quiere decir que haya que poner dos bloques, uno de escritores y otro de escritoras, la literatura es universal.

SKU: ¿Qué papel tiene el ludismo y la ironía en tu poesía?

CG: Mucho. Hay varias fórmulas para expresar las sensaciones o decir lo que sientes; yo elegí lo lúdico porque es una manera de llegar a la verdad. La ironía es para mí subversiva.

SKU: Los poemas iniciales de cada sección de *Otra Ley* me parecen textos claves. Por ejemplo, «Retrato fingido», de la primera sección, y de la segunda, «La sirvienta». ¿Son de alguna manera *Ars poética*?

CG: Ahí hago una declaración de principios cuando digo en el primero: «Tampoco mora. Ni habitaría», es el monotema de esa soledad, de no inscribirme en la tradición de la que hablaba antes al referirme a «Confirmación». No estoy ni habito en esas condiciones. El otro poema, «La sirvienta», también es una forma de negar, de subvertir esa tradición que he heredado, que tiene pilares como el cristianismo, la familia y la moral ortodoxa.

SKU: Me parece que, además de hablar de los temas que acabas de mencionar, hablas de cómo es tu poesía.

CG: Mi poesía no se desliga demasiado de lo que soy yo, aunque muchas veces juego con palabras y ritmos. También en la vida se juega y se inventa, ¿no? La dualidad es verdadera.

SKU: ¿Dirías que los dos primeros poemas de la tercea sección, «Rota su larga manía» y «Ya he vendido los volantes», forman una declaración fundamental con respecto al proceso del autodescubrimiento?

CG: En conjunto pienso que todos los poemas, unos más que otros, son claves de autodescubrimiento; además, así das cabida a todas las otredades que tienes. En «Ya he vendido los volantes y las ramplonas medias», cuando lo escribí, me planteé dejar de sufrir una situación algo engorrosa socialmente, quiero decir que dije adiós a los lazos rosas, ya no quería ser esa mujer de la que fui un proyecto. En el otro poema, «Rota su larga manía», pasó exactamente lo mismo. Pienso que el libro entero es una declaración de principios pasados por el tamiz de la sexualidad o, mejor dicho, del sexo. Yo hago mía aquella famosa frase que dice que «sólo creo en el sexo y en la muerte», Eros y Thánatos. La ruptura suele costar mucho, si no, no sería tal; eso hace que te sientas también sola, claro.

SKU: Dentro de este contexto de rupturas, ¿no encaja el hecho de que a veces traicionas los cánones del verso y también de la sintaxis?

CG: Sí; como te dije, mi vida va muy ligada a mi poesía o viceversa. Hay algo que dijo Juana Castro sobre mí en *El Diario de Córdoba,* es que hago los poemas tal como surgen los pensamientos, porque una no piensa con una sintaxis de academia, ni está el complemento directo después del verbo. Una piensa con frases entrecortadas y sueltas, eso es lo que pongo en mis poemas. Es muy loable la tarea de medir el verso, de hecho hay excelentes poetas que lo hacen, pero creo que yo ahí sería nefasta y además no me interesa.

SKU: El sexo es un enfoque central en tu obra, pero aparece de una forma poco frecuente, desligado, a veces, del hedonismo e incluso del amor, ¿es una sensación de alienación o tal vez el temor a la soledad lo que le quita el brillo?

CG: Yo pienso que el sexo no tiene que estar ligado, como hasta ahora y sobre todo en las mujeres, al sentimiento, sino que el sexo es hacer el amor un día, sin prejuicios ni afán de perpetuar la especie y mucho menos sin esa idolatría por la fidelidad. Pienso que el sexo es también una aventura, dura un minuto y es eterno. Le doy tanta importancia al sexo como a dar un paseo. Es la intrascendencia. Creo que es una forma de tratar el sexo no muy corriente.

SKU: ¿Te dedicas a algún otro arte además de la poesía?

CG: He escrito un libro de relatos, estoy ecribiendo una novela y también escribí una obrita de teatro, pero también me gusta desarrollar el arte culinario.

SKU: ¿Hay antecedentes artísticos en tu familia?

CG: Sé que en mi familia paterna hubo algún pintor, literariamente hablando, no. Al menos no lo conozco.

SKU: ¿Has conocido a través de la literatura o la vida cotidiana alguna mujer legendaria?

CG: ¿Mujeres legendarias? Sí, varias, por ejemplo, Frida Kahlo, fue una mujer admirable. La verdad es que en lo legendario siempre he sido muy contemporánea, quiero decir que hay algunas que no han sobrevivido a mi adolescencia. También admiro mucho a Marguerite Yourcenar. Cuando tenía dieciocho años leí *El segundo sexo*, de Simone de Beauvoir; es una mujer que también admiro. Janis Joplin me fascinaba y me sigue fascinando. La actriz francesa Jean Seberg me atrae porque tiene una imagen enigmática. En conjunto me han parecido siempre fascinantes las mujeres gitanas, las árabes, todas las que de alguna manera han estado más marcadas por el machismo más recalcitrante, me siento muy cercana a ese tipo de mujer.

SKU: ¿Una poesía tan vanguardista como la tuya tiene cabida en la poesía española de la actualidad?

CG: ¿Por qué no? Ahora no hay ninguna tendencia, ningún parecido y sí algún acercamiento con lo que estoy haciendo respecto a lo que están escribiendo otros y otras poetas. Creo que los símbolos, el lenguaje y las metáforas que estoy utilizando son muy contemporáneas y no tiene por qué no tener cabida en la poesía de la actualidad. Dicha poesía, la de la actualidad, tiene un amplio espectro de tendencias. Hoy día hay una pluralidad poética que está muy bien.

SKU: ¿Cómo ves el papel de la memoria en *Ya nada es rito*, comparado con su presencia en libros anteriores?

CG: Vuelvo a repetir que *Otra ley* es el principio de una triología, *Ya nada es rito* lo continúa y acaba en *Desdén*. Por eso, no puedo mencionar un libro sin mencionar el otro. *Otra ley* es, ya lo dice el título, otra ley, otro orden de cosas. Y, dentro de ese orden de cosas, «ya nada es rito» porque los ritos que quizá había antes se han acabado, vamos a empezar con otros ritos distintos. Y *Desdén* sería como el final de esos ritos. Es como decir, bueno, ya los he vivido, ahora me toca vivir otra cosa. Lo cual enlaza con el sentimiento que tengo yo siempre de la vida, que es efímera. A pesar de que educacionalmente la vida te conforma un carácter, tú lo puedes romper, tú tienes el poder de romperlo. En este sentido somos un poco dioses, los héroes de nuestra propia vida, y eso es lo que yo pienso de la memoria en *Ya nada es rito*. Es una memoria que se apaga, quizá con un amor que se ha terminado. Pero ese amor no es el amor de la otra persona, sino el amor que tu tenías, porque el amor está siempre dentro de uno y la memoria da cabida a otro amor, o a otra cosa, siempre da cabida a otras situaciones distintas.

Barcelona, diciembre de 1988.

## CONFIRMACIÓN

*Soy una larga espalda inclinada hacia el sur.*
*Que mi madre me dio leche, ya lo sé. Que me*
*hincó la uña con cierta parsimonia bajo los cojines*
*y edredones y su femenino amor tuvo que darme*
*osamenta y cutis. Gracias al fervor de las nubes*
*cultivó soliloquios. Y ella, sin destreza*
*me puso el ombligo entre las sienes: la epidermis*
*en las nalgas y el placer arquea mi perfil*
*hondo y altanero. Declino en sombra*
*proyectada, enorme, rasa. Único*
*desligue que hay en mí.*

(*Otra ley*)

*Ya he vendido los volantes y las ramplonas medias*
*pedíame un comerciante en su ración de precio*
*dos doblones y una escafandra, pero labio*
*inferior semiovalado mío díjole que no*
*que tanto no es el precio, que solitaria yo los saco*
*del baúl para que no sean míos, y enséñole*
*linda foto que reseca en el reborde le muestra*
*compañera informal al son de una pavana.*

(*Otra ley*)

## DEJANDO DE AMAR

*Ya no le digo te quiero a nadie*
*he perdido el sur del vestido y las*
*costuras se abren, parezco una tela*
*inflexionada, una rota lana.*
*Me río de tanta lluvia, a veces,*
*el aliento es iracundo y lunático,*
*la frescura y el atrevimiento*
*se han hecho detritus, pondero*
*por esto todo amor deshilachado,*
*me aceito de madrugadas pasivas*
*y al mirar por la ventana se va*
*aquel dramatismo de antaño*
*aquella ira romántica que*
*ponía un precio a la aventura.*

(*Ya nada es rito*)

## PRIMER PRINCIPIO

*Era un umbral: casi una entrada:*
*el zaguán, un pasillo*
*que se zafa de oscuro, un ruido*
*en él, y ya entro. Un sonido*
*de cuerpo, de víscera gigante*
*una alegría espesa manifestada*
*en el ombligo, los dedos,*
*la carne, la parte lasciva de la rodilla,*
*un ruido ecléctico: brillante*
*que me mueve los principios, que*
*me apresura la sangre.*

(*Desdén*)

ANTES DE AYER

*El requisito es noble pero*
*se pregunta si es moral*
*rascándose en la oreja, un día*
*el crucigrama era difícil*
*tuvo sombras, buscó álamos*
*y se mojó de río, antes de ayer*
*le encantaba maquillarse*
*hoy no. Relatar y contar*
*comer, dormir en los brazos*
*de quien le apasiona, ¿es noble*
*eso?, dice, y desdice lo dicho:*
*no sabe. Vivir es respirar,*
*serenarse, mirar mapas,*
*leer en la piel muchas cosas*
*que no son cuestionables.*

(*Desdén*)

LIBROS DE POESÍA

*Rabitos de pasas,* Valencia, Cuadernos del Mar, 1981.
*Otra ley,* Valencia, Víctor Arenta editor, 1987.
*Ya nada es rito,* Albacete, Editora Municipal del Ayuntamiento de Albacete, 1988.
*Desdén,* Madrid, Ed. Libertarias, 1988.

María Sanz

CONVERSACIÓN CON

# MARÍA SANZ

Sharon Keefe Ugalde: ¿Vienes de un hogar tradicional con respecto al papel de la mujer en la familia?

María Sanz: En mi casa nadie ha trabajado fuera del hogar porque tenía mi abuelo —mi padre y mi tío también han seguido— una tienda de ultramarinos. Mi abuelo desde 1930, el año en que se estableció en Sevilla, mantuvo la tienda hasta que se jubiló. Mi abuela estaba con él, pero no atendía al público, sencillamente estaba en casa. Mi padre cuando se casó vivió con mis abuelos y mi madre tampoco tenía opción a salir fuera. Lo mío fue totalmente circunstancial. El negocio no iba todo lo bien que se quería y tuve que empezar a trabajar fuera de casa. Yo hubiera querido estudiar una carrera, te hablo de cuando tenía diecisiete años, pero al terminar el bachillerato superior, me vi obligada a salir. Llevo ya dieciséis años trabajando para una empresa de grandes almacenes y mi trabajo consiste en la administración con tareas de correspondencia y mecanografía. Debido a la disciplina del horario, no me planteo ahora hacer una carrera, porque necesitaría mucho tiempo. Para estudiar mal, sólo para aprobar, prefiero estudiar en casa lo que puedo e ir formándome así. Desde que terminé de estudiar en el instituto no he dejado de formarme, por lo menos en literatura.

SKU: Sí, existen muchos casos de escritores autodidactas.

MS: No me considero autodidacta, aparte de los libros —no los he dejado nunca y no los dejaré nunca— he tenido también personas a mi lado que me han ayudado, profesores e incluso sacerdotes. La verdad es que no se lo podría agradecer nunca su paciencia de enseñarme.

SKU: ¿En los círculos literarios existe hoy en día algún prejuicio en contra de la mujer?

MS: Siempre en este tema suelo hablar de mí, porque claro, cada uno cuenta las cosas como le van. En mi caso nunca ha sido un *handicap* el ser mujer. Al contrario, he notado que ciertas puertas se me han abierto y he tenido más ayuda y más apoyo por ser mujer. Nunca he tenido problemas a la hora de editar. Me he presentado a premios —quitando el de Carmen Conde, que sólo era para mujeres— en competición con hombres, y hasta hoy he ganado limpiamente. Para mí no ha supuesto ninguna traba, ningún prejuicio. En casa también he tenido la suerte de que me han apoyado siempre, nunca han visto en mi deseo de escribir ninguna pérdida de tiempo, ni nada raro, ni nada extraño. El ser mujer no ha supuesto ninguna desventaja, en ningún sentido.

SKU: ¿Cómo sería para las poetas mayores que tú?

MS: Si nos remontamos a otras épocas, pues sí; eso estaba en función de otras vocaciones y de otras profesiones. Lo mismo daba que fuera escritora, que fuera música, que fuera pintora; podía encontrar trabas por muchas cosas. Hay otro factor también; tengo la situación de que estoy soltera y dedico todo mi tiempo libre a la poesía. Si me hubiera casado, a lo mejor habría tenido que dividirme más en otras cosas, aparte de trabajar en la calle. Aunque creo que el tiempo que una se quiera dedicar a lo que es su vocación, no se lo quita nadie, por mucha oposición que haya, y más en la literatura, porque con que te metas en un sitio con un papel y un lápiz donde no te vea nadie, escribes.

SKU: ¿Qué opinas de las nuevas casas editoriales dedicadas exclusivamente a la literatura de la mujer?

MS: La única experiencia mía ha sido con la colección Torremozas, y vi que podía ser una manera de publicar. Muchas personas tienen cosas contra los premios o las colecciones para mujeres, o ciertas antologías de mujeres. Hay quienes protestan por ahí de que no se le echa cuenta por ser mujer, o de que no tiene posibilidades por ser mujer, y ahora que tenemos una salida, encima, hasta protestan de eso porque quieren ser igual al hombre en todas las cosas. Creo que tenemos hasta una ventaja, porque no existe una colección sólo para hombres. Ojalá no tuviéramos que recurrir a la separación, pero cuando existe es porque alguien se ha planteado que tenía que existir.

SKU: ¿Qué te motiva a escribir poesía?

MS: Para mí la poesía es una vocación de tipo terrenal, en el sentido de tipo temporal. Me planteé un día que la vida tenía dos opciones: la fundamental, que es de tipo espiritual —tus creencias, tus prácticas religiosas, o como lo quieras llamar— y la temporal. Pensé que la vida no se puede desperdiciar ni un día, hay que tener siempre un sentido y una orientación. Como la poesía no me la he planteado nunca como una profesión, ni como una forma de ganarme la vida, pensé que podía ser mi salvación terrenal. Mis primeros poemas datan de cuando yo tenía doce años; no tenía el grado de madurez para estar consciente de que yo escribía poesía, sino que lo veía un poco como un juego. A la hora ya de decidirme si debía seguir escribiendo, pensé en los temas trascendentales de la vida: el amor, la belleza, la muerte... en fin, lo que a uno le hace vivir. Tocando esos temas soy una persona más bien contemplativa. Me gusta observar desde un plano no pasivo, sino actuando de manera que mis sentidos se recreen, pero sin ser yo protagonista total de la acción del poema. Me gusta que haya paisajes, monumentos, e incluso la luz, como elemento cambiante. Esa temática es la que trato de plasmar en los versos y una vez que di con ella, me puse en serio a escribir, no planificándolo fríamente, sino diciéndome: «Voy a intentar; a ver hasta dónde puedo llegar», y para mí ya la poesía se ha convertido en algo vital; no podría vivir sin ella. A lo mejor un día resulta que no sigo escribiendo porque no se me ocurre nada, pero siempre seguiría leyendo.

SKU: ¿Cuáles son los adjetivos que mejor describen el tipo de poesía que escribes?

MS: Siempre digo que mi poesía es, más que nada, intimista; pero eso se puede ampliar, porque la intimidad está en una mientras que escribe; después, a la hora de salir a la luz, ya pierde el poema lo que de íntimo tenía. Quitando el adjetivo intimista, me gusta que sea una poesía serena, transparente y abierta, que todo el mundo encuentre cierta identificación con ella. Pretendo no cerrar nunca el tipo de poesía que hago y que sea una comunicación hacia el que me lee.

SKU: ¿Te identificas con algún grupo de poetas, digamos, con la generación de los ochenta, o con los andaluces, o con otras mujeres que escriben?

MS: Siempre he ido sola en este camino. En principio tuve influencias, porque todo el mundo las tiene. Cuando llevaba unos años escribiendo empecé a leer poesía de lo que se hace hoy en Andalucía, pero más que por identificarme con el estilo, es por ver si el pensamiento coincide, si tenemos cosas en común. Tengo una devoción por la poesía de un señor que se llama Andrés Miró. Me he identificado muchas veces a la hora de tocar los temas que toca él: el tiempo y el amor. Ha sido la persona de cuyas fuentes poéticas más he bebido.

SKU: ¿Y poetas de generaciones anteriores?

MS: La generación del ventisiete sobre todo, y los clásicos siempre me han aportado, y me aportan, muchas cosas. Después de casi catorce años que llevo escribiendo, creo que he conseguido depurarme de estas influencias, aunque, como son tan grandes, algún resto siempre se observa. Lo que hay que intentar es que cada uno tenga su propio estilo y que no se parezca a nadie.

SKU: De la tradición femenina en España, ¿qué has leído con especial interés?

MS: Santa Teresa. Con ella empecé a apreciar a las escritoras porque me di cuenta de lo que esta mujer significaba. Rosalía de Castro también me gusta mucho. Ya de este siglo no sé destacar a una mujer que me haya impresionado muchísimo. Te puedo decir que me han gustado, me gustan, unas cuantas, pero no han llegado a calar en mí de una manera total.

SKU: Dices que aprecias mucho a Rosalía de Castro; también hay una referencia a ella en un poema («Santa María del Sar») de *Aquí quema la niebla.* ¿Te ha influido mucho?

MS: No considero que haya influido en mí exclusivamente. Lo que admiro de Rosalía es que supo llevar su nostalgia perfectamente al poema, esa capacidad de captar la tristeza, algo que he intentado hacer muchas veces, claro que no como ella.

SKU: ¿Te mantienes en contacto con otras poetas españolas, en plan de amistad o de intercambiar libros?

MS: Sí, por supuesto. Aquí en Sevilla hay unas cuantas y estamos en contacto. Procuro escribirme con otras de la región y de España también. Con Juana Castro me escribo, también soy amiga de María Victoria (Atencia). En cantidad siempre nosotras somos menos que los hombres, de manera que mis principales amigos son hombres en este terreno.

SKU: Dos críticos han descrito tu poesía como «femenina»; me gustaría indagar algo sobre lo que significa este término para ti con respecto a la poesía.

MS: A la hora de escribir no me planteo que el poema sea femenino ya de entrada, sino que al sentir una de manera femenina ciertas cosas se reflejan en el papel. La mujer, ni el hombre, no debe ser brusca escribiendo ni utilizar términos malsonantes. Me gusta ser delicada, si eso puede equivaler a la palabra «femenina», entonces sí, en ese sentido mi poesía es femenina.

SKU: Hay mucha discusión hoy en día sobre si existe una estética femenina y otra masculina. ¿Qué piensas sobre este tema?

MS: No me gusta que una escritora por equipararse al hombre intente quitar de la mente su sentimiento femenino, que trate de destruirlo o de borrarlo. Cada uno, siendo personas todos en su situación y circunstancias, no debe renegar de su condición. No me gustaría escribir como un hombre. No me gustaría que confundieran mi poesía con la de un hombre.

SKU: Sería interesante dar unos poemas a un lector como un *test* para que dijera si son escritos por un hombre o una mujer.

MS: Seguro que alguno se agarra, porque de hecho he intentado hacer todos los poemas en *Trasluz* sin un solo adjetivo femenino, ni un solo tiempo de verbo en primera persona de singular. No hay nada que identifique ese libro como de una mujer. Pero creo que si lo lee uno cualquiera, se da cuenta de que está escrito por una mujer. Quería hacer un libro neutro, que no fuera al principio alguien a condicionar ya la lectura porque fuera de una mujer. Es curioso porque no tiene nada, ninguna palabra por la que se sepa que lo ha escrito una mujer.

SKU: ¿Qué tipo de música te gusta?

MS: Me encanta toda la buena música, lo mismo la clásica que la moderna, me gustan todos los estilos. Además, yo te diría que no sé escribir sin música. Tengo que tener siempre una música a mano que cambia según la hora del día. Por las mañanas, a lo mejor Bach o Vivaldi o algo barroco. Por la noche, me puede gustar perfectamente Ella Fitzgerald, Sara Vaughn, Duke Ellington, algo que sea de jazz. La música negra me disloca. Stevie Wonder es mi favorito entre los cantantes de color. Lo que no me gusta mucho, por desconocimiento, es el cante flamenco. En música moderna procuro elegir lo que me parece de más calidad. Yo no sé pasar sin música. Me parecería más difícil pasar sin música que sin poesía.

SKU: Hay algunos poemas que tienes dedicados hasta a figuras del *rock*, ¿no?

MS: Hay uno dedicado a Jimi Hendrix, pero claro, eso estaba también condicionado por la edad en la que yo escribía. Ahora, si tuviera que escribir, le haría uno a Verdi o a Brahams. El *rock* de calidad siempre me ha gustado, desde Elvis Presley hasta los Beatles.

SKU: En alguna época, ¿tomaste clases de música?

MS: No, lo tengo como una asignatura pendiente. Siempre digo que escribo porque ni sé tocar el piano, ni sé pintar, ni sé bailar. Me hubiera encantado saber piano, pero nunca he ido al conservatorio. Podría ir, pero me restaría tiempo para leer y para escribir. Tengo que clasificar mis horas libres y dividir muy bien mi tiempo.

SKU: ¿Cómo se transfiere esa música a la poesía? ¿Qué papel tiene la musicalidad en tu obra?

MS: Intento fundir la situación vivencial que tenga en ese momento con lo que estoy oyendo. Si un día estoy más bien triste, por ejemplo, no se me ocurre poner nada de folk. Intento que sea algo más lento, con la idea de conjuntar el sentimiento con lo que estoy oyendo, para que eso penetre en mí de una manera total. Si me pongo a escribir, posiblemente lo que escriba sea una traducción de esa fusión. Si plasmo en papel lo que estoy oyendo y lo que estoy sintiendo, a lo mejor me sale un poema que si se lee con esa música, dice más que si se lee sin ella. Siempre intento que la música motive en mí lo que voy a escribir. Hay veces que escribo sin música, pero son las menos.

SKU: ¿Cuál es la versificación que más frecuentemente eliges?

MS: El endecasílabo y el heptasílabo también. Conozco personas que me han dicho: «Yo escribo, pero tengo muy mal oído» y eso se nota. A lo mejor se han puesto a hacer un soneto y en cualquiera de los versos le falta una sílaba o le sobra, o han acentuado mal. No es mi caso, tengo muy buen oído. Lo que no tengo es buena voz, yo de soprano, nada.

SKU: Al leer algunos de los poemas amorosos de *Tierra difícil*, *Variaciones* y *Aquí quema la niebla*, tengo la impresión de que la hablante es vulnerable y algo pasiva. Espera a que llegue el hombre y se queda sola después de que él decide marcharse. ¿Es la mujer, todavía, la más vulnerable en una relación amorosa?

MS: Depende del sentimiento que pueda tener esta mujer. Yo soy muy sensible y me afectaría igual perder una buena amistad con otra mujer que perderla con un hombre. El sentimiento puede mandar muchas veces más que el cerebro. Procuro que sea al cincuenta por ciento, pero eso es muy difícil. Todavía no he encontrado la persona del sexo contrario que me llene plenamente y, si la he encontrado, a lo mejor no ha sido accesible para mí. De manera que, por esa parte, sí se me puede vulnerar. Ahora lo que trato de huir es de enamoramientos fugaces, que en mí tuvieron su época como en todo el mundo a los quince o los dieciocho años. Hoy me planteo las cosas de otra manera. Me pueden herir como a cualquiera, pero tardarían en hacerlo.

SKU: El claroscuro es un motivo dominante en tus versos. ¿En qué sentido refleja este recurso un contenido esencial de tu poesía?

MS: Me influye mucho la luz. Yo soy una persona de Andalucía y aquí no tenemos el paisaje cambiante del norte; es un poco monótono, salvo lo que es la costa o alguna sierra. Entonces para mí la luz es una cosa importantísima y sobre todo el ocaso me maravilla. Todos los días me pongo a verlo porque nunca es igual. Esa luz influye en mis poemas; procuro que haya una alternancia, lo mismo puede haber un poema que deslumbre por un exceso de claridad, que otro un poco apagado. Como tenemos en Sevilla muchas horas de sol radiante al año, soy más partidaria de los días de poco sol y de lluvia. Me gusta llevar todas esas mezclas de tonalidades y de claroscuros al verso.

SKU: Si tuvieras que escribir una receta para tu poesía, ¿cuáles son los tres ingredientes que no podrían faltar?

MS: Procuro que siempre estén presentes el tiempo, sobre todo, y la belleza. El tercer ingrediente lo podría variar según la temática. Puede ser un paisaje, puede ser algo amoroso, podría ser incluso la muerte.

SKU: ¿Cuál es la relación entre el tiempo y la belleza en tu poesía?

MS: Intento que la belleza se eternice, cosa difícil. Se trata de llevarla al papel, para que se quede ahí y el tiempo está en función de lo que pueda aportarle a la belleza que tienen en sí ciertos paisajes o ciertos escenarios, por ejemplo, un crepúsculo, un paisaje de otoño o un monumento.

SKU: ¿Qué papel tiene la soledad en tu proceso creativo?

MS: No lo he citado antes como ingrediente porque se supone que a la hora de escribir, yo por lo menos, tengo que estar sola. La soledad física es una cosa —no me asusta de ninguna manera porque es circunstancial— y la soledad anímica es otra. La soledad anímica muchas veces me asalta, porque el poeta por regla general siente siempre avalanchas de soledad en algún momento. Procuro ni negarla ni afirmarla; si yo un día me siento sola, lo admito. Intento salvarme de alguna forma, pero no lo consigo siempre. Si hay un poema a mano con ello procuro sentirme menos sola. Pero es muy difícil que escribiendo se elimine la soledad. Creo que siempre tendré algún momento en el que me sentiré sola. Es implícita como la envoltura del poema. No la nombro como algo especial, porque es constante.

SKU: ¿También tiene el silencio un papel importante para ti en el proceso poético?

MS: Sí, sale la palabra silencio bastante, por ejemplo, en el último libro que tengo inédito, que se llama *Los aparecidos*. Es un libro sobre personajes, unos de ficción, otros reales. Hay un poema que se llama «Este silencio» y ahí digo: «Este silencio es mío.» Me refiero al silencio de mi habitación, que es el que yo domino. Si quiero callarlo lo callo, y si no, lo dejo. Como no sea este silencio, por lo demás es difícil que una sea dueña de situaciones calladas. Me impone mucho el silencio. He estado en el campo, sobre todo en Castilla, que es para mí una región silenciosa por excelencia, y me ha llegado a impresionar. Estuve pasando una semana de retiro en un monasterio y me encantaba estar muy encerrada, muy de clausura. Había veces que oía pájaros o cualquier otra cosa, pero había momentos en que no se oía nada y el silencio me imponía.

SKU: Ahora me gustaría repasar tu obra haciéndote algunas preguntas sobre libros e incluso poemas específicos. Por ejemplo, ¿cuál fue la motivación para escribir tu primer libro, *Tierra difícil*?

MS: Ese libro fue una recopilación de un grupo de poemas que había ido componiendo unos años antes, pero los fui transformando y puliendo. Cuando vi con aquella óptica mía de esos años que podía formar un libro con aquellos poemas, me decidí a unirlos. Ocurría que yo estaba empezando, que no tenía experiencia alguna en ediciones y pensé que podía mandarlos a algún concurso, como lo vengo haciendo habitualmente. Pero la motivación no fue exactamente la edición del libro así *a priori*, sino el ver que yo podía hacer un libro con esos poemas, que tenían una unidad y que me parecieron dignos en aquel tiempo. Hoy día reformaría muchas cosas, pero creo que no se debe hacer tampoco eso, porque nunca se podría ver la evolución del poeta. Si se retocan unos poemas primeros, vienen a ser como los que escribes hoy. Aunque le veo fallos, creo que es un libro bonito para ser el primero.

SKU: ¿Concebiste *Variaciones en víspera de olvido* como una unidad, o cada una de las secciones representa un planteamiento distinto?

MS: En las tres partes del libro intenté plasmar tres puntos de vista. Uno es sobre la humanidad, otro es, precisamente, «en víspera de olvido», porque yo pasaba en aquel momento por una situación de evolución personal. Me planteaba si sería bueno casarme o quedarme soltera. No es porque tuviera mucha oportunidad, pero en fin, hay días que una piensa en esas cosas. Como hay veces que es difícil contárselas a alguien o dialogar, el resultado es escribir un poema o varios poemas sobre el tema. Este estado de ánimo corresponde a la segunda parte, que es más melancólica y nostálgica. La tercera, pensé que podía ser una vía de escape y me lancé a hacer unos poemas amorosos, inspirándome en varios hombres que habían tenido alguna relación conmigo en distintos planos, y así surgió el libro.

SKU: ¿Podrías decirme algo sobre el título de *Aquí quema la niebla*?

MS: Fue un título que en principio no lo pensaba destinar a ningún libro. Era de un poema que es el último del libro, también transformado, porque era más corto. Por una parte lo escogí por este juego de la luz, de los claroscuros y de lo nebuloso que me gusta siempre y, por otra, por el carácter del sevillano. Se puede entregar a otro y abrirle su alma y su corazón totalmente, pero siempre queda algo en la recámara, siempre hay una media distancia. Me gusta utilizar la niebla como un telón por el que se trasluzca algo, pero que a la vez proteja un poco la esencia tuya. Claro que a la hora de leer un poema no sé si es posible potegerse porque el lector se está viendo que te desnudas en ese poema y ve cómo eres tú. Me gusta jugar con palabras que velen el poema. Los sitios tampoco eran muy conocidos, o incluso en los poemas que dedico a Sevilla, no la nombro por ninguna parte. Lo de quemar se refiere a algo que enciende el ánimo, pero que sin embargo está velado.

SKU: Abres cada sección del libro con una cita de Fernández de Andrada, ¿cómo llegaste a leer su obra?

MS: He leído únicamente la *Epístola moral*. Siempre lo he tenido como poema de cabecera. Ojalá me lo supiera alguna vez entero, pero todavía no he llegado ahí. Como él era también de aquí, yo veía que me identificaba con algunos versos y pensé: «Si encuentro tres versos que puedan ser citados en cada una de las partes, los coloco.» Así fue y estoy contenta, porque es difícil que de un solo poema se encuentre una cita que venga bien a cada una de tres partes distintas.

SKU: ¿Intentas acercarte al misterio de la esencia femenina en el poema, «Moradas sextas» *(Aquí quema la niebla)*?

MS: Exactamente. Intento que ese misterio no quede sólo aquí en este mundo, sino que se eleve al universo. Es algo tan grande que no lo quiero reducir a una mera función existencial de lo que es la vida en la tierra. De manera que, basándome en el capítulo de *Las moradas,* de Santa Teresa, procuro alzar a la mujer a lo máximo posible.

SKU: En tus primeros dos libros predomina el intimismo, y en *Cenáculo vinciano* se nota cierto impresionismo. *Aquí quema la niebla* parece ser una síntesis, en el sentido de que lo exterior llega a ser el camino hacia lo más hondo del ser íntimo. ¿Sigue vigente esta síntesis en *Contemplaciones,* o en los libros posteriores?

MS: Me ha ocurrido que después de *Aquí quema la niebla* —no digo que pegué un giro en la poesía— intenté salirme un poco de tanto lirismo. He intentado en *Jardines de Murillo* ser más descriptiva, en el sentido de plasmar los versos desde otro punto de vista, no abandonar la lírica del todo, pero sí cambiar la perspectiva. *Contemplaciones* y *Trasluz* están entre *Aquí quema la niebla* y *Jardines de Murillo;* son dos libros puente. Se podrían, incluso, fundir en uno. Cuando escribí *Contemplaciones* no veía oportuno incluir los poemas en *Trasluz* porque ya eran más descriptivos, aunque *Trasluz* todavía es un libro muy lírico, un trasluz de sentimientos. A lo mejor el día de mañana vuelva otra vez al intimismo, no lo sé, pero por el momento no, porque en *Los aparecidos* me sentí muy cómoda escribiendo sobre personajes, cantantes y también sobre Soria. No ha sido ya lo clásico de *Cenáculo,* ni la admiración de monumentos. Ha sido una contemplación de cosas aparecidas, de personas, pero describiendo la sensación, no metiéndola tanto en mí.

SKU: ¿Tienes recuerdos personales de los jardines de aquí, de Sevilla, que dan el título al libro *Jardines de Murillo?*

MS: Exactamente. Porque he nacido frente a ellos, me he criado ahí, mis juegos, todos mis descubrimientos, tanto de la naturaleza como de la luz, tuvieron lugar ahí. Es un libro que algunos, a lo mejor, tachan de localista, pero lo que está pasando en ese libro puede pasar en El Retiro o en cualquier otro lado.

SKU: El poema «La hiriente dulzura» *(Contemplaciones)* hace pensar en el dolor místico que describe Santa Teresa en *Las moradas,* ¿qué relación existe entre tu poesía y la poesía mística?

MS: Soy una persona, en principio, profundamente creyente y por tanto antepongo a todo mis creencias, lo cual no obstaculiza para escribir de lo que sea. Por la mística siento un profundo respeto. Después de leer a San Juan y Santa Teresa, creo que es algo inalcanzable. Intento que ciertos sentimientos se noten en los poemas, pero de ahí a intentar hacer una poesía mística por excelencia... no lo consigo. No llega a tanto mi capacidad. Intento que por lo menos algo de espíritu se vea en los poemas. Lo mío va siempre en una trascendencia, en un ir hacia algo; otra cosa será que lo consiga.

SKU: ¿Qué relación existe entre la obra poética y la autobiografía del escritor o la escritora?

MS: Hay personas que no son sinceras escribiendo. Yo sí soy plenamente sincera. Puedo inventar cosas, pero siempre hay un fondo de verdad, porque sin ello no crearía nada. Lo que escribo siempre tiene algo de autobiográfico, a través de una contemplación, o de un sentimiento. Mi vida en realidad es simple y por eso en los poemas intento que se multiplique, que se salga de tono, que vaya contra corriente, que tenga alguna cosa que conmueva. En los poemas puedo hacer varias vidas. Algunas veces son situaciones creadas, pero siempre existe un comportamiento real de mí, o de otra persona, o de lo que yo esté viendo.

SKU: El poema «Alas» *(Contemplaciones)* es un texto clave porque sintetizar el proceso y el enfoque de tu poesía, ¿se podría considerar como una declaración de tu *ars poética?*

MS: Sí, es un poema definitorio. Define el libro, por un lado, y por otro define cuál es mi postura ante la vida. Si hubiera tenido que meterlo en otro libro, lo hubiera metido igual porque tiene mucho de definición de mí. Creo que es el que más me define, ése y «Clausura», que está en la segunda parte del libro. En ello me refiero a mi recinto, al lugar donde escribo, en fin, donde yo me identifico.

SKU: ¿Tienes pensado algún poyecto para el futuro?

MS: Escribí *Los aparecidos* y lo dejé en segundo término sin corregirlo mucho, de manera que lo tuviera pendiente. Siempre me gusta tener un poyecto entre manos. Soy así, no termino una cosa cuando empiezo otra. Realmente me estoy tomando un respiro después de la avalancha de preparar para la publicación dos libros en un año. Me parece que no es bueno que se publique tan seguido, porque el primero no da lugar a que el otro se conozca. Confío que *Los aparecidos* tarde en publicarse. De momento lo sigo enviando a premios. También se editará en 1989 un trabajo en prosa, que titularé «Las mujeres de don Juan».

SKU: Para terminar, me gustaría que describieras el recinto donde escribes.

MS: Mi casa no tiene, por desgracia, una habitación de sobra, sólo las justas. He adaptado mi dormitorio, que más que un dormitorio parece una librería, con una cama y un ropero. Tengo una mesa de escritorio de un metro, sobre la mesa existe una lámpara, un flexo, está el radio-casete con sus dos altavoces, son lo primero; tengo un cuadro de San Juan de la Cruz, el Cristo que él dibujó, un florerito y un pequeño joyero que es como si fuera una biblioteca de madera, muy chiquitita, con varios tomos. Es como una cajita de suerte. También hay una carpeta en donde voy guardando todo lo que me va viniendo, de cartas, etc. Lo que está pendiente lo tengo siempre sobre la mesa, más que nada para no demorar, porque soy una persona que contesta rápido. Soy vehemente; mi principal defecto es la vehemencia. Tengo un portalápices donde pongo los bolígrafos y las plumas de rigor. Justo al lado de la mesa hay dos muebles de librería. He contado —porque me gusta mucho llevar la contabilidad de las cosas— 860 volúmenes en la biblioteca. De poesía es de lo que más tengo, pero también de novela. Procuro que haya un poco de todo. Sobre el mueble tengo tres cuadros. Uno es de un retrato que me hizo un pintor de aquí que se llama Amalio, y lo estimo mucho porque figura en el libro de *Variaciones*. Aparte está la mesa del ordenador, que es donde está lo práctico. Tengo metidos en mis disquetes los libros que están inéditos. También hay una ventana que da al norte y por la que veo todos los días un paisaje bonito. No tengo delante edificios altos y veo mucha superficie de cielo. Siempre admiro por ahí el ocaso, y si hay nubes, veo otra cosa distinta.

Sevilla, noviembre de 1988.

## SELECCIÓN DE POEMAS

### MORADAS SEXTAS

...si no hubiera más luz interior, no
entendería tan grandes misterios.

Teresa de Jesús

*Donde hayan apagado las estrellas*
*su sed de iluminar la faz del tiempo,*
*habitará el secreto de sentirse*
*mujer por un designio de lo alto.*

(*Aquí quema la niebla*)

### LEYENDA

*Suponía que el fuego*
*traspasaba los ojos de la noche,*
*que ahuyentaba los rayos*
*de un primitivo amanecer. Ahora*
*descubro que no quiere*
*convertir mi mirada*
*en un puñal flamígero, pues sabe*
*que la noche está ciega, que su incendio*
*de sombras no derrumba*
*mi claridad. Ahora*
*comprendo que la llama soy yo misma.*

(*Contemplaciones*)

ALAS

*Habitada por frágiles quimeras*
*estoy, por inclemencias de un pasado*
*que apenas marca ya los horizontes*
*de tan hondo vivir sobre un intenso*
*deseo no cumplido, por jazmines*
*que blanquean el cauce de mi noche.*

*Cautivada me quedo en las corolas*
*que se esconden detrás de los sentidos,*
*entreabriendo mi ser, mostrando el vuelo*
*de un suspiro, cansado de elevarse*
*sin hallar una voz que lo pronuncie.*

*Contemplada me siento. Un alba en llamas*
*se refleja en mi piel. Vivir tan hondo*
*no es asunto del tiempo y de su huella,*
*sino de un mirador y una clausura*
*que limitan conmigo, que me entonan*
*los latidos del sol cada mañana.*

(*Contemplaciones*)

NOCHE ERRANTE

*Recóndito perfume el que llevaba*
*prendido de las sombras aquel patio,*
*antes de ser orilla voluptuosa*
*para la noche errante*
*que buscaba refugio en sus rincones.*
*Recóndito fulgor el que caía*
*de una estrella en los tibios heliotropos,*
*desnudando vigilias para tanto*
*verano que, sin fuerzas, se apagaba*
*prendido de las sombras.*

(*Trasluz*)

## ARGONAUTA

*Intrépido muchacho*
*aquél... Buscó mi templo*
*entre cientos de islas*
*para verme de cerca,*
*por saber si era cierto que yo estaba*
*desnuda entre unas míticas columnas*
*cuyo blancor se alzaba sobre el índigo*
*sereno de las olas.*

*Bello muchacho aquél... Rozó mis piernas*
*que ardían con el sol, tentó mi talle*
*ceñido por la brisa, y en mis manos*
*sus dorados cabellos se prendieron.*

*Dulce muchacho aquél... Llegó a dormirse*
*junto a mi pedestal, mas con el alba*
*—siempre hay un alba—, regresó a su nave.*

*Nunca se han explicado los arqueólogos*
*estas huellas extrañas*
*en mi cuerpo de mármol.*

(*Aves de paso*)

LIBROS DE POESÍA

*Tierra difícil,* Madrid, Libros Dante, 1981.
*Variaciones en vísperas de olvido,* Sevilla, Barro, 1984.
*Cenáculo vinciano y otros escorzos,* Córdoba, Excmo. Ayuntamiento de Córdoba, 1985.
*Aquí quema la niebla,* Madrid, Torremozas, 1986.
*Contemplaciones,* Barcelona, Taifa, 1988.
*Jardines de Murillo,* Mérida, Editora Regional de Extremadura, 1989.
*Trasluz,* Junta de Comunidades de Castilla-La Mancha, 1989.
*Aves de paso,* Soria, La Diputación Provincial de Soria, 1991.
*Los aparecidos,* Guadalajara, La Diputación Provincial de Guadalajara, 1991.

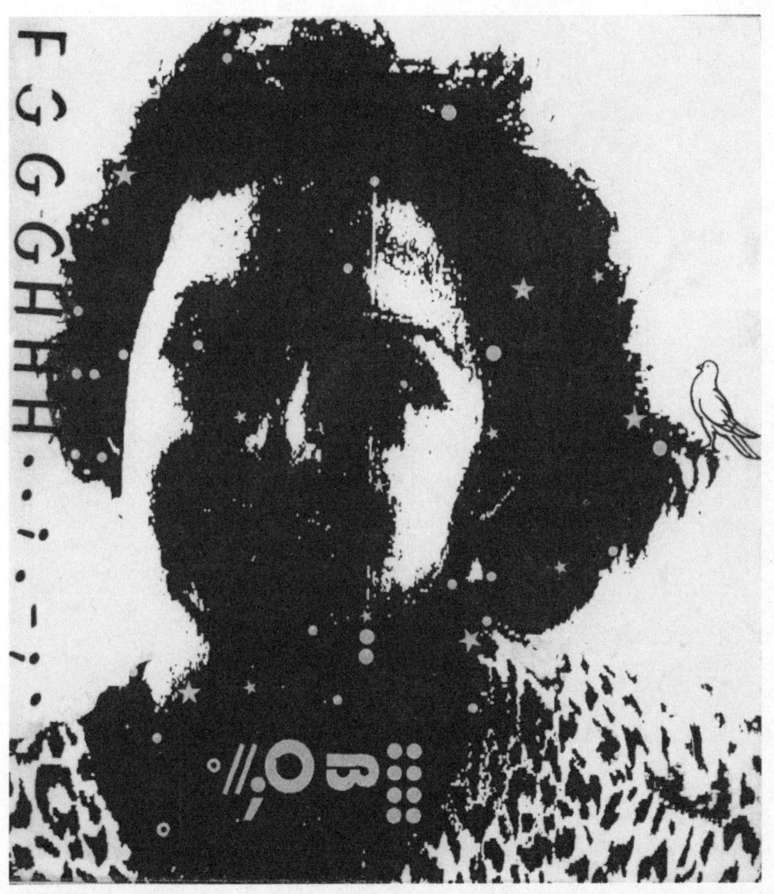

**Carmen Borja**

CONVERSACIÓN CON

# CARMEN BORJA

Sharon Keefe Ugalde: ¿Cómo se te presentó la oportunidad de publicar tu primer libro?

Carmen Borja: No se me presentó, francamente. Nací en Asturias, en Gijón, estuve estudiando Filología y, sin acabar la carrera, me vine a Barcelona, porque en aquel momento era la vanguardia editorial de España. Vine ya con la idea de publicar y busqué una imprenta. Me pagué mi propia edición, me publiqué mi propio libro y me lo vendí yo. Aquello me enseñó bastante. Acabé la carrera y seguí escribiendo.

SKU: ¿Tienes algunos recuerdos de lugares y experiencias que te proporcionan las imágenes de la naturaleza que aparecen en tu poesía?

CB: Aunque a veces las referencias son totalmente urbanas, existe siempre un sustrato de naturaleza muy arraigado. A pesar de no haber vivido en el campo, lo he frecuentado mucho y he vivido diecinueve años en Asturias. Allí el paisaje es exuberante y la naturaleza aparece por todos los sitios: el gris, la lluvia, el mar. No puedo renunciar a ello.

SKU: ¿Cuáles son algunos de los poetas o escritores que admiras?

CB: Admiro mucho a Sófocles, a Hölderlin, a Blake, a Nietzsche, a Rilke, a Dostoievski. Son los fundamentales, pero a su lado hay otros muy importantes. Algunos muy lejanos en el tiempo y otros ni siquiera tienen nombre: son obras anónimas.

SKU: ¿Qué estás leyendo estos días?

CB: Estoy ahora con los evangelios apócrifos y me interesa en especial el evangelio copto, el de la vida de José. Todo este tipo de obras supone para mí no sólo un ejercicio intelectual, sino un aprendizaje. No me interesan las ideas religiosas por sí mismas, sino por el trasfondo humano. En cualquier caso huyo sistemáticamente de las listas de ventas en lo que a literatura se refiere. Prefiero establecer mis propias prioridades de lectura.

SKU: ¿Crees que todavía hoy en día es más difícil para la mujer que para el hombre tener el tiempo y la tranquilidad necesarios para escribir?

CB: Creo que nos movemos con ciertas barreras en contra todavía. Parecen cosas tontas y absurdas, pero que se dan de continuo en la vida cotidiana y que te impiden o te dificultan desarrollarte al cien por cien como escritora o como poeta. Nos falta todavía esa especie de egoísmo que nos ayude a eliminar lo anecdótico, lo accesorio, todo aquello que hemos asumido como propio sin serlo.

SKU: ¿Crees que en el mundo literario quedan algunos residuos de prejuicio en contra de la mujer?

CB: Sí que los hay, desde el editor hasta el público, pasando por la propia creadora. Tengo la impresión de que a la hora de dar una conferencia, por ejemplo, a ningún escritor si es hombre se le pide ningún tipo de imagen especial. Nosotras, sin embargo, tenemos que seguir dando una imagen. Tenemos que ser lo más atractivas posible, estar vestidas y saber desarrollar algún truco femenino, porque es lo que espera el público. Pero tampoco quiero pintar un panorama excesivamente negro, porque no lo es.

SKU: ¿Crees que por las circunstancias sociales en que vive, o por esencia, la mujer escribe de una forma diferente que el hombre?

CB: ¿En poesía o en narrativa?

SKU: Haciendo la distinción si crees que la hay entre los dos géneros literarios.

CB: La buena literatura es buena independientemente del sexo de su autor. Básicamente no hay diferencia y la verdad, no me interesa entrar en cuestiones como literatura femenina frente a literatura masculina. Dejando esto claro, echo sin embargo en falta una prosa inteligente escrita por mujeres, al menos en nuestro país. Me da la impresión de que se cae mucho en los tópicos inconscientemente femeninos. Existe cierta complacencia en la autobiografía, en la ternura, en la infancia, cosas que están bien pero que suponen autolimitarse ya de salida. Alguna vez he pensado en escribir algo en prosa, una novela. No me he puesto porque prefiero no hacer algo mediocre, ni presentar ensayos en público. Pero siempre he creído que debería tener un tono masculino, un lenguaje masculino y un enfoque masculino. Entendido, no en el sentido de hombre, sino en el sentido de un abanico de posibilidades, de tratar muchos más temas y en profundidad, de no siempre ceñirse a la vena sentimental de padecimientos, de infancia, a esa óptica totalmente casera y maternal. Lo tradicionalmente femenino desfavorece bastante la prosa, porque le resta garra y hondura. Sin embargo, en poesía es otra cosa. La sensibilidad exacerbada, la agilidad de captación, el matiz, guardan mucha relación con lo sintético y lo denso de la poesía, con la intensidad de la concentración.

SKU: ¿Cómo es vivir en Barcelona y escribir en castellano?

CB: Ahora mismo el sector editorial catalán vive un momento de auge bien merecido. Pero sí es verdad que existen ciertas dificultades. Sin embargo, yo parto del hecho de que me considero exiliada aquí, como en mi propia tierra. Quiero decir que no me viene de ahora, es un estado permanente y consustancial en mí. La situación en Barcelona no me molesta, es algo con lo que contaba ya de antemano y que no padezco de manera especial porque me he mentalizado a ocupar un área literariamente minoritaria, marginal y en cierta forma heterodoxa. No obstante soy consciente de que se está publicando en catalán poesía que, si se presentara en castellano, no se publicaría por no estar a la altura de otros textos. Por la evolución del proceso histórico se comprende que el apoyo institucional —en realidad el apoyo de todo tipo— se dé por ahora a las obras en catalán. Se comprende y no tengo especiales resquemores.

SKU: ¿Podrías describir cómo funciona el proceso creador para ti?

CB: En mi caso tiene varias facetas. Primero, hay la recogida de datos, de sensaciones y de emociones. Después viene un trabajo que considero muy importante y es el de interiorización, de maduración y reposo del material. Luego paso ese material a la forma escrita. Y finalmente la más larga, que es la faceta de purificación del mismo: corregir textos y trabajar sobre el primer esbozo. No creo mucho en el momento rápido y fugaz de la inspiración, pese a que puede servir como impulso inicial de arranque.

SKU: ¿Cómo es el lugar donde escribes?

CB: Yo distinguiría entre la escritura de creación y la más o menos académica o profesional. Esta última me exige normalmente máquina de escribir, mesa y silla. La otra, pluma. Por lo demás no tengo un sitio especial ni manías. He escrito muy buenas cosas en cafés o en lugares un tanto inverosímiles. Y he cambiado de domicilio lo suficiente como para acostumbrarme a crear mi propia atmósfera de trabajo, que no depende mucho de la decoración.

SKU: ¿Cuál es el mayor obstáculo en el camino de un poeta?

CB: Uno mismo. El tener la energía suficiente para ser constante a pesar de tantas cosas. El mantener la autocrítica como un valor vigilante. El tesón para continuar la labor que te parece la tuya, independientemente de la resonancia exterior.

SKU: ¿Cuál es el mayor logro al cual puede aspirar un poeta?

CB: Supongo que es tópico decir: «El hacer la obra perfecta, el sentirse realmente satisfecho con una obra», pero es que no hay otra respuesta. Después de la transmutación de la realidad por la palabra, creo que es lo único que puede regocijar a un poeta.

SKU: En los tres libros que tienes publicados está muy presente el concepto del poeta como un ser escogido. ¿Qué supone llevar la marca del poeta en la frente?

CB: No es algo personal, porque está insertado también dentro de una tradición literaria. ¿Qué supone? Cierto «cainismo», un destino que se arrastra con mayor o menor sufrimiento, con mayor o menor trabajo. Quizá le estoy dando algún tono místico desfasado en la era del chip, pero lo siento así. Ser poeta es un destino y una misión.

SKU: Son conceptos algo juanramonianos de la poesía y también en la línea de los poetas del silencio que expresan su lucha por captar una visión pasajera. ¿Es ésta la corriente poética con la que tu obra es más afín?

CB: Dentro de España, posiblemente sí. Sé que no estoy en la línea de Antonio Machado. Tampoco en la de los poetas de la experiencia, entendida ésta como la inmediatez de lo cotidiano y lo palpable.

SKU: ¿Tiende tu poesía hacia la línea de Ángel Valente?

CB: Sí y aquí hacia la de Salvador Espriu. En cualquier caso, no es tanto una cuestión de nombres o de formas como de concepción de la poesía. Si siguiéramos el hilo de dicha concepción nos remontaríamos a bastantes siglos atrás.

SKU: ¿Si tuvieras que hacer una receta para tu poesía, ¿qué tres ingredientes no podrían faltar?

CB: No podría faltar cierto tono entre trágico y épico, un lenguaje agudo y concentrado y bastante ambigüedad.

SKU: Al crear la sonoridad de tus poemas, ¿intentas mantenerte dentro de cierta medida métrica?

CB: En mi caso la rima no me interesa. Pero el ritmo me parece vital y en él entran aspectos como la acentuación, la musicalidad de las palabras, la medida de los versos, hasta las estructuras morfológicas, que tengo muy presentes. No es casual que me interese el endecasílabo, o el alejandrino o que introduzca cortes de ritmo que tienen un sentido determinado en el poema.

SKU: El poema «Buscando el aroma», que figura en el libro del mismo título, me parece ser uno *ars poética.* ¿Piensas que sigue siendo representativo de tu quehacer poético?

CB: Creo que con el tiempo he ahondado más en la faceta de elaboración que en la captación del momento fugaz, que ha quedado más en segundo término. Pienso que el afán de aprehender lo instantáneo es una trampa y no funciona poéticamente.

SKU: ¿Cómo diste con el título de tu último libro, *Libro de Ainakls?*

CB: «Ainakls» es una palabra gótica antigua. Prefiero no repetir su significación, porque corro el peligro de que se identifique totalmente el título con el nuevo dios o nuevo mito que aparece en el texto, cuando en realidad no son intercambiables. A partir, por tanto, de un término existente, he creado un mito propio. De alguna forma el título hace referencia, por un lado, al legado de ese dios y, por otro, supone una especie de viaje iniciático en el que narrador y mito se confunden. Y el otro término, «Evin», es también una palabra antigua que existe y hace referencia quizá a Eire, a Irlanda. Pero no la he tomado tanto en ese sentido como en el de patria perdida —y digo patria sin rastro de cualquier sentido militar o político, por supuesto.

SKU: También podría sugerir Edén, ¿no?

CB: En el sentido de algo perdido sí, pero no el de Milton. No ha de conllevar nada paradisíaco. Es una referencia espacial y espiritual anterior al cristianismo.

SKU: ¿Cómo ves este libro nuevo dentro de la evolución de tu obra?

CB: Fundamental. Lo veo como el primer libro del que me siento casi del todo satisfecha. Marca la línea por la que pienso seguir. Por supuesto, los libros anteriores tienen cosas aprovechables y en cualquier caso supusieron un aprendizaje necesario, una exploración.

SKU: ¿Predomina más el dolor en *Libro de Ainakls* que en *Con la boca abierta* y *Buscando el aroma?*

CB: Quizá sí, pero un dolor metafísico, interior. Ten en cuenta que hablo de una especie de tierra que muere de luz y frío, de una tierra desolada. Es un dolor que trasciende lo individual y que a veces supone una reflexión sobre nuestro planeta y sobre la vida humana ahora.

SKU: *Ainakls* es un libro mucho más unitario que los anteriores. ¿Fue distinta su concepción?

CB: Sí. Los demás, aunque tienen una idea de unión, no dejan de ser una suma de poemas trabados bajo un sentido común. Pero *Libro de Ainakls* es un poema largo, unitario, concebido como tal.

SKU: Con libros como *Libro de Ainakls, Derrota de Cartago,* de Julia Castilla, *El Libro de Tamar* de Almudena Guzmán y *En busca de Cordelia,* de Clara Janés, parece que el poema largo unitario, empieza a vivir un auge entre las escritoras. ¿Según tu perspectiva, tiene *Libro de Ainakls* huella de haber sido escrito por una mujer?

CB: Yo diría que no. Es más, un poco conscientemente lo he pretendido así. Si este libro hubiera aparecido bajo la firma de un hombre quizá se le hubiera dado todavía más importancia. Tal vez un psicoanalista sí que encontraría huellas de mujer, pero yo he huido a propósito de rasgos femeninos. Puesto que el libro toca temas profundos del ser humano en general, no quería que tuviera ninguna acentuación especial, ningún sexo. Por eso utilizo el artículo masculino, por ejemplo, que es el lingüísticamente no marcado en castellano.

SKU: En *Libro de Ainakls* el lenguaje es denso, cargado de valor simbólico. Voy a decirte algunas palabras sacadas del libro a ver qué connotaciones te traen a la mente. Por ejemplo: arena.

CB: Desierto.

SKU: Sal.

CB: Mar.

SKU: Agua.

CB: Quizá mar también, u océano mejor.

SKU: Y ¿lluvia?

CB: Gris.

SKU: Pez.

CB: La materia que tienen las botas de vino y los toneles.

SKU: Estepa.

CB: Profundidad.

SKU: Encontré la escritura de *Ainakls* compleja porque es a la vez lineal, trazando un viaje iniciático o místico, y dicotomizada entre posiciones como noche/amanecer. Cuando empezaste el libro ¿dominaba una estructura u otra, o siempre existía esa tensión?

CB: Desde el principio ya era así. En un primer momento, cuando sólo tenía un proyecto téorico, pensaba dividirlo en tres partes. Pero me di cuenta de que la propia filosofía del poema no daba para esas divisiones, que tendría que ser un poema largo, unitario. Claro que un viaje iniciático tiene su principio y su final, sus etapas, luchas e interlocutores y esto se ha de reflejar. Hay que respetar la cadencia interna del poema.

SKU: Dentro de la estructura lineal del texto, ¿hay algún poema o poemas que son claves en el sentido de que marcan un cambio en la dirección del viaje místico?

CB: Sí, el «XVII», por ejemplo, marca un hito porque se empieza a introducir la presencia de la luz y desde ese momento en el texto se juega continuamente con la oposición día/noche. El resto de inflexiones está diseminado por el libro a base de remansos y cambios de ritmo.

SKU: ¿Qué proyectos tienes entre manos?

CB: Otro libro. Pero soy lenta escribiendo. No tengo ni siquiera una idea aproximada de cuándo puedo acabar. Además, estoy a punto de acabar la tesis que es sobre José López Pinillos, un escritor sevillano que utilizaba el pseudónimo de Pármeno. Me interesa como una figura que refleja un aspecto diferente, no tópico, de la generación del noventa y ocho. He investigado más su faceta de periodista y novelista que de dramaturgo. Escribió un tipo de novela rural con un lenguaje brusco y fuerte.

SKU: Una vez que hayas acabado la tesis, ¿piensas dedicarte a la enseñanza o a la crítica literaria?

CB: Depende. Hubo un tiempo que me dediqué a la enseñanza, pero no me resultó muy gratificante. Conscientemente la abandoné, y ahora desarrollo una labor editorial que tampoco creo definitiva. Lo mío con el trabajo es una historia un poco especial. No encuentro que sea algo que me realice, porque lo que me gusta es estar investigando y escribiendo. Quizá intente la docencia universitaria, pero ni confío demasiado ni te diría que me ilusiona demasiado. En cuanto a la crítica literaria, es algo que hago de manera intermitente y que me interesa como trasfondo de mi labor fundamental.

SKU: ¿Has conocido alguna vez a una mujer legendaria en la vida real cotidiana o a través de la literatura?

CB: Mi abuela. De ella se cuentan muchas anécdotas y todas hacen referencia a su empeño en echarle narices a las situaciones —por decirlo así—, a tener todo en contra y salir adelante, o a tener mucho tesón y al mismo tiempo una sensibilidad acusada. No era una mujer mandona, pero sí con carácter para enfrentarse a las contrariedades. En cuanto a la literatura, cualquier nombre femenino con nombre propio podría entrar dentro de lo legendario.

Barcelona, diciembre de 1988.

## SELECCIÓN DE POEMAS

### PERFIL

*Perfil arenoso y huraño*
*fúnebre de aristas.*
*Cáñamos negruzcos*
*bailando sin magia.*
*Trazos conocidos,*
*surgidos,*
*aplastados*
*en una pared gris.*
*Intuición lanzada*
*con armonías de sombra:*
*un dibujo*
*abre su boca inmensa*
*en un bostezo sin nombre.*

(*Con la boca abierta*)

### BESO DE SOMBRA

*Enfrentada*
*a lo nocturno,*
*magia que ciega el día,*
*frascos de fantasmas*
*se destapan bruscos*
*queriendo insinuar rostros*
*quizá sin rasgos,*
*sin gestos,*
*sin medida.*
*Aire, sombra,*
*vacío ancho disuelto en negro*

*ciñe mi frente*
*con misterios ciertos,*
*con sonidos que no llegan a silencio.*
*Y —valeroso miedo voluntario—*
*pretendo*
*maternal cobijo*
*del terror helado*
*que, cercándose,*
*avanza sigiloso a darme un beso.*

(*Buscando el aroma*)

LIBRO DE AINAKLS

III

*Es tu estirpe de la estirpe de Ainakls.*
*¿Oyes silbar el viento entre los árboles*
*y las hojas desgarradas y los setos?*
*Es el viento famélico y desnudo del norte*
*que vaga dolorido por sus campos.*

...........................................................

VI

*Acoge con piedad el sol,*
*el espanto del sol en la garganta.*
*Pues ¿quién podría resistir la plenitud?*
*¿Quién soportaría la locura de saber*
*eternas sus cenizas?*

...........................................................

VII

*Ruedan montañas como relinchos*
*tras ecos y precipicios de mariposas.*
*Porque todo canto nace en la niebla.*

..........................................................

XIII

*Trenzas silencio como mimbre de luna*
*bajo el árbol sagrado que adormece tu cuello*
*y demora en el aire el color de tu nombre.*

..........................................................

XXXI

*Y en la noche rescatas del olvido*
*la voz amurallada de la tierra*
*y devuelves el color y el tiempo y la mirada.*
*Entonces los ciruelos, los rayos delicados,*
*los crujidos de cobre de la tarde.*

..........................................................

LIBROS DE POESÍA

*Con la boca abierta*, Barcelona, 1978.
*Buscando el aroma*, Barcelona, Ámbito Literario, 1980.
*Libro de Ainakls*, Jerez, Arenal, 1987.

**Andrea Luca**

CONVERSACIÓN CON

# ANDREA LUCA

Sharon Keefe Ugalde: Según la solapa de *En el banquete*, además de ser licenciada en Filosofía pura, estás estudiando Derecho. ¿Sigues tomando clases?

Andrea Luca: No, abandoné la carrera de Derecho en tercer curso.

SKU: ¿Para dedicarte más, en plan negocio, a la encuadernación?

AL: La encuadernación es para mí mucho más que un negocio. Es un oficio con el cual se puede crear, también es arte. La cantidad de posibilidades que ofrece en diseños, teñidos de pieles, construcciones con distintas materias, supone un mundo mágico. Si hubiera acabado la carrera de Derecho, me habría convertido en el mejor abogado de pleitos pobres. Mi licenciatura en Filosofía y mis años de Derecho son una buena base para dedicarme al mundo del libro: como contenido, en el caso de mis poemas, y como continente, en al ámbito de mis encuadernaciones.

SKU: ¿Cuándo empezaste a escribir poesía?

AL: A versificar, que es muy distinto, cuando tenía siete u ocho años. Siempre he escrito con facilidad, pero el poema es otra cosa. Pienso que el poeta no escribe, sino que es un medio para que «ese algo» que habita en la conciencia se escriba a través de él vertiéndose en el texto poético. No siempre se consigue. Así como en una buena novela el personaje cumple en las páginas su destino, en un libro de poemas una de las muchas personalidades del poeta adquiere presencia y a través de ella se compulsa el libro. Esa es, al menos, mi experiencia. De ese modo nació *El don de Lilith* (de reciente publicación) y *Canción del samurai* (que se está escribiendo).

SKU: ¿Cómo se presentó la oportunidad de publicar tu primer libro, *A golpes del sino*.

AL: Yo había conocido a una gente que formaba un pequeño grupo literario. Me uní a ellos y empecé a hacer lecturas de poesía en los colegios mayores. Después, tuve problemas con ese grupo y me incorporé a otro que se consideraba a sí mismo como el de los «importantes», los «buenos». Estuve con ellos una temporada y después con otros poetas hasta que, en algún café o tertulia, conoces a gente que tiene una editorial o que te puede poner en contacto. Así surgió el primer libro. Por entonces tenía dieciocho o diecinueve años. Lo más importante fue aprender a ir por libre, ajena a grupos y confradías.

SKU: ¿Esto en Madrid?

AL: Sí, siempre he vivido en Madrid, excepto un año, del ochenta y dos al ochenta y tres, que viví en Roma.

SKU: ¿Podrías describir cómo funciona tu proceso creador? ¿Tienes una idea mucho tiempo en la cabeza? ¿Tomas apuntes?

AL: No, no tomo apuntes y además puedo decirte que no corrijo casi nada. Si se repite una palabra o se cuela una asonancia vuelvo al poema en su expresión escrita, pero no suele ocurrirme.

Es difícil explicar el proceso creador. De repente tienes un estado de ánimo particular, como si hubiera otra realidad, como si entraras en otra dimensión y me veo escribiendo. No tengo ideas previstas en la cabeza, sino sensaciones vacías de contenidos verbales. Muchas veces me ocurre que después de escribir, a los tres o cuatro días, empiezo a entender algo de lo que he escrito.

SKU: ¿Cómo un estado de trascendencia, de visión?

AL: Yo creo que es como si la conciencia se plegase en sí y se iluminase una parte, la que empieza a fluir, eso es lo que luego transciende al papel. Hay una cierta capacidad de estar consciente, pero es muy leve. Es una fuerza que todo se lo traga y difícil de dominar.

SKU: ¿Como es el lugar donde escribes?

AL: El lugar donde escribo es un lugar cerrado, sin puertas ni ventanas, donde la mesa camilla es fundamental. Pero confieso que en ese lugar de introspección, de mirada intimista, estoy cansada. Se terminarán acostumbrando mis ojos a estar sin luz, o será «luz de otros soles», como título otro libro que estoy escribiendo en el que el poema del pez es significativo.

SKU: En tu opinión, ¿ha cambiado la poesía escrita por mujeres en los últimos diez años?

AL: Sí, sí ha cambiado, pero lo que fundamentalmente ha cambiado es la posición de la mujer ante la poesía. La mujer está dejando de ser satélite de lo impuesto para convertirse en epicentro de su propia realidad, de su forma de ver el mundo. Su revolución es la búsqueda de su propia entidad sin los falsos pudores con que llevamos arrastrando siglos de frustración y de no ser.

SKU: En tu opinión, ¿cuáles son algunas de las poetas españolas de este siglo que se destacan?

AL: Destacarse es una palabra peligrosa. Hay mucho canto de sirena y mucho marketing. Sobre todo hay mucha mediocridad que, al estar avalada por mediocres, se eleva a la enésima potencia. No pasa de potencia el invento. El tiempo es el mejor ojo y el futuro el mejor juez. En mi opinión, la mejor literatura es la más desconocida. En la lengua castellana ha sido un descubrimiento la argentina Alejandra Pizarnik. Hay espléndidos poemas escritos por mujeres en la actualidad, pero creo que hay que esperar para diferenciar las voces de los ecos dentro de esta «moda» que está siendo la poesía femenina.

SKU: Siguiendo el mismo hilo, ¿podrías contarme algo sobre alguna mujer legendaria que hayas conocido en la vida o a través de la historia o de la literatura?

AL: Una mujer cuya vida siempre me atrajo es Natalie Clifford Barney, amiga de Pierre Louys y amante de Renée Vivien. Ese París de primeros de siglo tiene para mí un enorme atractivo.

SKU: De la generación del veintisiete, ¿hay algunos poetas que admiras especialmente?

AL: Luis Cernuda, y posteriormente a él, Miguel Hernández, cuyo don creador siempre he admirado. Lo curioso es que quienes imitan al primero suelen despreciar al segundo.

SKU: ¿En qué se diferencian, o se parecen, tu primer libro, *A golpe del sino*, y el segundo, *En el banquete*?

AL: Quizá la diferencia es que en el segundo libro hay una aceptación de mi forma de ser y hasta casi un orgullo de haberlo podido aceptar y reivindicar, mientras que en el primero hay una búsqueda, preguntaba por qué las cosas eran como eran. Pero, básicamente, el poeta escribe siempre una misma melodía. Pueden cambiar los instrumentos, los tiempos o la clave del pentagrama. En esencia se madura en una misma dirección. Acaso eso es lo que más caracteriza la evolución de los libros, la madurez de quien los escribe, aunque no siempre se esté en la mejor disposición, ni la brillantez de las ideas dependa de la edad de quien escribe.

SKU: ¿Cómo ha ido evolucionando la versificación que empleas?

AL: No lo sé, no pienso en ello. Me interesa el poema que con las menos palabras acierta. No he ido detrás de mi evolución para verificar su huella, pero sé que se llega a un proceso de esencialización que puede resultar engañosa: a veces, tras la mayor sencillez, se encuentra el corazón del símbolo y es necesario rasgar la cortina de la palabra o saber a través de ella para aprehender el poema y conocer.

SKU: Si fueras a hacer una receta para tu poesía, ¿cuáles serían tres ingredientes que no podrían faltar?

AL: Es una poesía absolutamente honesta, comprometida. Es una poesía de difícil ejecución y de difícil traducción por la forma de combinar las palabras, eso me lo han dicho ya varias veces gente que ha intentado traducirla. El otro ingrediente tendría que ser Andrea Luca misma, no creo que haya otro distinto.

SKU: Encuentro, dentro de un entorno erótico/amoroso, que cada sección de *En el banquete* tiene un matiz propio e incluso una temática algo distinta. ¿Escribiste las tres secciones en secuencia durante la misma época?

AL: El libro se empezó a escribir, me parece que, alrededor del año 1981. La primera parte sí contiene poemas que pertenecen a un tiempo en que yo estaba todavía en Madrid, terminando la carrera de Filosofía pura. Luego, fue dejar la universidad, terminar de licenciarme, irme a Roma y ahí se escribió la segunda parte. La tercera pertenece ya otra vez a la vuelta, pero ya estaba el libro acabado. Es decir, se puede hablar del tiempo de Madrid y el tiempo de Roma como las dos partes fundamentales, y la tercera, refleja vivencias que están a caballo de los dos tiempos.

SKU: ¿Podrías hablarme algo del planteamiento ético/social expresado en algunos poemas, como «Gloria al género absurdo de lo mundano», o el final de «Hay otra paz distinta», o «Me decías tras la toma de Peyote»?

AL: Creo que lo social es una forma que tiene el poder de modificar lo moral. Lo que intento hacer en estos poemas, simplemente, es plantear que la vida es la vida, que hay que vivirla de la mejor forma posible, que los conceptos de virtud o pecado, como digo en uno de los versos, sólo los diferencia la costumbre y la historia, que lo que en un siglo ha sido digno de elogio, en otro siglo es digno de la hoguera y que estas cosas siempre dependen de ciertos intereses creados. Muchas veces, lo que se esconde debajo de un cierto pudor remilgado no es más que una enorme frustración, la cual yo, al menos, quiero desterrar de mi vida.

SKU: El amor en *En el banquete,* especialmente en la primera sección, es un amor recordado, ¿Cómo entiendes la relación entre la memoria y la palabra creadora?

AL: Podrían hasta ser la misma cosa, como la cara y la cruz de una moneda. La memoria es un tiempo discontinuo y el lenguaje es tiempo articulado. Esos recortes de presente anárquicamente ordenados, que es el rememorar, surgen en el poema como una fotografía trucada por el propio devenir. Ése es el nivel de una memoria inmediata. La relación entre creación y memoria antigua es más compleja. Aparece, por ejemplo, en *En el banquete,* en los poemas que comienzan «Poseedora de cuanto soy o fui» y «Las pensiones son un cuenco de noche entre las manos», y con mayor intensidad en *El don de Lilith.* Ése es el ámbito en el que se mueve mi poesía.

SKU: En algunos de los poemas de *En el banquete,* sobre todo en la segunda sección, existe una fluidez en el empleo del pronombre «tú». A veces parece referirse a una persona amada y otras a un desdoblamiento de la persona que habla en el poema.

AL: Casi siempre el pronombre «tú» se refiere a una persona distinta a mí, aunque en todo el libro hay una gran complicidad conmigo misma. Lo del desdoblamiento es otra cosa. No hay poema sin desdoblamiento en un sentido o en otro.

SKU: Los poemas de la última sección del libro, con su hedonismo, su malditismo y desafío, me hacen pensar en la obra de otros escritores contemporáneos como Luis Antonio Villena y Ana Rossetti, ¿te consideras parte de esa corriente?

AL: No. Luis Antonio de Villena y Ana Rossetti tienen más en común entre ellos que ellos conmigo. Para mí es importante la palabra no sólo como elemento estético u ornamental en el poema, porque así se escriben muchos bellos poemas huecos. Me interesa más la intención que la finalidad y el poema que transciende la emoción hacia lo conceptual.

SKU: A veces en *En el banquete* la jerarquía dentro de la relación amorosa es casi inexistente, pero en otros poemas, sobre todo en la última sección, la persona amada aparece más como objeto. ¿Por qué crees tú que existe esta diferencia dentro del libro?

AL: Para mí la persona amada nunca aparece como «objeto», si acaso como una dirección hacia la cual tiende el poema.

SKU: ¿Podría ser que la última parte del libro enfoque más el objeto del deseo que la persona amada?

AL: Lo más interesante en una relación amorosa es la «tensionalidad» (en la primera parte del libro se podría hablar de un amor platónico, que puede llegar hasta la muerte por la amada sin llegar al goce), aunque lo más importante sea el ámbito donde la relación se asienta. La parte más entrañable del libro para mí es la segunda, donde aparece la persona amada. Efectivamente, la tercera (que lo es por decisión, no por cronología) refleja más que el objeto del deseo, su búsqueda o su recuerdo.

SKU: ¿Sigues usando las mismas formas de «indirección» poética —las imágenes visuales, la anécdota, la intertextualidad literaria y popular, etc.— en *El don de Lilith* que en los libros anteriores?

AL: No creo que se hayan apartado en el libro que acabo de terminar. Sigue abundando el mito, siguen abundando las sombras; en fin, creo que aparecen todos los elementos fundamentales del núcleo de mi forma de escribir. Y también aparecen en muchos de los poemas, si observas, las sombras en el muro. Aunque yo esté viendo dos cuerpos y yo sea uno de esos cuerpos tumbados sobre un lecho, me interesa más que el cuerpo que yace en el lecho la sombra que proyecta la vela en el muro.

SKU: Con respecto a tu nuevo libro, tengo curiosidad por saber cómo descubriste a Lilith y qué tiene como símbolo que te atrae.

AL: Lilith es el andrógino, Lilith es la demonio que encarna la libertad frente a la opresión del dogma y del poder. Apenas sabía yo de este personaje. Apareció cuando me hicieron la carta astral y nos habitamos mutuamente.

SKU: ¿Concebiste *El don de Lilith* de una forma más unitaria que los libros anteriores?

AL: *En el banquete* y *Luz de otros soles* son dos libros que se escriben con marcapasos. Hay un ritmo vital de secuencias. *El don de Lilith* y *Canción del samurai* anulan mi presencia para ser ellos. He seguido la ruta a la que el poema anterior me dirigía, por eso son unitarios. Mientras que en los dos primeros podemos hablar de poemas que configuran un libro, en los posteriores el libro es un poema fragmentado, sobre todo *Canción del samurai.*

SKU: Y la estructura más concreta de *El don de Lilith* está dividida en dos partes, ¿no?

AL: Sí, dos partes. La primera son luces sobre el principio, nacimiento y evolución de Lilith. La segunda, «Rituales», son bajadas al poeta que escribe el libro para remontarse de nuevo a la visión profética de Lilith sobre el futuro del hombre, ese ser tan primitivo aún en las postrimerías del siglo XX. Don Ricardo Gullón ha calificado el libro de esotérico.

SKU: ¿Qué supone para una mujer ser descendiente de Lilith y no de Eva.

AL: Para empezar, supone futuro. La mujer nacida de Eva no creo que tenga demasiado futuro. Segundo, representa un estado particular del conocimiento una mujer que se preocupa en saber qué es, por qué es, para qué es. La mujer nacida de Eva es una mujer que obedece lo que le ordenan y no tiene la capacidad de distinguir porque no le está permitido. Sería la diferencia entre la esclavitud y la libertad. Y, luego, está también Lilith como elemento del futuro, porque es la mujer que niega la maternidad. No es que yo niegue la maternidad, sino que para mí estamos planteándonos un final de raza absoluto y lo que venga después de esto, no sé. ¿Qué vino después de la caída del Imperio romano? ¿Qué hubo después de la caída de los faraones? Creo que estamos en un momento de ruptura, de final, donde Lilith sí que va a aparecer, no digo que con ese nombre, pero sí que va a haber una nueva jerarquía de valores en un futuro, de valores femeninos, que se entremezclarán con los masculinos, volverá el andrógino.

SKU: ¿Piensas que la figura andrógina es significativa en el proceso de la liberación de la mujer?

AL: Bueno, si digo que sí, me pueden matar algunas, y si digo que no, me niego a mí misma. Yo creo que el andrógino es un mito muy antiguo, es un mito de Platón que yo vuelvo a retomar ahora con el tema de mi persona y con este personaje, Lilith. Creo que es la forma perfecta del ser, que si el ser tuviera los dos sexos y se pudiera comunicar con esos dos sexos, sería un ser mucho más completo. Pero eso es una forma de pensar mía. Hay quien la comparte; por ejemplo, Sánchez Dragó dice que está muy de acuerdo con estas cosas y hay quien no la comparte, gente que cuando yo digo esto se santigua. Estoy leyendo ahora *La vieja sirena*, del magnífico escritor José Luis Sampedro. Él habla de un dios andrógino. En *El don de Lilith* escribo: «Divina hembra que copuló con el dios femenino.» Esta entrevista supone un espacio demasiado escueto para desrrollar todo esto. Estamos ante una nueva cosmovisión. Espero que no reaparezcan las hogueras inquisitoriales.

SKU: En el lenguaje mismo, ¿hay muchos obstáculos que impidan este tipo de escritura, que no dejen que la mujer exprese al hombre que tiene dentro o viceversa?

AL: En lo que yo opino de la poesía, no, porque creo que estamos yendo, como en la ropa, a lo unisex. Tienes un ejemplo de lo masculino y lo femenino en el poema de la «mantis religiosa», que comienza: «Poseedora de cuanto soy o fui.» Allí digo: «Y entre dolor y gozo me devoro / los sexos de almidón como el rito natural / de una mantis religiosa.» La forma de expresarlo es una forma sencilla, lo que es difícil, lo que te lleva rápidamente es el concepto, el concepto es fortísimo... El lenguaje es la tela donde el «poeta araña» («bajo el puente una gran araña», *En el banquete)* espera la mosca, que es creación. La disecciona y la succiona a la par que se fagocita a sí mismo.

SKU: ¿Qué connotaciones tiene para ti «almidón», que aparece en el poema de la «mantis religiosa» y en algún otro?

AL: La palabra almidón es una palabra absolutamente láctea, sexualmente láctea.

SKU: El conocerse a sí mismo, tanto a nivel individual como colectivo —lo que María Leira destaca en la portada de *En el banquete* como un viaje iniciático— sobresale como aspecto fundamental de tu obra. ¿Es en el fondo esa búsqueda lo que te lleva a escribir?

AL: Mi obra tiene muchísimo que ver con mi persona. Me podría resultar fácil hacer otras cosas, pero no me interesa hacerlas. Mi obra es una relación totalmente biunívoca. El «ir de mi corazón a mis asuntos», como diría Miguel Hernández, es lo fundamental. ¿Y la segunda parte de la pregunta?

SKU: Si esa búsqueda del ser es lo que te motiva a escribir.

AL: En los primeros poemas busco mi identidad como todo adolescente que se plantea quién es, quién de mí se designa al nombrarme. Creo en la poesía como una teoría de conocimiento. Conocimiento del yo, de sus múltiples estados, de su conciencia retrospectiva, casi arcaica, y de su proyección hacia lo futurible. También la poesía es compromiso. Por mucho que cambien las modas el poeta no puede negar lo social. Es el brujo de la tribu y el arcano en la baraja de la vida.

SKU: ¿En qué contexto te gustaría que el lector leyera los poemas de contenido lesbiano? ¿En un contexto de amor humano, de marginación, de cuestionar límites...?

AL: Yo creo que el lector no se debe cuestionar si el que escribe es cojo, es ciego, es homosexual o es monja. Creo que el lector debe poner su lectura y su alma en el texto, y si lo pone en una forma en que yo no lo he escrito, válido es para mí; yo he hecho lo que he querido hacer, lo que tenía que hacer. El lector puede hacer múltiples lecturas, algunas buenas, algunas malas. Me parecería mal que dijeran, «como yo soy homosexual voy a leer a un autor homosexual», «como yo soy rojo voy a leer a un autor rojo». Creo que la palabra poética es mucho más universal. El hecho de que yo viva una realidad afectiva no tiene que decir absolutamente nada a la hora de que el lector se ponga delante del libro. Me parecería mal que dijeran: «Bueno, Andrea es encuadernadora, voy a leer los poemas de una encuadernadora.» Creo que van a leer los poemas de un poeta, los poemas de Andrea Luca.

SKU: ¿Tienes pensado algún proyecto futuro?

AL: Mi fotografía está llena de puntos suspensivos. No sé si seguiré escribiendo. Estoy pasando por un momento de tempestad donde el verso se define. Toda creación genera destrucción. Sigo en movimiento.

Madrid, diciembre 1988.

## RETRATO INCOMPLETO

*Llevo un pájaro*
*de mal agüero*
*prendido en el costado.*
*Me llueve, me salpica*
*el lodo de la calle.*
*Poseo la triste virtud*
*de vivir el recuerdo,*
*de perdonarle al pasado*
*lo que por él*
*me hiere el presente.*
*Mantengo la dulce bandera*
*de la angustia constante,*
*la vil mentira*
*del amor verdadero.*
*Lucho y me defiendo*
*de mi propia persona,*
*y en noches como ésta*
*me digo:*
*Aún no soy más*
*que aborto de mí misma.*

(*A golpes del sino*)

A Dolores Álvarez, que colgó
su futuro de un hilo.

*Bajo el puente una gran araña*
*hace su tela de luna. Poeta araña*
*que teje en la noche sábana de seda.*
*Cuando al río se vierte la suculenta inmundicia*
*una corte de insectos se dispone al banquete.*
*Tú, mosca poeta, presta a manjares de espíritu*
*recibe la muerte: ella te ama y te acuna*
*en su hilo, con mimo envuelve tu abdomen*
*y bebe de ti mientras mueres en rítmicos espasmos.*

(*En el banquete*)

...y se reconoce
en el nuevo estado.

*Tierra, tierra y soplo: soy forma.*
*No costilla maltratada, desenganchado*
*eslabón de la osamenta. Tierra*
*y otra vez tierra y El que respira*
*sobre mí para estar menos solo. Paisaje*
*que entretiene el pensamiento sobre lo que ya*
*es creación. Y ahora, hambre, sed,*
*necesidad de amamantarme ya creada.*
*Solidaria soy cuando me circunda,*
*amiga y enemiga de mí, también ángel*
*que al sol mira y se mece en la luna*
*cuando duerme.*

(*El don de Lilith*)

...y como hombre y mujer
cohabitan un mismo cuerpo.

*Abrázame desde tu vaporoso estado*
*y gózame según convenga a tu humano instinto:*
*si hombre, seré una brisa marina*
*y todo el mar habitará mi rictus bivalvo;*
*si mujer, para ti el polen de la floresta*
*y el peso frutal de mi árbol. Pero cuando activo*
*sea mi deseo, ¿quién de ti encontraré?*
*Si como mujer pido, sé álamo;*
*si como hombre, dos montañas y un volcán.*
*Y si en vaivén mi dualidad se pierde*
*sé espejo de abrazador azogue*
*donde el vaho de mi suspiro quede atrapado*
*y sea también foto de nuestro álbum familiar.*

(*El don de Lilith*)

LIBROS DE POESÍA

*A golpes del sino*, Madrid, Taller de Poesía Vox, 1979.
*En el banquete*, Madrid, Endymión, 1987.
*El don de Lilith*, Madrid, Endymión, 1990.

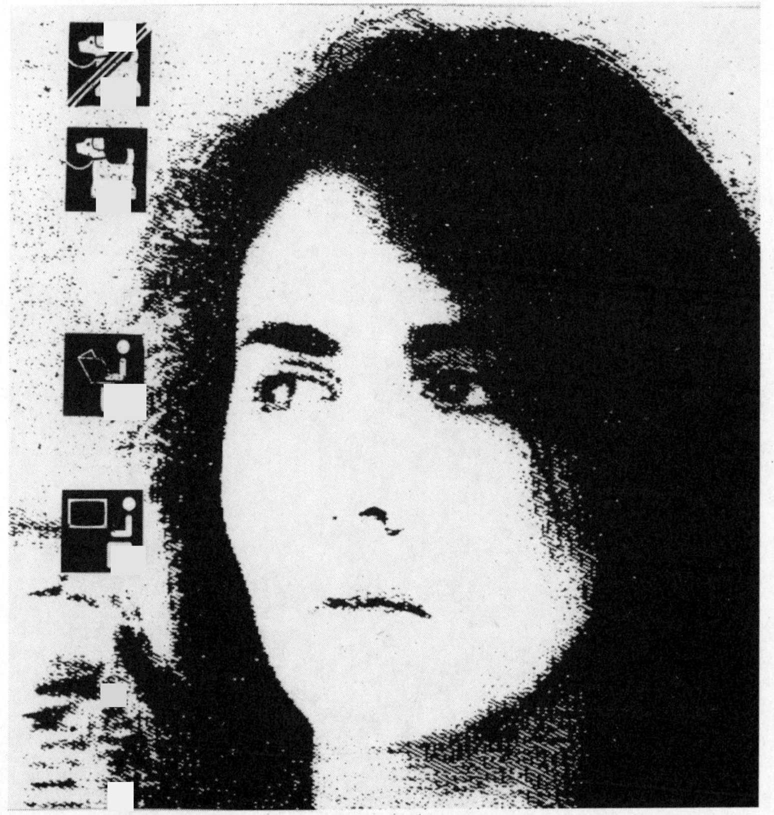

Blanca Andreu

CONVERSACIÓN CON

# BLANCA ANDREU

Sharon Keefe Ugalde: En tus versos empleas reiteradamente los nombres o apellidos de algunos escritores como Rimbaud, Rilke, Tom Wolfe, cargándolos con una rica significación connotativa hasta el punto de transformarlos en nuevas palabras. ¿Podrías hablarme algo de este proceso?

Blanca Andreu: Por ejemplo, la palabra Baudelaire es una palabra que lleva consigo toda esa emoción oscura que me produce su poesía, y no sólo su poesía, sino su persona. Es un hombre del que estuve muy enamorada; durante casi toda mi adolescencia tuve su retrato delante y todas las noches miraba esa maravillosa foto. El poeta siempre tiene una parte estúpida, aquello que decía Dionisio Ridruejo de que un poeta es alguien que se arriesga a parecer un idiota. Creo que en muchos casos los poetas no sólo consiguen parecer unos idiotas por lo que escriben, sino que actúan como tales. Y, sin embargo, Baudelaire era un ejemplo del rigor dentro de las tinieblas y de la oscuridad, y siempre me ha parecido el poeta más inteligente. Tom Wolfe, el de *Coqueto: aerodinámico rocanrol color caramelo de ron* y *La hoguera de las vanidades,* en cambio, es mucho más frívolo. Yo tenía una amiga muy aficionada también a las letras y cayó en nuestras manos el primer libro que se publicó de Wolfe. Escribía de un mundo que era lo más ajeno y lejano y exótico que podía existir para unas niñas de catorce años, internas en un colegio de monjas en España. Era tan rebelde y tan difícil de localizar. Recuerdo que, en el colegio, si leíamos *La náusea,* de Jean Paul Sartre, las monjas nos lo quitaban. Sin embargo, podías tener ahí las barbaridades de Wolfe, historias truculentas de lo más *underground* y vanguardistas, las drogas, el sexo, el rocanrol, y pasaban totalmente inadvertidas. Reconozco que es una lectura ligera, pero era muy estimulante.

SKU: Los animales de tu poesía, ¿provienen exclusivamente de un bestiario o son imágenes basadas en la observación o sacadas de la imaginación?

BA: Lo cierto es que a mí el mundo animal me ha fascinado desde niña, y me sigue fascinando. También he vivido en un medio donde había animales. He veraneado siempre en el campo, donde había caballos, había vacas, de todo. Para un niño de ciudad, de pronto ver una vaca y tratar con ella es impresionante, es como ver un monstruo. Son experiencias de la niñez que se quedan grabadas allí en un transfondo, al que luego se puede dar un significado simbólico. Mi relación con los animales es muy oscura y no la tengo muy clara; hay determinados animales que me obsesionan, en vivo, y también me obsesiona su imagen a través de los tiempos, como el caballo.

SKU: En tu primer libro, el caballo es el animal fundamental, ¿no?

BA: Sí, probablemente. En mi biografía tuve un período muy equino. Me aficioné mucho a montar a caballo de doma. Para mí fue un descubrimiento impresionante subirme encima de un animal, que no se sabía bien cómo iba a responder, que era a la vez amigo y enemigo. Casi fue un *shock* la primera vez que me subí a un bicho de esos. Además, mi abuela tenía caballos maravillosos. Recuerdo una yegua rebelde y arisca que luego fue mítica en la región. Escribí un artículo, el único que he escrito para *El País*, sobre ella. Era una yegua de paseo, elegante, inglesa, guapísima; no era un caballo de tiro. La llamaban «Gilda» porque tenía guantes en las patas blancas y una estrella. Solía tirar al suelo a todo el que no fuera mi abuela, y cuando tiraba a alguien al suelo, se escapaba, se iba hasta unos tres kilómetros, donde había un paso a nivel de la vía del tren. Esperaba hasta que bajaran la barrera y hasta que el tren asomaba por la curva y entonces, para asombro de la población, se saltaba la barrera.

SKU: Muchas veces en tu obra expresas la presencia de la auténtica palabra poética en símbolos asociados con la virilidad y lo masculino, como por ejemplo, el caballo, el caballero medieval, el capitán marinero. ¿Es tu búsqueda del poder de la palabra, de alguna forma, una reivindicación del silencio en el que ha vivido la mujer?

BA: Es que yo no me considero, ni me he considerado nunca, exactamente una mujer. Entonces, no creo que esté reivindicando eso, por lo menos conscientemente. Es un papel —el de la mujer— que he rechazado siempre. Esto entraría dentro del terreno del psicoanálisis porque tiene que ver con mi situación familiar, con mi infancia, con mis hermanos y mis primos, y con un rechazo en mi historia personal de lo que significaba ser niña. Por otra parte, existía una barrera; para mí ser niña era algo inaccesible, era imposible. Yo no era una niña, no podía serlo. Y ese sentimiento ha venido conmigo hasta la fecha. El mundo de las mujeres me interesa mucho, pero me interesa por lo que tiene de distinto a lo que es mi persona y mi mundo. Cuando me maquillo me parece que estoy imitando, no estoy haciendo algo que sale de mí.

SKU: En el texto «Cinco poemas para abdicar», hay una referencia a Virginia, «un resquicio de abril para Virginia porque amó a las / mujeres». ¿Es un homenaje a Virginia Woolf?

BA: En aquel tiempo yo la leía mucho, me fascinaba. Ahora ya no la leo, pero en su día me gustó mucho *Orlando,* sobre todo, porque también trataba de un problema de alguien que era a la vez hombre y mujer.

SKU: Además de Virginia Woolf, ¿tienes otras «abuelas literarias», o sea, escritoras que hayas leído con especial interés?

BA: Me ha interesado mucho Emily Dickinson. Me ha parecido una mujer de talla, una poeta muy misteriosa y sugerente y, probablemente sea, por lo menos de las poetisas que conozco, la más poeta. Es la que tiene valores más absolutos. Probablemente habrá algunas poetisas anglosajonas que desconozca que sean de gran valor, porque en general la poesía inglesa me parece la mejor del mundo, incluso la poesía popular —en cualquier canción hay una originalidad poética y un instinto que sólo puedes encontrar si te remites a los clásicos—. En cuanto a las poetisas en lengua castellana, no me interesa ninguna. Algunos poemas de Rosalía de Castro, en lengua gallega, sí, pero acaso más por razones sentimentales. Tampoco es que tenga ella nada que ver con mi manera de ver la vida, ni de escribir poesía, pero tiene la fascinación de la verdadera poesía.

SKU: A largo plazo, ¿crees que el *boom* actual de la poesía femenina en España beneficiará o perjudicará a la poesía de la mujer?

BA: Cuando publiqué mi primer libro no había ningún *boom,* y a mí me pilla a trasmano. Era una asignatura pendiente en un país tan machista como éste. Está bien para las futuras mujeres que sepan que, si quieren, si tienen deseos, pueden escribir poesía y pueden publicar. Pero, en sí, para la poesía no me parece beneficioso, porque para escribir poesía no hace falta ni ser hombre, ni ser mujer. Hace falta tener un don, buscar la conexión con ese algo que tiene que ver con los sueños, o con los dioses. El ser hombre o mujer me parece algo totalmente lateral. Como la poesía femenina es una moda, me parece perjudicial, porque la moda es algo tan pasajero y, además, deja arrasado el terreno. Si en este momento, por ejemplo, apareciera una chica joven que escribiera como Baudelaire, creo que se recibiría de un modo reticente, porque está ya todo el mundo aburrido: «Otra niñita más a darse a la lírica y a pasearse por los patios.»

SKU: Según lo que acabas de contar, parece que rechazas el concepto de una estética femenina.

BA: Eso es como decir que toda estética general es un tópico, o sea, una estética de los fontaneros, o de los gordos, o de los morenos. Si alguien es poeta, es porque está solo y por su individualidad y porque busca algo que es único, que sólo le pertenece a él. Por parte de la crítica, el buscar una estética común es hacer unas labores de disección que hieren, y en el caso de que encuentren unas características comunes, las podrían encontrar con cualquier otro grupo de poetas escogido arbitrariamente. Es decir, el mismo azar sería el que nos une. ¿Tú opinas lo mismo?

SKU: Posiblemente las huellas femeninas que veo en textos escritos por mujeres no son un reflejo de una diferencia esencial, sino de una diferencia de experiencia, porque la historia de la mujer ha sido tan distinta a la del hombre.

BA: Más analfabeta. Sobre todo era un problema de cultura.

SKU: Ahora que la mujer empieza a entrar más plenamente en la sociedad, se están borrando algunas de las características tradicionales asociadas con la poesía femenina. Incluso tu obra podría ser un ejemplo de esta evolución.

BA: Me gustaría tanto, porque considero que la poesía femenina es un estorbo repugnante con sus sentimientos tan imbuidos, falsos, tópicos. Lo que me parece muy nocivo es la pequeña cárcel de la reducción del panorama del ojo humano a las tonterías a las que tenía que prestar atención la mujer desde siempre.

SKU: Tu poesía contiene muchas referencias a la niñez, pero no parece ser recordada con gran felicidad. ¿Es porque tu duende poético te arrastra hacia la oscuridad, el acecho y la muerte, o porque realmente no viviste una niñez feliz?

BA: El escritor en el primer libro siempre acude a lo más cercano, que es su infancia, eso de pagar la infancia con un libro. Verdaderamente, mi niñez fue catastrófica, pero a estas alturas de la vida adulta me parece bien, porque tengo unas armas que el niño que ha tenido una infancia equilibrada y normal no tiene. Él se podría encontrar con que, de pronto, tiene que luchar y no sabe cómo. Sin embargo, yo me he pasado toda mi infancia en la clandestinidad, en la parte de los culpables y de los malos. Estuve en un colegio de internados, tenía anorexia, insomnia. Así, ya coges una escuela que te sirve para la vida. Alguna vez he pensado que si tengo un hijo, lo voy a meter en un internado de esos brutales, para que después no sucumba.

SKU: ¿El ambiente de Galicia ha marcado tu poesía de alguna forma especial?

BA: Creo que sí, sobre todo mi poesía referida a la infancia, porque para mí los veranos durante mi niñez en Galicia eran como el paraíso. Cambiaba todo radicalmente. Pasábamos grandes temporadas en el campo, en el pazo que tenía mi abuela, una casa maravillosa del siglo XV, con troneras para disparar y con una torre trampilla llena de fantasmas, de misterio y de animales. Y yo allí era muy feliz; estaba sin control y dejaba de ser una niña perversa, rebelde, malvada, para estar en el campo triscando. Tengo muchos recuerdos de esa casa, aunque también íbamos a la ciudad, donde la abuela tenía otra casa maravillosa con jardín. Era gigantesca, llena de desvanes donde podías perderte, y de criadas muy viejas y muy simpáticas, y de primos y amigas. Era un universo fascinante.

SKU: ¿El resto del año vivías en Madrid?

BA: No. He vivido en Orihuela, en Alicante, y en Murcia. Y son dos partes de España —el sur y Galicia— que no tienen nada que ver entre sí. También mis dos familias eran muy distintas. La parte de mi padre eran todos un poco artistas y muy aficionados a la música. Mi abuela era una pianista muy notable. Era un mundo muy alegre, muy despreocupado, donde no tenía importancia ni el dinero ni el qué dirán. Se vivía de una manera muy libre. Mi abuela imponía una pauta de flexibilidad y de benevolencia y alegría. Sin embargo, el otro mundo era como una prisión, porque es una zona distinta. Cuando vivía en Orihuela, antes de ir interna, era una ciudad sumamente clerical, como en las novelas *Nuestro Padre San Daniel* y *El obispo leproso,* de Gabriel Miró. En aquellos tiempos tenía seminario mayor y menor, había tenido una universidad teológica, estaba totalmente tomada por el clero. A partir de la puerta de casa, todo era hostil, un sitio donde se critica todo. Es una zona muy siniestra, el Levante ése. Es una España muy negra, un punto de «La casa de Bernarda Alba», pero mezclado con una chocarrería de mal gusto, que produce el dinero fácil que da la huerta. Para mí vivir allí era un infierno. Iba a un colegio de monjas muy tradicional donde la lógica no existía. Nunca se dirigían a tu inteligencia. Era una disciplina absurda, injustificada, una religión terrorífica, un Dios hostil, todo era enemigo. Grandes ceremonias religiosas con obispo, pesadísimas, que te creaban unos problemas interiores, porque tu tenías que querer eso, y si no lo querías, eras perversa. Entonces, me he pasado toda mi infancia considerando que yo estaba destinada al mal y a la perversidad por naturaleza, cosa que me parecía una injusticia.

SKU: ¿Consideras que tu don poético es una maldición, o una bendición?

BA: En primer lugar, cuestiono mucho si verdaderamente escribo poesía o simplemente versos que no conducen a nada. Creo que nunca lo voy a saber, y acaso nadie lo sabrá nunca. Para mí, sería una bendición imaginar que verdaderamente hago algo cuyo sentido toca alguna fibra inmortal, porque es lo esencial de mi vida.

SKU: Los colores verde y plata son muy lorquianos, ¿crees que en tu obra tienen un valor simbólico distinto al que tienen en la poesía de Lorca?

BA: Yo, la plata, la empleo como metal. En cuanto al verde, para mí es un color que tiene un sentido múltiple. El verde y el blanco son colores que para mí representan lo mejor y lo peor. El negro es directamente funesto, pero el verde es una enredadera. Es la vida, pero a la vez es la muerte. Recuerdo que para saber si una persona verdaderamente ha fallecido y no está con un ataque de catalepsia, la prueba irrefutable para la medicina es la aparición de la mancha verde. Es una mancha que aparece en el vientre. Tiene también un significado funesto de corrupción. Con el blanco, pasa igual. Es lo más puro y lo más maravilloso, pero también es la luna, que es siniestra a veces, y también es la lepra. ¡Son dos colores tan ambiguos! De los colores que utilizo, los que más connotaciones y significaciones tienen para mí son esos dos. Bueno, y el negro, el negro es mi color.

SKU: ¿Tú consideras que hay algo de una herencia surrealista en tu poesía?

BA: En mi primer libro hay herencia surrealista, pero no entendida de una manera lineal. Más que a los surrealistas, yo le debo algo a Saint-John Perse. Cuando lo leí, me dio tal sensación de libertad que me pareció que me daba permiso para escribirlo todo, que no existía ningún límite. Es como si sus textos me hubieran abierto una puerta. Por otra parte, en esos momentos yo leía un libro que me parecía admirable (y, cosa rara, me lo sigue pareciendo con el tiempo) que es *Residencia en la tierra,* de Pablo Neruda. Es un libro surrealista, pero no a la manera francesa. No se trata de escribir por escribir, ni de escritura automática, sino de la expresión de un ser a través de la vía surrealista, de un alma intensa. No creo que mi libro sea un libro surrealista; a mi entender, es un libro que utiliza técnicas surrealistas. Y, probablemente, lo peor que tiene ese libro es el exceso de técnica surrealista, un regate de más, en muchas ocasiones. Tiene versos de más, adjetivos de más, por puro dejarse arrastrar por la palabrería. Ahora mido mucho más las palabras a la hora de escribir. No es que rechace de entrada la técnica surrealista, ni la alteración, ni ningún recurso que me ofrezca el lenguaje, pero lo que busco ya es algo que esté más hecho.

SKU: ¿Cómo es el lugar donde escribes?

BA: Oficialmente tengo un estudio donde debo escribir, pero no puedo escribir allí porque da a una parte de la casa que no me gusta, tiene una ventana que me molesta. Normalmente escribo en el salón, para incordio de toda la gente que vive en casa, en una mesita baja, y por las noches, rodeada de libros, de muchísimos libros, de muchísimas colillas, de muchísimos papeles y de una papelera que se llena cada veinte minutos de hojas desechadas.

SKU: ¿Cómo funciona tu proceso creativo? ¿Te vienen las ideas repentinamente o las llevas en la cabeza mucho tiempo?

BA: Me vienen muy de tarde en tarde. A veces es como una tortura cuando quiero escribir y no sale lo que tendría que salir, y no sé lo que es tampoco. Me pongo a escribir muchas veces, pero escribo muy de tarde en tarde. Y ¿cómo se produce el poema? Pues no lo sé. Me parece que tiene que ver con el azar, normalmente se produce a muy altas horas en el momento de mucho agotamiento intelectual.

SKU: Si fueras a escribir una receta para tu poesía, ¿cuáles serían tres ingredientes que no podrían faltar?

BA: Me he pasado la vida luchando contra la idea de tener una receta para escribir los poemas. Lucho permanentemente contra la receta. Cuando quiero escribir un poema, cuando anda por ahí revoloteando, de pronto sé qué color tiene que predominar, o qué situación, o el aroma. Pero si tengo que escribir un poema, me niego en redondo a imaginar que tenga que aparecer un caballo, o un ángel, o la muerte. Eso ya es autoplagio, autofagocitarse, empezarse a comer por los pies y convertirse en la pura nada. Me molesta muchísimo leer poemas de oficio y, además, desde el punto de vista del lector, es facilísimo distinguir cuando un poeta está utilizando una receta de sí mismo o de otros. Ser poeta se convierte, quieras que no, en una profesión, cosa que me parece absurda. Exigen que escribas, que publiques, para poder seguir estando en candelero. Creo que eso es uno de los mayores peligros que corre la persona que aspira a ser poeta. Algunos se pierden, tal es el caso de Neruda. Si hubiera muerto después de *Residencia en la tierra,* sería el Rimbaud español. Pero a fuerza de aburrir a la gente con versos de ocasión, esa obra que a mí me parece tan notable, no tiene la importancia que podría tener.

SKU: Tu obra filtra aspectos de la vida de los años ochenta, como las metáforas que proceden del mundo de las drogas. ¿Te sientes fundadora de una nueva generación?

BA: Yo no me siento de mi generación, porque tengo otros gustos. Mi generación es una generación muy aficionada al *rock,* que para mí es una música totalmente populachera, secundaria, sin importancia, sin relieve, y que lee unos libros que no me interesan. Conecto con mi generación sólo en el gusto por los bares, que es muy acentuado. Y también en el gusto por el hachís.

SKU: ¿Qué tiene la obra de Chagall que tanto atrajo a la niña? ¿Es un artista que admiras mucho?

BA: No especialmente. Yo tenía, como he tenido en todas mis casas, en todos mis estudios, reproducciones en la pared, que cada tres meses estaba cambiando. Algunas me seguían eternamente, porque me las había regalado alguien, o las tenía cariño. Hubo una exposición de Chagall en la fundación March y compré una reproducción de «El ramo de alhelíes» y la tenía en casa. Pero lo que sucede es que el título de ese libro no lo puse yo. La verdad es que mi primer libro salió a la luz de una manera muy azarosa, porque lo había destinado a la destrucción. Lo había estado escribiendo a lo largo del año y, en un momento dado, estaba ilusionada porque me parecía que había hecho algo que era la bomba. Pero pasaron unos meses, volví a Madrid después del verano y cuando lo releí, me pareció tan imperfecto, tan poco fundado, que tuve una crisis muy fuerte y lo tiré a la papelera. Llegó un amigo a casa, lo recogió de la papelera y me dijo que lo iba a leer. Quince días después me llamó por teléfono para decirme que lo había presentado al premio Adonais y que lo había titulado *De una niña de provincias que se vino a vivir en un Chagall.* Después me dijo que lo había titulado de esa forma tan estrafalaria porque le parecía que con un título tan detonante, el jurado no podría menos que abrir el libro para decir: «¿Y ésto qué demonios será?» Puede que en parte la fortuna que ha corrido ese libro se la deba al título, porque sin ello probablemente ni habría sido ojeado. Yo nunca lo habría puesto, porque nunca hubiera dicho de mí a los diecinueve o veinte años que yo era una niña. Nunca me he considerado una niña, quiero decir que ya a los siete años me consideraba muy mayor. Además, tiene una incorrección el título. Tendría que haber sido «...*a* un Chagall», no «...*en* un Chagall».

SKU: ¿Crees que se ha esfumado definitivamente el límite entre el verso y la prosa poética?

BA: Yo no he sabido nunca dónde está ese límite. La poesía la encuentro en Shakespeare, por ejemplo, y más en su obra dramática que en su obra lírica; la encuentro en un párrafo de Platón, y nunca me fijo si está escrita en verso o en prosa. No sé exactamente qué es la llamada prosa poética. ¿Es Juan Ramón, de *Platero y yo?* Normalmente esa prosa poética me aburre, pero lo que es *la poesía* dentro de la prosa me parece fascinante.

SKU: ¿De dónde procede el título de tu nuevo libro, *Elphistone?*

BA: Es el nombre de un marino que llegó a mí por herencia. Heredé provisionalmente, en usufructo, un estudio que venía con un pequeño escritorio, que lleva una placa donde está escrito que dicho capitán Elphistone le regalaba ese pequeño escritorio a un tal Ángel Galán. El estudio es como una habitación de barco, y cuando empecé a utilizarlo, me rondaba por la cabeza la imagen de ese capitán del que sólo tenía el nombre. Intenté hacer unos cuentos e incluso había pensado hacer una novela. Pasó el tiempo y, un buen día, un Viernes de Dolores fue, lo recuerdo perfectamente, me senté a la máquina y escribí el primer poema. Es un poema que salió con una estructura que yo no había empleado nunca, lo cual resultó muy estimulante. Me pareció muy extraño, porque empezaba de una manera interrogativa y no acababa en interrogación. De pronto, el poema me dirigió la mente hacia un lugar imaginario y estuve encerrada como quince noches, sin tener contacto con el mundo, sin ver un periódico. Fue una experiencia personal verdaderamente apasionante, muy intensa. Por otra parte, mi marido había comprado un póster viejo que hablaba de una subasta de un barco español que se llamaba «Santa Mariana», capturado por un capitán Elphistone. Con el tiempo, he ido averiguando más cosas. Por ejemplo, hubo una lady Elphistone que fue muy amiga de la Mary Wollstonecraft Shelly. Otro Elphistone fue el que condujo a Napoleón a Santa Elena. Incluso en una revista del corazón, hace no mucho, encontré a un lord Elphistone que había asistido a la boda de un personaje real de Inglaterra. Debe ser una familia de marinos británicos, que espero que no me denuncien, porque el marino que aparece en algunos poemas de mi libro no es una persona del todo de fiar, apiratado. Si alguna vez llega a manos de algún Elphistone el libro, cosa que me divertiría mucho, creo que no les parecerá mal, porque, en realidad, es un personaje sombrío, pero elegante.

SKU: ¿Cuáles son los hilos que unen los poemas del libro?

BA: Yo escribí una serie de poemas seguidos que son los que titulan el libro. En el libro no aparecen continuados, porque me pareció que iba a ser muy uniforme de lectura. Dentro del libro aparecen otros poemas, alguno es bastante largo, como «La fábula de la fuente y el caballo». Éste es un poema escrito de un modo muy sencillo, sin toda la carga de tópicos adjetivales que me adjudica la crítica. Luego, tiene otra parte que se titula «Del naturalista y la muerte». Mientras te lo voy contando, me voy dando cuenta de que, en el fondo, los temas son los mismos que en los otros libros. Es el mar, por una parte, y la muerte. Hay dos poemas que van por su cuenta y riesgo: el que abre el libro, uno de mis poemas más queridos, que se llama «Mantua», que es el viejo nombre de Madrid, y otro de tema mitológico, «Ursa maior».

SKU: En *Elphistone,* ¿sigues explorando la fuerza de la intuición que arrebata al poeta?

BA: Como escribí varios poemas sobre Elphistone, tenía un miedo cerval a que llegara un momento en que eso fuera *pastiche*, porque yo me sentía totalmente poseída por esa historia que no existía. Tenía que ir desvelando, apartando sombras para ver qué pasaba allí y qué era eso. Pero, afortunadamente, justo cuando se pasó el impulso, tuve que cortar radicalmente esa vida de encerrarme en el cuarto, y se acabó. En cuanto a los otros poemas, no sé. Es tan aventurado decir que quiero escribir la verdad, porque ignoro cuáles son las rendijas por las que se filtra. Cuando era joven y estaba empezando a escribir poesía leí unos poemas bonitos y extraños de Samuel Beckett, y se me quedó un verso grabado que me vuelve a la cabeza en este instante: «Te odio porque no eres la verdad.» Los que quieran hacer poesía, los que queramos hacer poesía, nos la tenemos que grabar a fuego. Los poemas que salen en este libro, me parece que hoy por hoy, tienen el grado de verdad que soy capaz de alcanzar. A lo mejor es todo pura astucia y literatura de medio pelo, no se sabe. La intención es una cosa, luego ya todo depende del talento de cada cual, si no tienes más talento, pues no tienes más talento, y ahí te quedas.

SKU: Estilísticamente, ¿te parece que *Elphistone* es más destilado, menos turbulento que los dos primeros libros?

BA: Yo creo que sí. El tercer libro es bastante más difícil de leer, precisamente porque es más sencillo. Creo que los poemas de mi primer libro eran, sobre todo, unos poemas muy llamativos por los recursos que utilicé, que en muchos casos eran verdaderamente de prensa amarilla. Cuando lo escribí, tenía la sensación de que podía utilizar todas las trampas. A lo mejor fue un libro tan rápido, que a la hora de leerse tiene ligereza. No me parece que *Elphistone* sea un libro que vaya a gustar a los adolescentes, a quienes verdaderamente impresionó el primer libro; la gente que tenía unas nociones literarias lo leía de otra manera.

SKU: ¿Has conocido alguna vez a una mujer legendaria?

BA: Hay una mujer que era amiga íntima de mi madre, se llamaba Carola, una mujer de ascendencia inglesa, que durante toda mi infancia fue mítica. Era la más elegante, la más irónica, la más bella de la ciudad. Es muy raro que a pesar de no tener una relación con ella muy directa su recuerdo me acompañe. La gente que muere de mi entorno siempre está muy presente, no de una manera dramática, a lo mejor del mismo modo en que pueden estar presentes los escritores, o los músicos, el muerto Baudelaire, o el muerto Shakespeare.

SKU: Y en la literatura, ¿qué mujeres te han impresionado?

BA: En la literatura siempre me han impresionado las grandes amantes y, en una época de mi vida, las desdeñadas, como la monja portuguesa. Lo veía tan literario eso de amar a un hombre que te desdeñara y de escribir unas cartas tremendas. Pero, a la sazón, las que más me gustan son las heroínas shakesperianas, sobre todo Cleopatra, y también las amantes que cita Rilke en una de las elegías de *Duino Elegies,* cuando habla de Gaspara Stampa y se va recordando a las muertas. No me gusta madame Bovary, la novela sí, pero ella me parece muy necia, y Ana Karenina me pone nerviosa. Leí las novelas de Flaubert y de Tolstoi con sumo gusto, pero hay algo en esas dos mujeres que rechazo. También me gustan las diosas mitológicas, Atenea, Afrodita. No me gusta la Virgen María; a mí me ha amargado la infancia esa mujer de una manera brutal. Siempre la he tenido inquina, salvo en unos poemas de Rilke, que me dieron una muestra de su talento, porque algo que me parecía estéticamente tan condenable como la imagen de la Virgen María, de pronto la convierte en una cosa de gran intensidad poética.

SKU: Además de la poesía, ¿qué otras actividades artísticas te interesan?

BA: Intento, inútilmente, tocar el piano, tocar a Bach. Lo hago con muchos errores y mucha ignorancia, pero recomendaría a todo el mundo que se comprara un piano, porque tocar es una de las cosas más gratificantes que hay en este mundo.

SKU: ¿Piensas con anticipación los proyectos futuros?

BA: Pienso en proyectos absurdos, desde hacer un libro de *pastiches* a escribirle letras a Julio Iglesias, tonterías que luego se quedan en la nada. Nunca me acabo de resignar a poder escribir sólo poesía. También hago cosas para la prensa, pero exclusivamente con afán de lucro. Pero no, no pienso los poemarios. Es que yo no hago libros de poesía, porque no me parece posible. Lo más extenso que he hecho con continuidad han sido los poemas de *Elphistone*, que al final deben ser unos ocho o diez. No puedo tener un impulso y dejarlo, irme a dormir, y volver, eso me resulta imposible.

Madrid, diciembre de 1988.

*Di que querías ser caballo esbelto, nombre*
*de algún caballo mítico,*
*o acaso nombre de tristán, y oscuro.*
*Dilo, caballo griego, que querías ser estatua desde hace*
*diez mil años,*
*di sur, y di paloma adelfa blanca,*
*que habrías querido ser en tales cosas,*
*morirte en su sustancia, ser columna.*

*Di que demasiadas veces*
*astrolabios, estrellas, el nervio de los ángeles,*
*vinieron a hacer música para Rilke el poeta,*
*no para tus rodillas o tu alma de muro.*

*Mientras la marihuana destila mares verdes,*
*habla en las recepciones con sus lágrimas verdes,*
*o le roba a la luz su luz más verde,*
*te desconoces, te desconoces.*

(*De una niña de provincias que se*
*vino a vivir en un Chagall*)

Vendrá la muerte y tendrá tus ojos.

*C. Pavese*

*Vendrá sin las estrellas lácteas*
*y sin tiranosaurios de luz,*
*maroma umbilical para niños marítimos*
*que se ahorcaron con algas y cabellos oceánicos*
*huyendo en hipocampos de sueño de aquel parto, en la*
*columna vertical mayor,*
*entre jarcias y vértebras.*

*Pues somos una saga.*
*Oleaje escarlata en delito, y cimas de cianuro,*
*y golpes de cerezo.*
*Pues somos, en mi cuerpo, una saga con luna abdicante,*
*que recuerda colegios, mapas del mundo en otoño,*
*complicadísimas hidrólisis,*
*pero nunca marfil y mediodía.*

*Colegio:* niña que bebía los pomelos
directamente en labios de la noche,
que juraba acostarse con el miedo en la cama de nadie,
que juraba que el miedo
la había violado hasta doscientos hijos.
*Amor, la niña rusa*
*que comulgaba reno asado*
*y bebía liquen.*
*Amor, la niña rusa que leía a Tom Wolfe.*

(*De una niña de provincias que se vino a vivir en un Chagall*)

*Es en la hiedra negra, en las raíces, entre las hojas*
*del invierno, caídas hojas bajo la nieve, en las estrellas*
*del invierno, estrellas gastadas.*
*Yo lo recuerdo de la misma manera que el invierno*
*cuando con sus grandes botas pisotea la tierra,*
*como la sombra que divide así yo lo recuerdo*
*entre arbotantes y grandes maderos, en tanto el viento*
*escapa hacia el altar.*
*Yo recuerdo la luz de su fría república,*
*—sin duda la luna u otra materia maléfica.*
*Yo recuerdo su luz mientras el viento escapa*
*y una sombra torcida cruza hacia el altar.*

(*Elphistone*)

*Decidme, agua, fuego furioso, lluvia del infierno,*
*sobre la grande mar redoblan los tambores*
*del enemigo viento y retumban como campanas*
*los lingotes de cobre en la sentina.*
*Decidme, lastre o mercancía, fardos de especias, negros*
*fueron sacrificados al gran ladrón, fueron por la borda*
*sombras raptadas, ropas, animales*
*y una mujer.*

(*Elphistone*)

LIBROS DE POESÍA

*De una niña de provincias que se vino a vivir en un Chagall,* Madrid, Adonais, 1981.
*Báculo de Babel,* Madrid, Hiperión, 1982.
*Elphistone,* Madrid, Visor, 1988.

**Amalia Iglesias Serna**

CONVERSACIÓN CON

# AMALIA IGLESIAS SERNA

Sharon Keefe Ugalde: En algunos poemas de *Un lugar en el fuego* («Y tal vez sobre la orilla del otoño un sueño añil» y «La primavera en ciernes», por ejemplo), hay referencias a una niña triste. ¿Es una figura puramente simbólica, o tiene algo que ver con tu propia niñez?

Amalia Iglesias Serna: Las referencias que puede haber en mis poemas a mi propio pasado son parte de una realidad concreta, que luego intento trascender. Con respecto a mi niñez, me pasé los primeros doce años en un mundo, para mí, visto desde ahora, muy privilegiado. Mis padres eran labradores y vivíamos en un medio rural, aislado y primitivo, en un pueblecito de Palencia, apartado de todo, hasta el extremo de que la televisión la conocí cuando tenía trece años. No había muchos niños en el pueblo, aparte de mis hermanos, con los que tener contacto. Cualquiera que viera una película de mi niñez allí, podría pensar que era una niña triste, porque era una niña sola. Pero más bien al contrario, fue una infancia realmente feliz. Cuando escribo, no pretendo hacer una crónica de mi vida, hay una transformación, entra en juego la imaginación que, por supuesto, como decía Jorge Luis Borges, depende de la memoria. Cuando hablo de una niña triste, me puedo estar refiriendo a algún aspecto de la niña que yo fui, o a una hipotética niña triste, con lo cual se entra ya en los terrenos de lo literario —la literatura sólo es posible desde la insatisfacción—. Por otra parte, mi infancia es algo tan sagrado que cuando inconscientemente ha intentado aflorar en lo que escribía, y más en detalles concretos, la he reprimido. Me parecía demasiado fácil recurrir a esa historia, para mí casi mítica, porque no iba a ser capaz de contarlo como lo sentía. Por no traicionar esa época, siempre he preferido dejarla ahí, como en suspensión. Es probable que cuando haya más distancia, salga mi niñez, pero de momento la vivo como algo muy literario, pero la vivo para mí.

SKU: ¿De qué color pintarías tu adolescencia?

AIS: Verde, sobre todo verde, por el paisaje que me rodeaba, las montañas, los árboles y los prados, y también azul, los cielos maravillosamente azules. Con el tiempo se pudo ir transformando más en azul, porque a los catorce años conocí el mar. Jamás lo había visto, y aunque lo había imaginado por cosas que había leído, no lo imaginaba como era en realidad. En mis poemas últimos hay muchas referencias al mar.

SKU: Empleas con originalidad la intratextualidad. Me refiero al afán, algo cervantino, de incorporar anécdotas o imágenes de tus propios poemas en textos posteriores. Por ejemplo, te refieres a «ser maravillosa en París» primero en «Dime con qué locura nos llorará la muerte» *(Un lugar en el fuego)* y después en «París» *(Memorial de Amauta)*. Según tu perspectiva, cómo contribuye esta técnica a la expresividad de tu obra?

AIS: Me resulta curioso que hayas observado eso, porque sí, hay pretensión de que exista esa intratextualidad. Si alguien leyera seguidos los dos libros, vería que hay imágenes recurrentes. Tú has dicho la de París. En un verso de *Un lugar* se dice: «Cuando sea maravillosa iremos a París», y en un poema de *Memorial*, que supone un suicidio en París, se dice: «Por estar en París y no haber aprendido / el oficio elemental de ser maravillosa.» Este tipo de intratextualidad se da bastantes veces, y supongo que forma parte de mi propia unidad del mundo y que confirma que escribo a partir de vivencias personales, de sensaciones y de sentimientos. Mi transcurso vital no ha cambiado tanto en ese período de tiempo; mis preocupaciones son parecidas, y eso se refleja en una unidad de mundo, aunque haya nuevos intentos en la forma y en la superación a nivel literario. Hay una pretensión de unir, aunque yo no lo pretenda voluntariamente. Cuando estoy escribiendo puede surgir de nuevo como un eco, un poema que escribí hace tiempo, no tanto el poema como la realidad que me hizo escribirlo, y es inevitable la referencia. En «Amor humano» y «Amor divino» *(Memorial)* he utilizado un recurso que no recuerdo haber visto, que tiene una significación a ese nivel: el remitir con asterisco a un poema o a una parte de un poema escrito hace años.

SKU: Te iba a preguntar precisamente sobre los textos intercalados en esos poemas.

AIS: Remiten a un texto bastante anterior inédito. Pero esos dos poemas no tendrían razón de ser, no existirían tal como son, sin aquel otro texto. Es la base, es como la vida misma, en la cual existen interrogaciones y constantemente una acción derivada. Eso lo veo y lo pienso *a posteriori,* porque cuando estoy escribendo no lo racionalizo. La intratextualidad ayuda a fijar el ritmo de la existencia o del pensamiento. Cuando hay una referencia a un poema que ya se escribió, quiere decir que fue el preludio de ese otro poema, el embrión. No es afán por copiarme a mí misma, cosa que intento evitar. Las referencias a poemas previos son esenciales para comprender mi mundo poético y para comprender algún poema determinado.

SKU: Las citas de «Monólogo en la isla» *(Memorial),* son más bien un ejemplo de intertextualidad que intratextualidad, ¿no?

AIS: Sí. Por supuesto no me interesa únicamente la intertextualidad con mis escritos, sino con toda la literatura. Cuando escribes ahí está el peso de la tradición —todo lo que has leído—. Decía Pessoa que en un poeta se debe notar en algo que ha existido Homero. Pero no sólo Homero, escribimos con el peso y la conciencia de todo lo que se ha escrito antes, no es posible la escritura en el vacío. Y no me interesa exclusivamente la intertextualidad literaria, sino la interdisciplina con otras artes como la música, la pintura o el cine. Creo que hoy más que nunca todo acto creativo pasa por ese estadio interdisciplinario entre las distintas formas de expresión artística, que no son mundos cerrados, sino que se influyen unas a otras constantemente.

Volviendo a tu pregunta y respecto a las citas de *Memorial,* hay unas citas en cursiva, que es lo que las diferencia de las otras mías. Son de Saint-John Perse: «Tu es là, mon amour, et je n'ai lieu qu'en toi.» Hay otra de Blas Otero: «Esta noche no puedo dormir y pienso en tus tejados», de un poema que escribe desde Madrid a Bilbao, que conmigo tiene mucho que ver por paralelismo vital. Cuando estoy escribiendo el poema no puedo evitar que esté implícito el poema de Blas de Otero. Hay otra cita: «Una centella piensa en mis ausentes», que es de Wallace Stevens. Las citas van entrecomilladas porque no son mías. Son referencias a textos que para mí en algún momento han sido significativos y con ello a la estética que sus autores representan.

SKU: En una entrevista previa, identificaste tres poemas claves («Llama», «Crepitación» y «Ceniza») en *Un lugar para el fuego.* ¿Hay poemas claves para la lectura de *Memorial de Amauta?*

AIS: Creo que con el haber citado esos poemas como claves en *Un lugar,* pretendía, más que nada, hacer notar un ciclo del esplendor a la decrepitud. Visto desde ahora, me parece un error señalar poemas claves, en cuanto que probablemente me iba a equivocar. Con *Un lugar*, después, me he dado cuenta de que a otros lectores les parecía que eran otros los poemas claves, no los que yo había señalado. ¿Quién tiene razón? ¿Tengo yo razón, o la tiene ese otro lector? Cuando un libro sale de tus manos, ya no sabes si es muy tuyo o si es más del lector que va a hacer la lectura que quiera. Puedo decir mi lectura, pero igual no se corresponde con la realidad que está viendo el lector. En el caso de *Memorial*, no hablaría de poemas claves, pero sí de poemas a los que tengo más cariño. El último poema, por ejemplo, dedicado a María Zambrano (de la que ahora he preparado, una edición de sus artículos sobre pintura y cuyos presupuestos teóricos tienen mucha importancia para mí), considero muy significativo, no por su calidad, sino porque creo que refleja muy bien lo que yo quise plasmar en ese poema, la impotencia de expresar todo lo que yo hubiera querido expresar con el libro.

SKU: El título de tu primer libro, *Un lugar para el fuego*, nos da entrada a su paradigma metafórica predominante, el fuego. Me parece que en *Memorial de Amauta* el agua ocupa este papel central. ¿Podrías hablarme de algunos de los significados simbólicos del agua o de sus variantes, el mar, la laguna, la lluvia, dentro del contexto del libro?

AIS: Efectivamente, en *Un lugar* era la imagen del fuego lo predominante, con un simbolismo tomado, tanto en el sentido tópico de la pasión amorosa, como en el sentido de la autodestrucción, que creo haber apuntado luego con el agua en *Memorial*. La pasión amorosa y la autodestrucción, ese juego de amor y muerte, une los dos libros. En *Un lugar* dominaba la pasión, pero hay poemas que ya apuntan la devastación del fuego, que se destruye a sí mismo y a aquello que puede llevar al máximo esplendor. En *Memorial* el agua cumple este papel de *leitmotiv*. Cuando empecé a escribir el libro, no había pensado en la posibilidad de que el agua iba a ser esencial, pero surgía en los poemas. Me di cuenta al releerlo todo de que hay una constante que es el agua. La imagen del agua funciona a varios niveles significativos. Existen desde poemas significativos a nivel vivencial, que puede ser por haber vivido en Bilbao, rodeada de agua por todas partes, la Ría, la lluvia y el mar. También hay una sensación de plenitud: el agua que da vida, que es también el agua que da muerte. Creo que en dos versos de «Estambul» («Considerando que la lluvia nos bebe de perfil, / tal vez el Bósforo nos devuelve un cuerpo entero») se resume ese aspecto del simbolismo del agua. Por una parte, está la lluvia que nos bebe, que nos erosiona, que nos va mermando y, por otra, el agua desatada que da vida y que es la fertilidad. También se hace presente la imagen del suicidio por el agua, como en el poema de «Ofelia», que a la vez expresa un rescate, una resurrección a través del agua, el recuperar algo con más fuerza. En el poema «El mar en fuga», por ejemplo, se habla de un mar que da vida y que da muerte, un mar que va y viene, un mar traicionero, pero a la vez, un mar con posibilidades amplísimas de vida. Lo que resurge es esa contradicción entre la vida y la muerte. También entra el concepto del amor como un hecho, que antes era fuego, pero que después se convierte en algo naufragable, hasta el abandono.

Para mí, *Memorial* es un libro doloroso, por ser premonitorio de mi propia situación vital. Ya en *Un lugar* había muchas imágenes de ahogados, pero justo *Memorial* está escrito cuando en mi familia hay una tragedia de dimensiones bastante graves. Un primo con el que viví toda mi infancia, se ahogó en el mar; estaba haciendo el servicio militar. Yo recuerdo ese enero, veinte días recorriendo el acantilado, desde las ocho de la mañana hasta las diez de la noche, buscando un cadáver. Era donde todos estos poemas, después de estar escritos, para mí cobraban una plasticidad; se hacían reales en el paisaje. Poemas como «Ofelia» fueron premonitorios, porque luego he vivido yo el libro con la muerte de mi primo.

SKU: Por el triunfante poder creador o recreador de la palabra, que a veces salva la plenitud del amor de la destrucción del tiempo, *Memorial* parece ser un libro menos pesimista que *Un lugar*. ¿Qué opinas tú al respecto?

AIS: El fuego pasional de *Un lugar* lleva a la máxima exaltación, pero al llegar a un punto, se autodestruye. Es el fuego que acaba en cenizas. El agua de *Memorial*, no. Puede ser devastadora, con lo cual hay muchas imágenes de muerte, pero es el agua que permanece como germen de vida; deja la puerta abierta hacia una posibilidad de resurrección. Hay poemas mucho menos pesimistas.

También puede existir otra cosa. En mi propia trayectoria poética, el escribir se va convirtiendo en una forma de vida, en la única forma posible de vivir. Si hacia atrás escribía en los momentos más derrotistas, en plan confesional, ahora para mí la poesía y la literatura en general no es un desahogo, sino que es algo más amplio, una forma de expresión en todos los momentos, no sólo en los momentos pesimistas.

SKU: ¿Quién es Delire en el poema en prosa «La tarde que se marchó Delire» *(Memorial)*?

AIS: Es la mezcla de un dios-diosa andrógino que imaginé. Tanto en *Memorial* como en *Un lugar,* hago referencias a los dioses, a los que no podemos serles fieles. Delire es el intento de que todos estos dioses estén resumidos en una figura. El poema «La tarde que se marchó Delire», es posiblemente el instante en el que te descubres sin dioses, sin un dios, o sea singular o plural. Delire también tiene una referencia intertextual a Rimbaud y su poema «Delirio» de *Una temporada en el infierno.* De ahí el caos de la no puntuación, que yo creía que en este caso era significativo, aunque sea un recurso muy utilizado. Por un lado, el poema expresa el instante sin dioses, el instante en el que crees haber perdido a los dioses, cuya consecuencia es el delirio, pero también una cierta esperanza, o más que esperanza, una espera de los dioses, a que regresen a través de múltiples formas. Ese delirio, esa deshabitud de los dioses, se produce sobre todo a través de una sensación de cuerpo, del cuerpo deshabitado.

SKU: En tu obra ciertas palabras van adquiriendo su propia significación. Un poco al azar te voy a ir nombrando algunas para ver cuáles son las connotaciones que te traen a la mente. Por ejemplo: vidrio.

AIS: Frialdad y espera. Es la sensación probablemente de una ventana en la que te apoyas y sientes frío, pero también miras un paisaje y siempre esperas. Esperas algo.

SKU: Musgo.

AIS: Niñez y abrigo, la imagen de una cueva que está rodeada de musgo por todas partes, la sensación de cobijo.

SKU: Escarcha.

AIS: Niñez también, los amaneceres jubilosos. Es una forma de disfrazar la niñez.

SKU: Estatua.

AIS: La imposibilidad de la palabra, pero al mismo tiempo el desasosiego, pensando en qué sucedería si las estatuas cobraran vida. La sensación que yo tengo ante muchas estatuas es que en cualquier momento me van a decir algo. Tengo la impresión ante una estatua concreta que para mí ha tenido bastante significado y que siempre me sigue dando vueltas. Es imaginarme a la «Victoria» de Samotracia con cabeza.

SKU: Hiedra.

AIS: Erotismo.

SKU: Gárgola.

AIS: Parecido a las estatuas. Por una parte, la sensación de que las gárgolas me han hablado, y la erosión interior también, el agua que erosiona su interior.

SKU: Luna.

AIS: El embrujo, la atracción hacia algo, hacia las propias querencias y no querencias interiores que no están motivadas. Tal vez el mito, la leyenda.

SKU: ¿Dónde encontramos a la mujer en tu poesía?

AIS: No siento la necesidad en un poema de decir que yo soy mujer, es algo que doy por supuesto. Sin duda mi poesía está marcada por el hecho de ser mujer, pero creo que eso se tiene que notar implícito. Te cuento una anécdota al respecto. En una ocasión, una asociación de mujeres feministas me llamó para una fiesta (el 8 de marzo) para que diera un recital. Alguien de la asociación se acercó y me dijo: «Bueno, supongo que tendrás poemas dedicados a la mujer.» Entonces, yo le pregunté: «¿Me habéis llamado porque soy una mujer que escribe o por escribir poemas sobre mujeres?» Esa es la gran distorsión que puede haber con ese tema. Para sentirme más mujer, no necesito citar referencias a la mujer en mis poemas. Creo que lo significativo es que una mujer escriba, y yo desde luego escribo como soy yo, siendo mujer y siendo muchas más cosas también.

SKU: ¿Cuál es tu opinión sobre la existencia de una estética de la mujer? ¿Escribe la mujer, por esencia o por experiencia, de una forma distinta a la del hombre?

AIS: Yo pienso que sí, aunque cada vez menos, porque cada vez tenemos una educación más parecida y recibimos una información, desde todos los medios, que es prácticamente la misma. Ahora bien, hay una diferenciación que supongo que está en el ser mismo. La forma de ser de una mujer no tiene por qué ser igual que la de un hombre. Habrá casos en los que se nota más la diferencia y casos en que se nota menos. No tiene que ser porque se escriba sobre temas determinados, o se escriba redundando en unas historias, sino porque hay una voz peculiar. Históricamente noto esta diferencia; por ejemplo, cuando leo a Virginia Woolf, sé que es una mujer que está escribiendo. Creo que estas diferencias en un tiempo tenían un significado y que tal vez estaban más marcadas, pero ahora tienden a igualarse.

SKU: ¿Cómo explicas el *boom* actual en España de la poesía escrita por mujeres?

AIS: Sobre todo a partir de los años setenta parece que hay muchas mujeres que escriben, y que escriben bien. Yo no sé si porque antes no escribían tanto o sospecho más bien que el problema es que no se las escuchaba, no tenían posibilidad de publicar. Pero el presentarse ahora bajo el lema de literatura femenina es un arma de doble filo. Se tiende a automarginarse y presentarse en corpúsculos, narrativas escritas por mujeres, poesías escritas por mujeres, etc. El insistir en ello puede ser peligroso, en cuanto que se aparta de la norma, y en realidad, lo que tiene que ser la escritura de la mujer es normal. El día que ya no sea necesario hacer antologías de mujeres, significará que hemos llegado a la normalidad, y a nadie le sorprenderá que haya una serie de poetas o narradoras que están escribiendo.

SKU: ¿En qué se diferencia la poesía de mujer anterior a los años setenta con la que se publica ahora?

AIS: En lo mismo que la litetatura en general, con la peculiaridad, además, de otro matiz añadido. El sentido utilitario que podía tener la literatura en los años de la posguerra se va perdiendo, esa necesidad de utilizar la literatura para sacar determinados temas que están en la realidad social. En cuanto a la mujer en la literatura de la posguerra, históricamente más atrás también, lo que hace (claro, siempre hay excepciones) es reflejar la situación de la mujer frente a la sociedad normalmente. Hay una necesidad de manifestarse no sólo como persona que escribe, sino como mujer que escribe. Como excepción, siempre me ha llamado mucho la atención el caso de la argentina Alejandra Pizarnik. Al leer sus poemas, se ve que están escritos por una mujer, y que probablemente sólo los hubiera podido escribir una mujer, pero, al contrario del paradigma de la mujer escritora de entonces, no necesita decir constantemente ni su problemática como mujer ni que es mujer para que eso se note.

SKU: ¿Dentro del mundo literario, existe realmente un trato igualitario con respecto al sexo?

AIS: Creo que cada vez más. En mi caso personal y en el caso de las personas que me rodean, siempre lo he podido ver con mucho optimismo. Pero aunque normalmente los medios públicos defienden a las mujeres que escriben, resulta que en las conversaciones privadas, en algunas ocasiones, se tiende a decir con cierto tono despectivo: «Esta mujer que escribe, no se sabe si está allí más porque escribe o porque es mujer.» Precisamente por el *boom* de la literatura femenina parece que las mujeres que escriben lo tienen más fácil. Pienso que eso no responde mucho a la realidad, pero demuestra que tampoco existe un tratamiento absolutamente igualitario.

SKU: ¿Te consideras feminista?

AIS: No sé si feminista, según se entiende el feminismo, pero, desde luego, mujer que defiende sus propios derechos y para hacerlo, los de todas las mujeres. Yo siempre he sido más feminista fuera de la literatura que en la literatura. Soy persona que me posiciono, como persona, frente a determinadas propuestas ideológicas, políticas, o en este caso, sociales. Me siento comprometida con mi realidad en la medida de lo que puedo; intento manifestar mis opiniones y apoyar aquello que creo que está bien, y protestar contra aquello que está mal, pero no utilizo la literatura para hacerlo.

SKU: ¿Crees que una tradición de literatura femenina española o extranjera haya marcado de alguna forma tu formación literaria?

AIS: No, porque tampoco tengo nada claro que haya ninguna tradición concreta, ya no de mujeres, sino en general, que haya marcado mi trayectoria. La única poética que he hecho por escrito, que se recoge en la antología de José Luis García Martín, de los poetas de los años ochenta, precisamente es la *no* poética. En mí hay cosas absolutamente dispares, desde la poesía griega hasta el expresionismo alemán, hasta Alejandra Pizarnik, Juan Larrea o Ingeborg Baghman. Prefiero, más que trazarme una teoría literaria y unos padres y unos abuelos a los que ser muy fiel, moverme por fidelidades intuitivas. Igual, del mismo autor me entusiasma un poema y no me gusta el resto, pero ese poema ya merece la pena. Hay autores que me gustan, pero tampoco les soy absolutamente fiel. No existe una cadena de mujeres, porque no existe ninguna cadena, aunque tengo bastantes poemas dedicados a mujeres, a Virginia Woolf, a Alejandra Pizarnik, a María Zambrano, a Sylvia Plath, por ejemplo, cosa de la que me di cuenta después. No sé si es simplemente una casualidad o si me siento más cerca de ellas, pero sí sé que no es algo buscado. Simplemente, dentro de mi cultura literaria, que me parece todavía escasa y con muchas lagunas, intento guiarme por lo que considero la buena poesía, independiente de generaciones y de movimientos.

SKU: En otra entrevista has destacado algunos nombres de autores que admiras, ¿no?

AIS: Sí, supongo que cuando te presionan demasiado para que des nombres de autores, siempre sucede que no responde del todo a la realidad, porque son autores que admiras, pero hay muchos más que admiras. Ahora te podría citar una lista de autores, desde Friedrich Hölderlin hasta Luis Cernuda, pasando por Juan Larrea y César Vallejo. Son autores completamente distintos que cualquiera que vea sus nombres dirá: «¡Pero bueno, esta señora, ¿cómo es posible que le guste Vallejo y, al mismo tiempo, Novalis?» Me mantengo abierta a todo lo que tenga algo que decirme, y todo va sedimentando.

SKU: Si tuvieras que hacer una receta para tu poesía, ¿cuáles serían los tres ingredientes que no podrían faltar?

AIS: Antes que nada, no creo en las fórmulas mágicas. No existe una fórmula y cada vez te aproximas al poema de forma distinta. Puedo seguir el juego diciéndote que hace unos cuantos años te hubiera contestado rápidamente que «sentimiento», pero ya he aprendido que con sentimientos solos, como decía Mallarmé en sus ensayos, no se escribe la literatura. Si tuviera que limitarme a tres ingredientes, uno sería, sin duda, un margen de sensibilidad, o llámalo capacidad de observación, de vivencia, de vivenciar cada instante. Aparte de esa sensibilidad, se necesita también una buena dosis de oficio literario, de trabajo, de búsqueda de la belleza de la palabra, una capacidad de seleccionar las palabras y de relacionarlas de una forma en que no se han relacionado antes, o de usarlas en un contexto nuevo. En algún momento creía que era mejor escribir un poema impulsivo y dejarlo tal y como estaba, pero ya no creo en la improvisación. Un tercer elemento sería tener algo que decir, porque la poesía en el aire no tiene sentido. Y cuando digo «el tener que decir», digo unas vivencias y una forma determinada de sentir la vida. No podría escribir sólo con oficio, sin partir de una realidad; no me resultaría el poema. Cuando se escribe sólo de oficio, falta algo, falta el pulso mismo del poema. Pero la verdad es que te estoy intentando dar una fórmula que como te he dicho no existe. Lo más importante de la poesía es indefinible, igual por eso seguimos escribiendo/buscando.

SKU: ¿Podrías describir cómo funciona tu proceso creativo?

AIS: No siempre igual y no para todos los poemas de la misma forma. Allí tampoco existe una fórmula. Sí soy consciente de que los poemas que luego he considerado de un grado de dignidad suficiente para publicarse, han sido escritos en un estado especial, que se puede llamar inspiración o que se puede llamar como quieras. En el primer libro, por ejemplo, hay poemas que he escrito en un grado de exaltación, algo que se me ocurre de repente y me pongo a escribirlo. Luego, lo que ha ido pasando progresivamente, es que me pongo delante del papel en blanco a escribir, simplemente porque necesito ponerme a escribir. Igual no tengo muy claro lo que quiero decir, pero el papel en blanco me llama. Una sola imagen puede justificar un poema.

El proceso fue bastante distinto para mis dos libros. En el caso de *Un lugar,* yo escribía los poemas sin saber que iba a ser un libro, sin pretenderlo siquiera. Iba escribiendo un poema y otro poema, que se fueron sumando. Me pasaba noches enteras escribiendo un poema para llevárselo a alguien a las siete de la mañana a la parada de autobús. Algo tan infantil como eso. *Memorial,* en cambio, era un libro que yo tenía en la mente antes de haberlo escrito. Sabía que quería escribir un libro que tratase de la memoria, del tiempo. Más que una plasmación de hechos concretos del pasado, más que una búsqueda del tiempo perdido, en el sentido de recuperar cada dato, cada paisaje, cada vivencia, era el intento de reflejar la transición hacia la memoria, la búsqueda de lo que es el espacio que va entre el hecho concreto, sucedido, y el momento en que se propone recordarlo. Intenta reflejar el esfuerzo por recuperar el camino de acceso hacia la memoria, con todo lo que tiene eso de mentira, de traición y de fingimiento. Digo de traición, porque cuando uno se propone recordar algo, o no se lo propone, le viene impuesto el referirse a un tiempo que no es el presente. Normalmente, se está autoengañando, y supongo que recordamos lo que queremos recordar, o de la forma en que queremos recordarlo. Escribí el libro cuatro veces (la segunda vez que lo tenía escrito, alguien me decía que lo presentase a un premio, y el día antes de presentarlo lo releí y lo acabé tirando a la papelera) por el empeño por conseguir sacar de la cabeza lo que estaba allí como una totalidad. La labor de resta en *Memorial* ha sido muy importante. Igual había dos mil versos o más, sustituir poemas, suprimir poemas completos, reescribir algunos. Era un proceso de ir limando lo que yo consideraba que sobraba. Parece que cada vez tengo una postura diferente ante el hecho de la escritura.

SKU: ¿Qué proyecto tienes entre manos?

AIS: Mi nuevo libro de poemas, casi terminado, se titula «Intemperies» y prefiero no hablar de él hasta que se haya publicado. Estoy empezando a escribir relatos —cosa que antes no había hecho—, porque me permite decir cosas que no puedo decir con un poema.

Se nota que me resulta muy difícil a la hora de escribir relatos desprenderme de la poesía. Tengo la impresión de seguir escribiendo un poema, entonces, lo que hago, es intentar crear algo completamente distinto. Por supuesto, no renuncio a la poesía, porque es donde más cómoda me encuentro. También sigo con mis artículos literarios en prensa. Me gusta mucho esta variedad porque va hacia el fragmentarismo de la literatura, hacia la ruptura de los géneros. Me gustaría que se llegara a eso, que no se marcaran tanto las diferencias entre los géneros, sino que sólo se distinguiera la buena y mala literatura. O mejor, entre lo que es literatura y lo que no lo es. Me interesa llegar a un texto más inclasificable.

Madrid, noviembre de 1988.

*Sirenas y enjambres,*
*palomas marinas incendiadas*
*que vendrán a posarse entre tu pecho*
*como pájaros fieles y líricos puñales.*

*Trescientas veces*
*sirena sangre sola*
*estatua locura centinela*
*buscarás la voz azul,*
*la quimera incansable;*
*trescientas preguntarás la biografía de la luz*
*—tibia y cotidiana—*
*que ama la morfología de los párpados*
*y entre tu piel urbana se hace certera y fluye*
*ebria como las algas,*
*ambigua entre marismas.*
*Y quieres estrangular*
*la espiral de la llama que cruje entre tus sienes.*

*Pero te dejas... bruma breve,*
*noche meridional,*
*te dejas sin barro suficiente... sin alas suficientes*
*sin vida suficiente,*
*te abandonas... sin lugar para el fuego.*

(*Un lugar para el fuego*)

## OFELIA

«La blanche Ophélia flotte comme un grand lys.»

*A. Rimbaud*

*I*

*Ofelia, la de los pies luminosos bajo el agua,*
*ebria de marejada, ondina frágil se incorpora.*
*Resplandor.*
*Silueta que cruza y arrebatado el beso*
*insinúa su rostro vuelto hacia la escarcha.*
*Se alza fértil la noche en todas sus orillas*
*y el clamor del cristal:*
*bandadas de pájaros danzan entre los juncos,*
*sobre sus alas guardan hendiduras de luz,*
*bóvedas que en madrugada han cobijado amor*
*y sangre innumerable.*

*Ofelia baila bajo la tenue luz de las alas abiertas,*
*luciérnagas ahogadas*
*desde el silencio dictan su voz intermitente.*
*La noche engendra lianas.*
*Ofelia insiste, levedad de vilano,*
*abandonado al tembloroso vaivén, al oleaje,*
*improvisa en penumbra la lenta coreografía de algún sueño.*

*II*

*Arbolada, sucedida amante en el umbral:*
*el mar no cicatriza.*
*Lo certifica febrero de plena lunación.*

*El mar se abruma,*
*se abisma sin tregua hacia los puentes,*
*como si siempre fuera aún tiempo en su pecho agitado*
*acuática canción, sublime y dolorosa,*

*se escucha su ímpetu de alas contra el faro encendido.*
*Y regresan amantes de un lejano destierro,*
*apostados sus rostros al filo del azogue.*

*III*

*En la noche lunar*
*el agua*
*devuelve a sus ahogados*
*igual que los espejos.*

(*Memorial de Amauta*)

APUNTES DE VIAJE

.................................................................................................................

*Y en la planicie azul, en el umbral lejano,*
*todo tenía forma de huida,*
*todo quería estar a punto de partir.*
*Yo te esperaba, yo soñaba escribir*
*un solo poema hospitalario,*
*una oración eterna y confortable*
*capaz de retener el agua en abandono.*

.................................................................................................................

*Y el agua infernal sube a despecho*
*hasta mi boca naufragable;*
*su denso tacto lunar*
*me penetra de mar y sal a oscuras.*

(*Memorial de Amauta*)

LIBROS DE POESÍA

*Un lugar para el fuego*, Madrid, Adonais, 1985.
*Memorial de Amauta*, Madrid, Endymión, 1988.

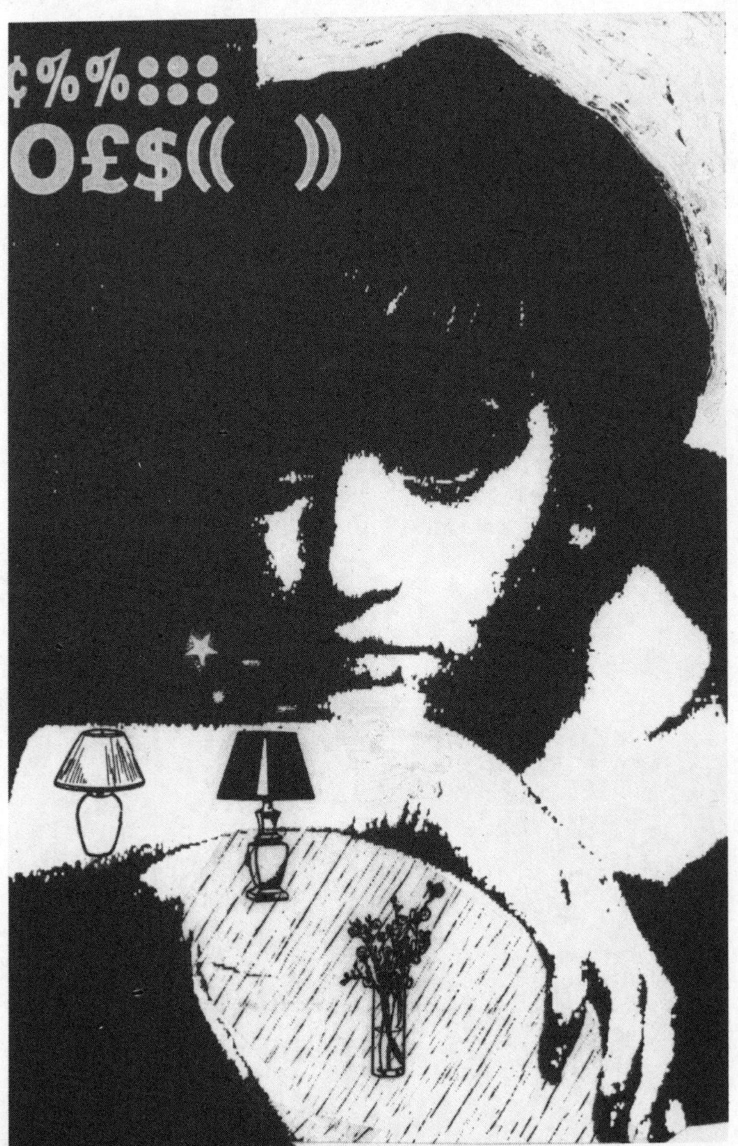

**Luisa Castro**

CONVERSACIÓN CON

# LUISA CASTRO

Sharon Keefe Ugalde: En tu primer libro, *Odisea definitiva. Libro póstumo,* hay un uso original de palabras relacionadas con la geografía, ¿podrías decirme qué connotaciones asocias con algunas de ellas, por ejemplo, Venecia?

Luisa Castro: Me acuerdo perfectamente del poema en que aparece, «Casi mediodía II». La alusión a Venecia está presente como elemento negativo, como lugar propicio para el amador, para el guerrero, para el poeta, para ellos en general. No para mí. Es el lugar, el escaparate donde aparecen los héroes.

SKU: ¿Y el adjetivo «siberiano»?

LC: «Siberiano», «tártaro», «turco» y quizá alguno más, todos son adjetivos que se refieren a lugares de Rusia y sitios del Oriente, y a lo que remiten es al mundo extraño que yo no estaba conformando. Un mundo contradictorio y frío, pero cálido para mí, que era el que yo pretendía y que negaba por principio.

SKU: ¿Y qué te sugiere Henoc?

LC: Henoc es la primera ciudad construida por los hijos de Jehová y aparece en el texto asociada con el mito de la mujer de Lot. Sugiere la idea de que nosotras no vamos a ser la estatua de sal.

SKU: En *Odisea definitiva* la palabra *temprano* parece aludirse a un período de tiempo pasado desagradable. ¿Te refieres a una época anterior de tu propia vida?

LC: No, me refiero quizá a una situación que luego padecí. Me suele ocurrir que en los poemas entreveo. No es ninguna visión, ni mucho menos. Se trata de una operación intelectual, entrever lo que puede ocurrir, con las claves que tienes del presente. Y lo de «temprano es una palabra muy bella que exige mujeres / repentinas y constelaciones espontáneas», viene a aclarar lo que es el presente de ahora, que era el futuro entonces y refleja la urgencia de que las cosas sean lo que tienen que ser a través del tiempo.

SKU: Esa forma de previsión hace pensar en uno de los cantares de Antonio Machado, en que hasta cierto punto él prevé su propia muerte cuando dice: «Murió el poeta lejos del hogar. / Le cubre el polvo de un país vecino.»

LC: Es posible. Lo que pasa es que no creo en la visión del poeta. Creo en las observaciones intelectuales, que son fáciles de efectuar; con dos o tres claves que tengas del presente, puedes hacer este tipo de operación.

SKU: Para los poetas la niñez suele formar una reserva de emociones, de lenguaje simbólico y de anécdotas. ¿Me puedes contar algo de tu niñez?

LC: Sí, recuerdos destacados hay muchos y suelen aparecer sobre todo en los cuentos y en las historias que narro, y también en mi último libro de poesía *Los hábitos del artillero.* Lo único que puedo decir de mi niñez es que ha sido un paraíso de salvajes. Éramos, mi hermana y yo, tan salvajes como mis padres, mis padres como sus abuelos, sin orden ni ley vivíamos en una casa sin ningún tipo de estratificación de poderes. Allí cada uno tenía su mando sobre sus cosas, no había horarios, ni la hora de comer, ni ceremonias demasiado importantes. Lo recuerdo como una etapa muy feliz, en que el contacto con la tierra era fundamental, con la playa, con el bosque, con todo lo que estaba cerca, con todo lo que podía tocar con las manos. Quizá lo que más grabado se me quedó fue el esfuerzo de mi gente, es decir, un cierto sentimiento de clase. El esfuerzo de los trabajadores, de los amigos marineros viejos de mi padre que venían a casa, de las trabajadoras que venían a llamar a casa a mi madre para ir a trabajar y de ciertos personajes como mi abuelo. Todos esos son los semblantes de mi niñez que no olvido. Y también tengo los recuerdos del colegio, siempre magníficos. Hace unos días estaba leyendo la biografía de J. P. Salinger y en ella comenta el biógrafo que Salinger, al parecer, era un escolar tímido, no muy entusiasta y generalmente tristón, y apostilla que así suelen ser la mayoría de los escritores. Me quedé sorprendida porque yo fui realmente la niña más feliz, más jovial y más simpática de todo el colegio. Me atraía a las amigas porque les hacía reír sin parar. No recuerdo ningún episodio triste, ninguno.

SKU: Esa alegría juvenil hace un contraste fuerte con el tono de tus libros, en los cuales encuentro sentimientos de enajenación, de tristeza, de dolor, incluso de miedo y de odio. ¿Viviste alguna experiencia que te llevara a ser, y te cito textualmente, «un habitante tan remoto»?

LC: Supongo que no porque viví esos sentimientos, sino porque dejé de vivir otros. Dejé de vivir mi vida cuando abandoné mi casa, cuando abandoné a mis padres. Supongo que porque cuando uno empieza a hacerse mayor se tropieza con gente que está prácticamente mecanizada y se tropieza con la cretinez general.

SKU: El motivo de la guerra es uno de los elementos que da unidad a *Odisea definitiva.* ¿De dónde proceden los versos del epígrafe del libro que introduce este motivo?

LC: Es una canción popular. Supongo que tendrá autor. Quizá es de estas canciones populares infantiles que se hacen tan populares que se pierde el nombre del autor. Incluso hay una película que se llama «Mambrú se fue a la guerra», posterior a ese libro, que protagoniza Fernando Fernán Gómez.

SKU: Tanto *Odisea definitiva,* que está dividida en secciones que representan el ciclo de un día o casi un día, y *Los versos del eunuco,* con la presencia de un hilo narrativo, son libros de estructura unitaria. La estructura de *Los hábitos del artillero* parece menos cerrada. ¿Fue distinta la concepción de este último libro?

LC: Creo que en el fondo lo que anima *Los hábitos del artillero,* del primer poema hasta el úlimo, es una única intención, que es la intención que quizá recoge muy bien la cita que pongo de Konrad Lorenz al principio, la idea de que nada parece lo que es y quizá la paloma, que es el símbolo por excelencia de la paz, puede devorar como nadie a su presa. Creo que todos los poemas están animados por un tono muy acechante. Y si estudias un poco la distribución de los poemas, son cuatro partes, el principio remite a la infancia, el segundo, de «la cacería», remite a un mundo más metafórico de la pérdida de la orientación, el tercero, de «código internacional», habla ya en un tono más ético, pero también se intensifica el sentido de acechanza y, al final, hay una pequeña conclusión en forma de coloquio de quien pretendía ser, o quien quería ser, o quien soñaba ser, y se concluye que lo único que importa es que alguien escuche tus sueños o que alguien dé calidad a tus sueños.

SKU: *Los hábitos* es un libro mucho más destilado, menos turbulento, pero al mismo tiempo más penetrante a nivel emocional, para mí por lo menos. ¿Cómo ves el libro nuevo en relación con los dos anteriores?

LC: Es muy difícil para mí juzgar mi propio trabajo, sobre todo desde tan poco tiempo. Pero supongo que tienes razón en que hay una voluntad de desbrozar lo sobrante. Lo que me interesa es el impacto de la palabra aislada, sin adornarla, atenerme únicamente a la impresión central que quiero conseguir, sin el parloteo de la frase que yo tenía antes. En *Odisea definitiva*, y también en *Los versos del eunuco*, había un parloteo confuso detrás de las ideas. Mi valoración con respecto al anterior es positiva, creo. Lo que pasa es que en poesía, y sobre todo ahora lo noto cuando estoy escribiendo relatos y prosa, es mucho más fácil sentirse un farsante pasados tres meses escasos desde un trabajo concluido, y de eso quiero huir. No tienes por qué decir la verdad, pero sí escribir con verdad, con autenticidad. En poesía es muy difícil conseguir eso.

SKU: ¿Cómo se compara *Los hábitos* con el libro que tienes escrito en gallego, *Baleas e baleas*?

LC: Son dos libros que tienen bastante que ver, por lo menos en la parte que hay de autobiografía, aunque de eso también habría mucho que decir. Hay una frase que se me ocurrió el otro día y que me pareció muy valiosa, y es que lo autobiográfico, o lo que parece autobiográfico, es a veces tan autobiográfico como la vida misma, porque tampoco nuestra vida a veces parece nuestra. Viviéndola, unas veces uno tiene la sensación de no estar en su lugar o de no estar siendo quien es. Es mi impresión que en pocas ocasiones estamos viviendo nuestra vida. Por eso, cuando te preguntan: «¿Eso es autobiográfico?», pues quién sabe. A lo mejor estas cosas las hice yo, pero no las hice pensando que las hacía yo, o las hice en otra esfera de sentimientos o de pensamientos. Y a lo que íbamos, en lo que tienen de autobiográfico o que lo puede parecer, *Baleas* y *Los hábitos* son dos libros muy iguales. Hay poemas verdaderamente paralelos en mi libro que está en gallego con los primeros poemas de *Los hábitos*, los de la casa, de los alimentos, del abuelo. Y por lo demás me gusta más *Los hábitos* porque creo que el libro en gallego es excesivamente autobiográfico en el sentido que te dije, que pretendo hacer mías demasiadas cosas que no estoy segura de que sean mías.

SKU: ¿Es más natural para ti escribir en castellano o en gallego?

LC: Igual de natural. No noto diferencias. Al principio como empecé escribiendo en gallego, notaba como un narrador intermediario entre mí y la escritura en castellano, pero luego no. Ese intermediario que se metía entre el folio quizás me ayudó a aprender muchas leyes y trucos narrativos. Recuerdo cantidad de relatos de hace muchos años que llevaban el narrador intermediario.

SKU: ¿No sientes interferencias entre los dos idiomas?

LC: No, ninguna. La situación lingüística en Galicia, por lo menos la que yo viví y la que mi generación vivió, fue una situación que sí creaba ciertos problemas en el colegio si eras un gallego hablante, como yo, desde niña, porque llegabas al colegio a los cuatro o cinco años y era obligatorio el castellano, no se podía escribir en gallego, no conocías libros en gallego. Pero los problemas eran mínimos, de léxico o de conjugación, que los sigo teniendo todavía en español. Yo creo que en casa el ambiente era normal, la lengua era el gallego, en el colegio el ambiente era normal, la lengua era el castellano, oficialmente utilizaba el castellano porque así me habían educado. Cuando tomé conciencia del asunto, utilicé el gallego y el castellano indiferentemente, aunque generaciones anteriores a la mía de escritores gallegos sí han sufrido por esta situación, como los catalanes y los vascos.

SKU: ¿Cómo ha ido evolucionando el papel de la ironía en tu obra?

LC: Para empezar, ¿tú encuentras ironía?

SKU: En el último libro no, pero en los dos anteriores sí, una ironía sutil y amarga.

LC: La ironía, que es muy eficaz en prosa, en poesía a mí siempre me ha parecido una manera de jugar con alguna carta escondida debajo de la manga. Y es más, toda esta moda que se está imponiendo en la literatura en general, tanto en poesía como prosa, de sobrevalorar la ironía y el humor, me parece una barrabasada. ¡Parece ya que cualquier escritor que no tenga ese aderezo o picante de la ironía o del humor no es escritor! Es como pedirte que para ser escritor tengas que conformarte a un modelo único, es como decir: o escribes como Cervantes o no eres escritor.

SKU: La ironía que detecto en tu obra no es la de la corriente humorística, sino de la otra, la trágica.

LC: La ironía trágica que hay en los primeros libros era una ironía de vena corrosiva que siempre tuve. Creo que me nace de una concepción social muy fuerte.

SKU: Si fueras a escribir una receta para tu poesía, ¿cuáles serían los tres ingredientes que no podrían faltar?

LC: No podría faltar la sentencia; para mí es importante el componente de sentencia, en el sentido de una frase con una carga fuerte de significado que no admite ningún tipo de apelación, una forma de expresión definitiva. La palabra, cuando es en forma de sentencia, como lo era en la Biblia y en los relatos de gestas, es profundamente poética. Otro sería quizá un ingrediente de falsa importancia. Jugar con eso y hacerlo contrastar con la sentencia. En forma de sentencia hablar de cosas que tienen mucha importancia, *pero* restándoles importancia. Esta táctica quizá la puedas ver en *Los hábitos.* Y tercero, hay que pensar... se me ocurre que me gusta introducir, y esto sí que está claro, historias de los personajes en los poemas. Aunque se trate de una idea de lo más intelectual y de lo más platónica, me gusta que el texto lleve un hilo narrativo.

SKU: En el poema «Mediodía II» *(Odisea),* hay unos versos que sugieren una poética, por ejemplo, cuando hablas de que la palabra «es una mujer abierta de piernas, animal / gestante, / infinitamente divisible, una estructura / de miedo / laberíntica e infranqueable». ¿Es una descripción metafórica de cómo concibes la palabra poética?

LC: Sí, desde luego, o por lo menos, esa era mi intención al escribirlo. Además me acuerdo perfectamente del poema. Y dentro de ello es importante ese párrafo, porque venía a impedir que a mi opositor —del que hablo— se hiciesen de él los fines del pueblo, que se hiciesen con él las venecias, la parafernalia exterior. Yo quería llevarle a ese lugar donde todo es confuso y, en cambio, atrayente.

SKU: ¿Consideras que eres heredera de la tradición surrealista?

LC: No me considero heredera de nada, porque para empezar me parecería un insulto a los anteriores. Quiero decir que tengo tan poca consciencia de haber leído lo suficiente, o de haber conocido y penetrado lo suficiente ciertos autores, que solamente sentirme heredera de ellos me da un poco de rubor. Mi tradición como lectora es escasa y lo reconozco, aunque sí, tengo que decir que el surrealismo me impresionó. Y de hecho, *Los versos del eunuco* es una lectura del surrealismo y un chapuzar en el surrealismo que yo tenía a mano, que era el de los manuales de literatura, y a lo mejor libros de Huidobro y de Maiakowsky, que me caían en las manos, pero poco más. En ningún momento me detuve a estudiar a Breton, ni a Tzara. Y eso me pasa mucho cuando se trata de hablar de influencias. Hay libros que me gustaron, hay autores de mi preferencia, pero hasta el punto de decir que pienso en ellos como maestros, no.

SKU: El libro *Los versos del eunuco* me hace pensar en un ensayo de la francesa Julia Kristeva, titulado *Pouvoirs de l'horreur,* sobre el poder del horror, en que sugiere que la última forma de expresión frente a un total derrumbamiento vital son las mutilaciones o la presencia de los fluidos corporales. ¿Piensas que tu libro fue de alguna forma una purificación personal, el vomitar la sangre?

LC: No, no lo llevaría yo hasta ese extremo. La concepción de *Los versos del eunuco* realmente fue sencilla, aunque quiso ser compleja en su momento. Eunuco concebía el mundo como un mundo de progresión con mutilación alrededor, y refleja lo que te hablaba antes del salto de la infancia a la juventud, a otros mundos. Para mí fue una constatación que fuera de mi casa, fuera de mi familia y del mundo en el que había crecido, todo tendía a mitigarse y que el único motor de esa mutilación era el miedo, el miedo general, pero no el miedo a un poder, ni miedo a un horror, sino el miedo vil de las pequeñas cosas, de no dar un paso falso, de que no se te vea más de lo que se te debe de ver, de no asomar la cabeza. Y ahí está mi eunuco, no estaba en otros horrores mayores.

SKU: Sé que la pregunta siguiente es una que los entrevistadores siempre hacen a los escritores: ¿por qué escribes?

LC: Para contestar estas preguntas hay que pensárselas. El otro día, después de una entrevista con un periodista, me dije: «Bueno, ya estoy harta de no tener una respuesta adecuada cuando me preguntan por qué escribo.» Y pensándolo, me acordé de esos compañeros que teníamos en el colegio que hacían cosas raras, los que no eran buenos en matemáticas o los que expulsaban de un colegio a otro, pero me llamaban mucho la atención porque metían una pata por aquí y se la llevaban al hombro, hacían girar un párpado o movían las orejas. Ahora no, pero en el momento en el que me puse a escribir supongo que fue un intento mío de revelar una habilidad que notaba que tenía de manejar las ideas y las palabras. Fue un intento expreso de destacar y de hacer una mueca delante del mundo para que también se quedasen mirándome a mí. Empezó como una forma de comunicación extraña, pero luego se va puliendo, va formando parte de tu vida y llega a ser algo de lo que no puedes prescindir.

SKU: Quiero indagar algo más en el tema de tus lecturas preferidas. ¿Cuáles son los poetas o escritores que has leído con especial interés?

LC: Más que en poesía, en narrativa. Y en narrativa, por ejemplo, de la tradición española, admiro a Cervantes, a Quevedo, a Pío Baroja —quizá es el que más admiro en este siglo—, a Ramón del Valle-Inclán. Luis Martín Santos escribió una novela que me impresionó mucho, *Tiempo de silencio,* y Camilo José Cela me parece un maestro. Eso sería lo que podría remitir en narrativa española de mis gustos. Luego lo que leí fueron traducciones cutres de Bruguera de autores ingleses, americanos e italianos. Truman Capote, Graham Green, Henry Miller (estoy leyendo ahora sus memorias), Alberto Moravia, Giorgio Manganelli. Hubo una época en la que leí mucha literatura rusa, sobre todo Dostoievski. ¿Qué más? Bueno, hay una poeta, Sylvia Plath, cuya lectura me influyó.

SKU: ¿Piensas que tu poesía tiene un elemento social? Me refiero sobre todo a una posible relación entre la pobreza y el sentimiento de enajenación que se siente a menudo en el fondo de tu obra.

LC: Sunpongo que sí, que tiene que ser así. Hay un párrafo de un autor del neorrealismo italiano, Buzatti, escrito dentro de la moda del existencialismo francés de Camus y Sartre (por cierto, fueron también autores que me influyeron mucho), en el que un personaje habla de cómo todo en torno le disgustaba, nada en torno le convencía, y llevaba los zapatos rotos y por los agujeros se le metía el agua. El personaje insiste mucho en la idea de la pobreza, y al final la conclusión que saca es que si llevara unos zapatos bien gordos (como los que llevo yo ahora) estaría más contento. Eso es lo que se puede desprender de los escritores que no han vivido una situación social y económicamente favorable. En la escritura es posible que se note que estén más atentos a lo que pasa alrededor.

SKU: En *Odisea definitiva* hay unas alusiones que hacen presente la historia de la mujer en el mundo, por ejemplo, a Penélope, a «los morteros patriarcales» y a «las herencias seculares de comerse la manzana». ¿Con esas referencias quieres destacar la marginalidad de la mujer?

LC: No es que la quiera destacar, es que es un punto central del libro. En *Odisea definitiva* es otra vez a la mujer a quien no está permitido traspasar los límites de los cuadros. Solamente salen las estatuas para ser otra vez la mujer de sal. Es una idea central del libro.

SKU: La ironización del falo en *Los versos del eunuco* está dentro de esa misma idea de la marginalización de la mujer, ¿no?

LC: Sí, pero hay un abuso de ese término en el libro, como de otros términos. Ahora, visto de lejos, creo que es algo que entorpece la lectura. Cuando lo escribía me parecía una mala sonancia que los críticos iban a atacar, no porque fuese una grosería, sino porque venía mal al poema, y yo lo pasaba por alto y decía: que digan lo que quieran. En el fondo creo que eran ganas de molestar. No era más.

SKU: Mencionaste a Sylvia Plath. ¿Hay alguna otra mujer, filósofo, poeta, narradora, que posiblemente haya marcado tu formación cultural?

LC: Sí, tanto las que han vivido en un momento como las que solamente han vivido en libros, como alguna protagonista de *Cien años de soledad*. Úrsula la llevo todavía en mi cabeza. García Márquez tiene personajes femeninos alucinantes; también me impresionó muchísimo Remedios, la bella, una jovencita que se paseaba desnuda por allí mientras los carpinteros tejaban el techo, y a ella le parecía lo más normal del mundo. Otro personaje, que forma parte de la literatura popular, que me impresiona mucho, es Genoveva de Brabante, de la que hablo en el libro escrito en gallego. Leí una versión de la leyenda de Genoveva cuando tenía siete años. Estaba enferma en la cama con hepatitis y las monjas me traían cuentos de santos y de otras figuras y Genoveva de Brabante fue uno de los personajes que me dejaron. Luego, como escritoras, Carson McCullers, cuando la conocí me pareció maravillosa la narrativa suya. Posiblemente también Rosalía de Castro de alguna manera, aunque yo me negaba a leerla con placer, porque la tenía demasiado cerca.

SKU: ¿Has conocido o te han hablado de alguna mujer legendaria de Galicia?

LC: Lo que pasa es que mi familia es una familia profundamente inculta, en el sentido leído de la palabra. Soy la primera en una ristra de generaciones que sabe escribir, yo y mi hermana. Entonces todas las leyendas o cuentos que podía yo recoger a través de ellos son leyendas de gente que conocieron. Normalmente eran mujeres las figuras de las historias. Recuerdo una de una tía-abuela mía. La hermana de mi abuela fue una de las mujeres que más fama adquirió en toda la zona porque era el ama de llaves de una de las casas más grandes, de una casa de abolengo, de hidalgos. Esta mujer era al parecer muy fuerte y de un carácter indomable. Era la casera y podía más que los amos. Para guardar la hacienda de sus dueños, no les dejaba comer. Les tenía a rajatabla. No era más que una criada, pero tenía la casa como si fuera la suya propia. Los tenía a todos sometidos. Esta mujer también tenía particularidades. ¡Fíjate en aquella época una mujer del pueblo, una criada, que fumaba! Se paseaba por el pueblo con su pipa. ¡Muy dominante! Hubo también en la familia alguna que otra que era bruja, pero eso forma parte de la tradición gallega.

SKU: ¿Cómo ves tú los cambios recientes en España en la poesía escrita por mujeres?

LC: Supongo que está pasando lo mismo en todo el mundo occidental, que es un fenómeno de evolución de la cultura y de transmisión de cultura y el cambio es irreversible y abismal. No creo que las mujeres que ahora se planten delante de la máquina de escribir se planten con esa pretensión parcial de curar heridas y de hacerse un hueco dentro de las mujeres escritoras, sino dentro del panorama de los escritores. Es lo principal y lo advierto en todas mis colegas, Ana Rossetti, Almudena Guzmán, Blanca Andreu, Andrea Luca, en todas. No veo en ninguna de ellas ese sentimiento parcial de mujer escritora, sino todo lo contrario, de escritor. Sinceramente creo que están, o estamos, en lo poco que a mí me toca en esa participación, contribuyendo de una forma que pocos pueden valorar todavía a una escritura muy renovada. Lo creo muy sinceramente. No hay más que ver la desinhibición con que muchas de ellas escriben y los hallazgos que algunas han conseguido.

SKU: ¿Sientes que estás contribuyendo a la transformación, o más radicalmente, a la formación de una verdadera poesía femenina?

LC: No, porque sería una contradicción de lo que te acabo de decir sobre el comienzo del fin de la marginalidad de la mujer en la escritura. Pero supongo que es un momento que hay que tener en cuenta, porque quizá pasado un tiempo no haya tanto escaparate de libros escritos por mujeres y no haya tanto apoyo a la literatura escrita por mujeres. Y eso hay que aprovecharlo, sin inhibición pero sin prejuicios, sin llevarlo por el camino femenino limitante de antes. Y sin llegar a hacer de eso bandera para seguir viviendo como escritora, cosa que puede ser un peligro en algún caso, porque de hecho sí hay facilidad para las mujeres que escriban mínimamente bien, más a veces que para los hombres. Quizá ahora mismo no tanto, pero hace dos años o tres sí pasaba eso.

SKU: En el mismo contexto, ¿te parece que dentro del mundo literario existen todavía prejuicios sutiles en contra de la mujer?

LC: Pienso que los hay y que no son sutiles. Los prejuicios son descarados y el más grande, me parece a mí, viene del lado de los escritores y las escritoras aposentados ya en su lugar de escritor, tanto de hombres como de mujeres. Como todas las que estamos escribiendo somos demasiado jóvenes a sus ojos, siento que para ellos eso tenga algún tinte de amenaza. Lo veo venir y casi lo sufro. O sea, veo que no son vistos con buenos ojos los escritos de la gente joven. Y si eres mujer, peor aún, porque tienen la coartada de echarte en cara que has tenido éxito porque eres tía, y si no esgrimen la excusa de que te han publicado porque eres mujer, dicen que has conseguido publicar gracias a tal y cual. Me parece sórdido y eso existe. Es una presión con la que he vivido el año pasado, con la que ha vivido alguna colega mía más, una presión que seguramente muchas han tenido antes de ponerse a publicar algo. Es una situación que no es normal en absoluto y baraja tanto el hecho de que eres mujer como el hecho de que eres joven. Son dos cosas que de alguna forma imponen a la gente que ya está en su trono.

SKU: ¿Qué proyectos te gustaría abordar en un futuro próximo?

LC: El futuro próximo va a ser publicar relatos y seguramente una novela en la que estoy trabajando. La novela está muy encaminada. Los relatos, aunque son muy distintos, tienen un núcleo central que los abriga todos.

SKU: ¿Piensas que abandonarás la poesía?

LC: Esta misma mañana escribí tres poemas. No, no creo que la abandone porque es un terreno que me encanta, y me gusta eso de la sentencia. Quizá no me guste tanto sentirme poeta, en realidad no me he sentido jamás poeta. Es un título que me extraña, que me ha venido siempre grande.

Madrid, diciembre de 1988.

## REFLEXIONES HIPNAGÓGICAS

### VIII

*Cómo he de decirte que vengo de beber de tus sequías,*
*cómo voy a contarte mi febril búsqueda de rastros*
*en tu cuerpo abandonado.*
*Otra cosa es la lluvia y los morteros patriarcales,*
*las herencias seculares de comerse una manzana,*
*las costumbres y atavismos de monedas insectívoras,*
*tu rostro adaptado a la geografía universal del hombre ameba.*

*Pero llego y se te borran los ojos,*
*las crines*
*de semental confuso se te vuelan*
*y ya no quedan en la superficie de tu cuerpo*
*estigmas de raza, edad, sexo o condena a muerte*
*y sólo eres ya una cosa rosa mate de pesada traslación*
*e ingente abrazo.*
*Eres únicamente una carne ciega y útil,*
*una carne abierta que maneja mis palabras,*
*carne viva, animal puro, sin timbre humano,*
*aproximándose al ser-latido, al primer peldaño de tu*
*génesis*
*violácea,*
*recordando el primer árbol, la primera gota,*
*el primer silencio.*
*Y entonces es cuando te amo, ciertamente.*
*No hay un amor suicida para cada minuto, para cada catastro,*
*otra cosa es el olor que dejas en los pasillos*
*cuando es necesario que te vayas a la guerra,*
*mi amor,*
*a la guerra callejera del inmueble y la agonía.*

*Ah, el amor de nunca*
*retenido en los estantes suntuosos de la tradición amable,*
*pisado de polvo, arañado, entristecido,*
*apenas soleado, a una esquina de la muerte,*
*alguna vez te diré que no me angustia*
*ese amor tártaro*
*que solamente preciso de tu cálida carne siberiana.*

(*Odisea definitiva. Libro póstumo*)

## LOS APEROS

*Mi abuelo coleccionaba relojes de mal oro,*
*gaitas de segunda mano,*
*motos*
*abandonadas*
*a la vegetación de los caminos.*

*Él las limpiaba de babosas*
*y cardos,*
*cuidadosamente*
*las pintaba de rojo.*

*Hasta no reconocer su objeto.*

*En su cuarto bajo llave*
*dormía un cementerio*
*de hoces dentadas.*

*Los aperos inservibles para la labranza*
*escondían su vergüenza*
*bajo diez capas de purpurina.*

(*Los hábitos del artillero*)

EL CERDO

*Me habían puesto una falda nueva porque llegaba gente,*
*el agua de colonia,*
*rescatada de la profundidad de los armarios,*
*resbalaba por mi frente*
*una vez al año, por diciembre,*
*tibia.*

*Tengo una capacidad de olvido propia de la niñez,*
*pero mi casa no tenía un lugar para la muerte,*
*así que había que morir en el pasillo,*
*improvisar un ataúd de sal,*
*una roldana de muerte*
*en el rellano de la escalera.*

*Y atravesar la escena*
*sólo para beber agua.*

*Las tripas, el riñón, el corazón, el hígado,*
*desaparecen pronto de mis sueños.*
*Su llanto en mi cabeza reproduce débiles resonancias.*

*Pero el olor a sangre*
*adherido para siempre en las bombillas tan tenues,*
*alimentaba todos mis malos pensamientos.*

(*Los hábitos del artillero*)

LIBROS DE POESÍA

*Odisea definitiva. Libro póstumo*, Madrid, Arnao, 1984.
*Las versos del eunuco*, Madrid, Hiperión, 1986.
*Baleas e baleas*, Ferrol, Col. Esquio de Poesía, 1988.
*Los hábitos del artillero*, Madrid, Visor, 1990.

## LINGÜÍSTICA Y TEORÍA LITERARIA

BAJTIN, M.—*Estética de la creación verbal.*

BAKER, E.—*Materiales para escribir Madrid. Literatura y espacio urbano de Moratín a Galdós.*

BARTHES, R.—*S/Z.*

BENVENISTE, E.—*Problemas de lingüística general.*

BLOCK DE BEHAR, L.—*Un medio entre medios.*

BLOCK DE BEHAR, L.—*Al margen de Borges.*

CAMPRA, R.—*América Latina: La identidad y la máscara.*

CHOMSKY, N.—*Estructuras sintácticas.*

CHOMSKY, N.—*Sintáctica y semántica en la gramática generativa.*

CHOMSKY, N.—*Problemas actuales en teoría lingüística/Temas teóricos de gramática generativa.*

DALTON, R., y otros.—*El intelectual y la sociedad.*

DUCROT, O./TODOROV, T.—*Diccionario enciclopédico de las ciencias del lenguaje.*

GALÁN, F.—*Las estructuras históricas. El proyecto de la Escuela de Praga, 1928-1946.*

GONZÁLEZ BOIXO, J. C.—*Claves narrativas de Juan Rulfo.*

GUIRAUD, P.—*La semiología.*

HERNÁNDEZ PINA, F.—*Teorías psicosociolingüísticas y su aplicación a la adquisición del español como lengua materna.*

KEEFE UGALDE, S.—*Conversaciones y poemas. La nueva poesía femenina española en castellano.*

MALMBERG, B.—*Los nuevos caminos de la lingüística.*

MANTECA ALONSO, A. (comp.).—*Lingüística y sociedad.*

ORDIZ, F. J.—*El mito en la obra narrativa de Carlos Fuentes.*

OTERO, C. P.—*Introducción a la lingüística transformacional.*

RAMA, Á.—*Transculturación narrativa en América Latina.*

SÁNCHEZ DE ZAVALA, V.—*Indagaciones praxiológicas: sobre la actividad lingüística.*

TODOROV, T.—*Teoría de la literatura de los formalistas rusos.*

TODOROV, T.—*Nosotros y los otros.*

VALVERDE, J. M.—*Antonio Machado.*

VAN DIJK, T. A.—*Estructuras y funciones del discurso.*

Edward Baker
Materiales para escribir Madrid
Literatura y espacio urbano de Moratín a Galdós
Lingüística y teoría literaria
Siglo Veintiuno de España Editores, S.A